Heinrich Schneider

Europas Krise und die katholische Soziallehre

Herausforderungen und Reformperspektiven

Heinrich Schneider
Europas Krise und die katholische Soziallehre
Herausforderungen und Reformperspektiven
Be&Be-Verlag: Heiligenkreuz 2014
ISBN 978-3-902694-68-3

Be&Be

www.bebeverlag.at
Direkter Vertrieb:
Klosterladen Stift Heiligenkreuz
A-2532 Heiligenkreuz im Wienerwald
Tel. +43-2258-8703-400
E-Mail: bestellung@bebeverlag.at

Gestaltung: Augsten Grafik, www.augsten.at
Lektorat: Dr. Hinrich B. Bues
Druck: Prime Rate Kft., gedruckt auf Pamo Art 90g

Heinrich Schneider

Europas Krise und die katholische Soziallehre

Herausforderungen und Reformperspektiven

Be&Be

Inhaltsverzeichnis

1. Das Anliegen dieser Schrift und der Plan der Darstellung

Dieses kleine Buch geht auf einen Vortrag zurück, der im Oktober 2013 in der Philosophisch-Theologischen Hochschule Benedikt XVI. zu Heiligenkreuz gehalten wurde, zum Thema „Die Europäische Union in Krise und Ratlosigkeit: Kann die Katholische Soziallehre Reformwege aufzeigen?“

Nicht ohne Sorge kam der Autor der Einladung nach – das Thema ist vielschichtig, es verdient eine semesterlange Vorlesung. An einem Abend ließ es sich allenfalls bruchstückhaft behandeln, die Gedankengänge mussten notgedrungen komprimiert werden. Daher wurden die Hauptthesen ohne die eigentlich angebrachte sorgsame Differenzierung vorgetragen und nur überaus knapp begründet.

So ist der Autor dankbar, dass er nun die Möglichkeit erhält, das, worum es ihm zu tun war (und ist), etwas ausführlicher darzulegen.

Zur einigermaßen umfassenden und schlüssigen Darstellung der EU-Krise müsste ein umfangreicheres Buch vorgelegt werden, und womöglich wäre dessen Text alsbald nach dem Abschluss der Niederschrift überarbeitungsbedürftig – die Krise geht ja weiter, ihr Ende ist (leider) noch immer nicht abzusehen.

Einige Vorbemerkungen sollen andeuten, was zur Sprache gebracht werden soll.

(1) Dass sich die Europäische Union in einer schweren Krise befindet, ist Zeitgenossen, die am politischen Geschehen interessiert sind, bekannt.

Allerdings wird man kaum annehmen können, dass alle Mitbürgerinnen und Mitbürger wissen, worauf sie beruht und was sie bedeutet. Mehr als 70 Prozent der Europäer sagen: „Ich verstehe den Vorgang überhaupt nicht."[1] Dennoch kann, wie schon gesagt, in diesem Beitrag nicht der Versuch einer einleuchtenden Analyse unternommen werden. Einige schlaglichtartige Andeutungen müssen genügen.

(2) Nicht ganz so offenkundig wie die Krise, ist vielleicht die weit verbreitete Ratlosigkeit der politisch Verantwortlichen über die Mittel und Wege zur Bewältigung. Das ist nicht von ungefähr so.

Die Verantwortlichen hatten und haben allen Grund, sich entweder darüber auszuschweigen, so wie das weithin im Wahlkampf vor den österreichischen Nationalratswahlen im Herbst 2013 geschah; oder sie fühlten und fühlen sich bemüßigt, die Sache schön zu reden – nicht nur der eigenen Reputation zuliebe, sondern auch, weil die Politik mit der Krise nur dann fertig werden kann, wenn die Regisseure der Ökonomie und auch die Bürgerinnen und Bürger wieder Vertrauen in die Krisenbewältigung fassen. Dennoch wird auch von der Ratlosigkeit nur ganz kurz die Rede sein können.

(3) Die Frage nach konstruktiven Beiträgen der Katholischen Soziallehre liegt dem Autor besonders am Herzen. Aber wem noch? Wird diese Frage außerhalb eines Kreises von „Insidern" überhaupt ernsthaft gestellt?

Reinhard Kardinal Marx – ein ausgewiesener Fachmann – meinte vor einiger Zeit, es sei still um die Soziallehre geworden, ihre Rezeption finde nicht wirklich statt.[2]

Auch dafür gibt es Gründe; zum Beispiel der, dass ihre Grundperspektiven im Kreis der Insider umstritten sind – so sehr, dass manche Vertreter sogar die Bezeichnung selbst nicht mehr akzeptabel finden. Sie konstatieren oder fordern einen

---

1 Nach Werner Weidenfeld, Die Bilanz der Europäischen Integration 2012, in: Werner Weidenfeld/Wolfgang Wessels (Hrsg.), Jahrbuch der Europäischen Integration 2012, Baden-Baden 2012, (2013), S. 13-26, hier S. 13.

2 Der Spiegel Nr. 44/2008 (27.10.2008), S. 170ff.

„Paradigmenwechsel".[3] Das kann auch aus der hier vorgelegten Darlegung nicht einfach ausgeblendet werden.

(4) Dennoch ergibt sich – das ist die Überzeugung des Autors – aus dem Fundus der Soziallehre eine Reihe von Thesen, die ein eigentümliches Licht auf die gegenwärtige Europapolitik werfen, eine Vergegenwärtigung verdienen, und die auch in der Perspektive der neueren Versionen einer „Theologischen Sozialethik" ihre Triftigkeit behalten.

An diese Thesen zu erinnern, über manche von ihnen könnte man wohl sogar sagen – sie der Vergessenheit zu entreißen – ist ein Hauptanliegen dieser Schrift.

(5) Dazu soll in einem *ersten Argumentationsgang* an ganz wenige (von vielen) wegweisende Gedanken erinnert werden; namentlich auf einige längst geläufige, die in manchen Ohren vermutlich recht altmodisch klingen.

So, zum ersten, auf die Forderung, es gelte den Vorrang der Person vor der Sache zu sichern – den Vorrang des Menschen und seines menschenwürdigen Lebens vor den sogenannten „Systemen" und ihren angeblichen Sachzwängen.[4]

---

3 So z. B. die Lehrstuhlinhaberin an der Universität Wien, Ingeborg Gabriel, Paradigmenwechsel in der Sozialethik, in: Johann Reikerstorfer/Martin Jäggle (Hrsg.), Vorwärtserinnerungen – 625 Jahre Katholisch-Theologische Fakultät der Universität Wien, Wien/Göttingen 2009, S. 145-171. Zu den Bemühungen um eine theologische Vertiefung siehe auch: Markus Vogt (Hrsg.), Theologie der Sozialethik, Freiburg im Breisgau 2013 (Quaestiones disputatae 255).
Die Verfechter des Paradigmenwechsels betonen, dass dieser auf das II. Vatikanische Konzil zurückgehe und auf die Ablösung der philosophisch-naturrechtlich begründeten Katholischen Soziallehre durch eine stärker theologisch fundierte und ausgerichtete Sozialethik hinausliefe.

4 Siehe z.B. Pastoralkonstitution des II. Vatikanischen Konzils *„Gaudium et Spes"*, Nr. 26. Die „Sachzwänge" werden angeblich genannt, weil manche von ihnen aus „Denkzwängen" abgeleitet werden, die ihrerseits darauf beruhen, dass bestimmte Verständnismöglichkeiten der Realität – wie z.B. ökonomische Modellstrukturen – für die Realität selbst genommen werden. Das kann Folgen haben, zufolge dem berühmten „Thomas-Theorem" (formuliert von William I. Thomas: „If men define situations as real, they are real in their consequences", zit. nach Robert K. Merton,

Sodann, zum zweiten, auf die – sozusagen altehrwürdige – These vom Vorrang des Gemeinwohls vor Partikularinteressen.

Viele Zeitgenossen, vor allem solche, die sich gern über „naives Gutmenschentum" mokieren, betrachten vermutlich derlei Aussagen als gut gemeint, aber realitätsfremd – und daher uninteressant.

Hingegen führt es zu fett gedruckten Schlagzeilen, wenn Papst Franziskus sie in unverklausulierter Ausdrucksweise in Erinnerung bringt.

Das hat er zum Beispiel im Mai 2013 getan, mit der Forderung nach einer grundlegenden Reform der internationalen Finanzmärkte. Diese würden heute zu einer „unsichtbaren Tyrannei" führen, im Rahmen eines „Fetischismus des Geldes" und einer unmenschlichen „Diktatur der Ökonomie". Im Apostolischen Schreiben *„Evangelii Gaudium"* vom 24. November 2013 hat er die Kritik bekräftigt.

Naive Journalisten sprachen von einem Linksruck.[5] Sie verkennen, dass die Aussagen des Papstes ganz im Rahmen dessen liegen, was seit langem kirchliche Lehre ist – nachlesbar in den

Social Theory and Social Structure, Glencoe, Ill., [2]1957, 8th printing, S. 421 und 545). Ein Beispiel wird uns noch beschäftigen: Das Konstrukt des *„homo oeconomicus"*.

5 Siehe Kathpress-Tagesdienst 115/2013 (16.05.2013), S. 8: Papst für Finanzmarktreform: „Diktatur der Ökonomie beenden. Sowie: Die Presse, 18.05.2013, S. 16: Papst: „Geld muss Menschen dienen". Apostolisches Schreiben *„Evangelii Gaudium"*, v. a. im Zweiten Teil, Kap. I, v. a. Nr. 53-60. Als Beispiel eines nicht sonderlich informierten Kommentars, siehe etwa Christian Ortner, Der Wutbürger im Vatikan, in: Wiener Zeitung, 30.11.2013, S. 2. Als Beleg für die Kontinuität der Lehre vgl. etwa die Aussagen von Papst Pius XI in *„Quadragesimo anno"* (15.05.1931) über den „Imperialismus des internationalen Finanzkapitals" (Nr. 109), sowie über die „Beherrscher und Lenker des Finanzkapitals", die den Kredit und seine Verzinsung bestimmen und damit „den Blutkreislauf des ganzen Wirtschaftskörpers" bestimmen (Nr. 106); die Staatshoheit werde dadurch zur „Sklavin selbstsüchtiger Interessen" (Nr. 109); der freie Wettbewerb und die wirtschaftliche Macht seien hingegen „der öffentlichen Gewalt in allem, was deren Amtes ist, entschieden unterzuordnen." – „Das menschliche Gemeinschaftsleben insgesamt ist durch die öffentlichen Einrichtungen den Erfordernissen des Gemeinwohls [...] entsprechend zu gestalten" – die Wirtschaft eingeschlossen (Nr. 110).

Konzilsdokumenten und in vielen Erklärungen der letzten Päpste, bis hin zu Benedikt XVI.

Vielleicht drückt sich Papst Franziskus ein wenig kantiger aus als seine Vorgänger.

Zur angemessenen Einschätzung mag es ratsam sein, seine Aussagen in ihren Kontext zu stellen, nicht nur in den der kirchlichen Doktrin, sondern auch in den der zeitgenössischen, „weltlichen" Debatten, nämlich die der Politiker und der Ökonomen.

(6) Ein *weiterer Argumentationsgang* soll der Frage gelten, ob sich aus den Grundaussagen der Soziallehre handfeste und konkrete Konsequenzen für die Europapolitik ableiten lassen, insbesondere im Hinblick auf die gegenwärtige Krise der Europäischen Union, und wie diese gegebenenfalls lauten.

Sachkenner sind dazu wohl erst einmal skeptisch. Konkrete Konsequenzen für die Bewältigung eines aktuellen politischen Problems lassen sich ja meist nicht geradewegs *„per modum conclusionis"* aus den Prinzipien ableiten, sondern eher *„per modum determinationis"* gewinnen. Erst wenn man die konkrete und reale Situation im Licht der Leitsätze beurteilt, kommt man zu geeigneten Schlussfolgerungen. Aber solche Situationen werden in aller Regel unterschiedlich gesehen und gedeutet. Daher ergeben sich wohl aus der Konfrontation von (womöglich klaren) Prinzipien und (wahrscheinlich verschiedenen) Einschätzungen der Situation durchaus unterschiedliche Imperative.

Der Autor ist gleichwohl überzeugt, dass die Soziallehre zu sehr klaren Wegweisungen führt. Sie werden vielleicht in den Ohren mancher Zeitgenossen überraschend klingen.

Umso mehr verdienen sie, das meint wenigstens der Autor, Aufmerksamkeit.

(7) Zu einem *dritten Argumentationsgang* sah sich der Autor durch die Wahrnehmung veranlasst, dass die in Erinnerung gebrachten, ernsthaft begründbaren und keineswegs nur beiläufig

gegebenen Wegweisungen heute entweder fast vergessen oder aber sehr unpopulär sind. Sie entfalten offenbar längst nicht jene politisch wirksame Überzeugungskraft, die man eigentlich erwarten könnte. Das lässt sich auch dort beobachten, wo man sich in christlicher Perspektive europapolitisch engagiert.

Die Erklärungshypothese lautet: Das Denken vieler Bürger und Politiker, keineswegs nur kirchenferner, ist in einem Vorverständnis befangen, das eine angemessene Würdigung der Aussagen der Soziallehre erschwert. Dieses Vorverständnis soll kritisch aufgehellt werden. Vielleicht wird das noch ein wenig provozierender wirken als die vorangehenden Thesen.

(8) Im Anschluss daran sollen noch einige Hinweise auf Probleme gegeben werden, die sich stellen, wenn es darum geht, aus den Wegweisungen der Soziallehre konkrete europapolitische Empfehlungen abzuleiten. Die sozialphilosophische oder theologisch-sozialethische Redeweise ist ja nicht dieselbe wie die von Politikern und von Experten des Europarechts. Ohne den Versuch einer „Übersetzung“ und einer Konfrontation mit den Handlungsperspektiven, die die mit der Integration befassten „Realpolitiker“ als maßgeblich betrachten, werden die Wegweisungen unverstanden bleiben, missverstanden oder als wirklichkeitsfremd angesehen werden; dann sind sie unfruchtbar.

So versucht der Autor, einen „Brückenschlag“ zwischen philosophischer und theologischer Sozialethik einerseits, der Analyse der Europapolitik andererseits, und jenen, die mit der einen Thematik vertraut sind, die jeweils andere verständlich zu machen.

Schon die „profanwissenschaftliche“ Beschäftigung mit der Europapolitik bedarf der Verknüpfung unterschiedlicher Disziplinen, weil erst das Verständnis des Ineinandergreifens rechtlicher, wirtschaftlicher und politischer Dimensionen (unter Einschluss des Blicks auf wechselnde Situationen und der in ihnen in Erscheinung tretenden Entscheidungsalternativen) die Integrationspolitik und ihren Verlauf begreifbar macht. Der Zustand der Europäischen Union erscheint zumindest dem Normalbürger heutzutage reichlich seltsam; das Rätselhafte wird erst dann begreiflich, wenn man weiß, wie es zur gegenwärtigen Lage kam.

Erst recht muss jemand, der ein Zukunftsbild oder ein Reformkonzept entwerfen will, über den bisherigen Gang der Dinge Bescheid wissen, weil sonst unklar bleibt, was an den bestehenden Strukturen, unter welchen Bedingungen veränderbar ist.

Die Beurteilung der bisherigen Politik, der aktuellen Lage und der Reformperspektiven im Lichte philosophischer und theologischer Anforderungen an das politische Handeln mag den Argumentationszusammenhang zusätzlich komplizieren; es könnte aber auch sein, dass sich daraus Einsichten erschließen, die das Nachdenken rechtfertigen.

Das Anliegen des „Brückenschlags" zwischen verschiedenen Denkwelten, die gleichwohl einander produktive Anregungen geben könnten, führt dazu, dass manche Ausführungen den fachspezifischen Experten (seien es Philosophen und Theologen, seien es Ökonomen, Juristen, Politikwissenschaftler...) nicht überraschend erscheinen, sondern bekannt vorkommen. Der Autor bildet sich dennoch ein, den jeweiligen Sachkennern nicht nur ihnen geläufige Gemeinplätze zuzumuten, sondern da und dort Aussagen vorzulegen, die über altbekannte Thesen hinausgehen.

Im Anschluss an den Versuch, aus den Wegweisungen der Soziallehre konkretere Reformüberlegungen zu gewinnen, soll im Abschnitt 13 nur stichwortartig angedeutet werden, dass die vorher dargestellten europapolitischen Wegweisungen heute in ganz ähnlichem Sinn auch von klugen Zeitgenossen vertreten werden, die mit der katholischen Soziallehre kaum vertraut sind. Das könnte erstens zur engagierten Verbreitung dieser Wegweisungen ermutigen, und zweitens einen Impuls zum Dialog geben, der über doktrinale Grenzen hinausgeht.

2. Die Krise der Europäischen Union und die Ratlosigkeit der Verantwortlichen

Wie gesagt: Man weiß, dass die Europäische Union bereits seit Jahren von einer für sie existenzgefährdenden Krise befallen ist. Über die Ursachen gibt es viele Meinungen. Offenbar wirkten sich unterschiedliche Faktoren aus:

Erstens solche, die von Erschütterungen ausgelöst wurden, die die EU von außen trafen – beginnend etwa mit der Lehman-Brothers-Bankpleite in den USA.

Zweitens solche, an denen innereuropäische Akteure eine gewisse Schuld haben – etwa mitgliedstaatliche Regierungen, die ihr Land in die Eurozone hineinschwindelten (wie Griechenland), oder die sektorale Entwicklungen zu sorglos hinnahmen (wie in Spanien die dortige „Immobilienblase").

Drittens solche, die auf Konstruktionsfehlern der Wirtschafts- und Währungsunion beruhen. Ihnen zufolge war die Union zur Bewältigung jener Krisenerscheinungen, denen sie ausgesetzt wurde, außerstande. Davon wird später noch die Rede sein, allerdings nur knapp.

Um das Problem jetzt schon in wenigen Sätzen anzudeuten: Es war mehr als waghalsig, sehr verschieden starke Volkswirtschaften in eine Währungsunion einzubringen, ohne dass eine effektive Politik zur Überbrückung der zwischen ihnen bestehenden Klüfte betrieben wird. Das Maastrichter System etablierte eine echte Währungs-, aber keine oder nur eine unechte Wirtschaftsunion. Der Verzicht auf eine „Wirtschaftsregierung" war ein verhängnisvoller Fehler. Sachkenner betonten das schon damals, aber sie fanden kein Gehör.[6]

Viertens solche, die ihren Grund in fundamentalen Veränderungen des globalen Wirtschafts- und Finanzsystems haben.

Hierfür gibt es ein Beispiel, das zugleich deutlich machen kann, wie recht Papst Franziskus mit seiner Forderung nach einer Reform der Finanzmärkte hatte: nämlich das gigantische Wachstum problematischer Finanzgeschäfte, und ihre Abkoppelung von der Realwirtschaft.[7]

Vor allem in den 1990er Jahren kam es zu einer weitgehenden Deregulierung der Finanzmärkte. Das löste eine erhebliche Ausweitung des Handels mit sehr verschiedenen „Wertverschreibungen" aus, vor allem mit neuartigen „virtuellen". Dabei geht es insbesondere um, wie man das nennt, „spekulative" Profite.[8] Nicht nur im „Handel" mit herkömmlichen Wertverschreibungen (Bankguthaben, Devisen, Aktien, Anleihen...) gab und gibt es Gewinnchancen im „Handel", sondern nunmehr zunehmend auch durch Handel mit „Finanzderivaten", die auf die künftige Wertentwicklung anderer Wertverschreibungen bezogen sind („Futures", „Swaps" und dergleichen). Die darauf bezogenen „Handelsgüter" sie sind entweder so konstruiert, dass sie bei positiver Wertentwicklung Gewinn bringen, oder umgekehrt (so dass der Gewinn beim Wertverlust des gegenständlichen „primären" Wertpapiers eintritt).

6 Dazu (auch zu den Gründen für die Missachtung der Warnungen) siehe Heinrich Schneider, Die „Europäische Wirtschaftsregierung": Ein altes Projekt – und was daraus werden mag, in: Zeitschrift für Öffentliches Recht Jg. 2012, S. 315-336.

7 Kollegen aus der Wirtschaftswissenschaft bitte ich um Toleranz in Bezug auf die, den Zusammenhang zuweilen etwas vereinfachenden, Ausführungen.

8 Siehe z. B. Hanno Beck/Helmut Wienert, Anatomie der Weltwirtschaftskrise: Ursachen und Schuldige, in: Aus Politik und Zeitgeschichte 20/2009 (11.05.2009), S. 7-12. Leicht fassliche Erläuterungen finden sich bei Stephan Schulmeister, Der Boom der Finanzderivate und seine Folgen, in: Aus Politik und Zeitgeschichte 26/2009 (22.06.2009), S. 6-14.

Mit anderen Worten: Auf künftige positive oder negative Entwicklungen irgendwelcher Wertverschreibungen wird sozusagen „gewettet" (das führte zur Prägung des Ausdrucks „Casino-Kapitalismus").

Derartige, auf den Wert eines Papiers zu einem bestimmten künftigen Zeitpunkt abstellende, „Terminkontrakte" waren ursprünglich ersonnen worden, um das Risiko steigender oder fallender Agrarpreise abzufangen („hedging"). Inzwischen hat sich ein großer Teil dieses Derivathandels weitgehend von Verknüpfungen mit realwirtschaftlichen Funktionen abgekoppelt (der Handel mit „Hedgefonds" steht sozusagen für sich).

Im entsprechenden Geschäftsfeld geht es übrigens auch darum, für die Nutzung von Gewinnchancen möglichst schnell auf Signale über Kursentwicklungen (aufwärts oder abwärts) zu reagieren, also dabei anderen Marktteilnehmern zuvorzukommen oder deren Reaktion auf entsprechende Nachrichten ohne Verzug in die eigene Kalkulation einzubeziehen. Da geht es um Sekunden (dies führte zur Begriffsprägung „Turbokapitalismus").

Die Beschleunigung hat sich auch über den Derivathandel hinaus ausgewirkt: vor einigen Jahren hielt ein Aktienbesitzer seine Papiere im Durchschnitt einige Jahre in seinem Depot, heute liegt die durchschnittliche Haltezeit von Aktien bei 22 Sekunden).

Durch die Kombination aller dieser Faktoren es zu einer verhängnisvollen Gewichtsverlagerung: Die Finanzwirtschaft emanzipierte sich immer mehr von ihrer ursprünglichen Funktion, der – wie das heute heißt – „Realwirtschaft" zu dienen, und der Umfang der Transaktionen nahm gewaltig zu.

Dass es sich beim Turbo-Finanzkapitalismus nicht nur um ein Reservat für das kommerzielle Privatvergnügen von Spekulanten handelt, wird im Blick darauf klar, dass beispielsweise auch über das Fiskalschicksal einzelner europäischer Staaten gewettet wurde (also, unter Verwendung von „CDS" = „Credit Default

Swaps“, auf ihren Staatsbankrott), und um das Überleben oder den Zusammenbruch des „Euro“. Dies wirkte sich wiederum massiv auf die Einschätzung dessen aus, was Gegenstand der Wette war – wobei klarerweise diejenigen, die auf bestimmte Entwicklungen gesetzt hatten, versuchten auf das Geschehen zugunsten ihrer Gewinnchancen Einfluss zu nehmen.

Vielleicht erinnert man sich noch an die, in einer kritischen Phase im August 2012, abgegebene Erklärung des EZB-Präsidenten Mario Draghi, die Europäische Zentralbank werde alles tun, um den Zusammenbruch des Systems zu verhindern. Draghi wollte damit entsprechende Spekulationen abblocken – und er hatte damals Erfolg, freilich ohne dass alle Akteure und Beobachter sofort begriffen, um was es dabei ging.

Die Devisen- und Derivatspekulation hat auch noch andere Auswirkungen auf die Realwirtschaft: sie wirkt sich destabilisierend nicht nur auf die Wechselkurse der Währungen aus, sondern auch auf Aktienkurse und auf Rohstoffpreise (etwa auf den Ölpreis). Das veranlasst Akteure der Realwirtschaft womöglich zur Zurückhaltung in ihrem angestammten Bereich – ihre Investitionsneigung wird gebremst, und damit die Schaffung von Arbeitsplätzen. Zugleich verleiten die Gewinnaussichten auf den Finanzmärkten auch von Haus aus „realwirtschaftlich“ aktive Unternehmen zu entsprechenden Engagements. Bezugnehmend darauf meinte ein katholischer Sozialethiker: schon seit den 1990er Jahren ließe sich ein Industriekonzern wie Siemens auf Grund seiner Wertschöpfungsstruktur in Wahrheit als ‘Investmentbank mit angeschlossener Werkstätte’ bezeichnen.[9] Andere Akteure lassen sich ebenfalls zu riskanten Spekulationsgeschäften verführen (in Österreich bekanntlich auch Länder und Gemeinden).

9 Markus Schlagnitweit, Politik als Zauberlehrling oder Meister der Finanzwirtschaft?, in: Nachrichten und Stellungnahmen der Katholischen Sozialakademie Österreichs, Nr. 08/2012 (15.10.2012), S. 1-3.

Konsequenzen daraus trafen und treffen, wie angedeutet, nicht nur die Spekulanten selbst und andere finanzmächtige Akteure, sondern viele Millionen Menschen. Der spekulative Markt für Agrarprodukte (mit dem das „hedging", wie erwähnt, ja begonnen hat) hat sich immens ausgeweitet; eben diese Geschäfte werden von kompetenten Beurteilern als Mitverursacher des Hungers in der Welt betrachtet (so u.a. von der „UNCTAD", der Organisation der Vereinten Nationen für Handel und Entwicklung und der Ernährungs- und Landwirtschaftsorganisation der UNO). Das Volumen des Handels mit Spekulationswetten auf den Wert von Agrarrohstoffen ist 20- bis 30-mal größer als das des „realen" Handels mit den Grundprodukten der Landwirtschaft selbst; und davon profitieren Banken und Hedgefonds, nicht jedoch Produzenten und Konsumenten.[10]

Als Bremse für das Turbo-Tempo von Spekulationsgeschäften wurde die Einführung einer „Finanztransaktionssteuer" diskutiert, die vor allem extrem kurzfristige Derivatgeschäfte verteuern soll – das wurde auch von vatikanischer Seite befürwortet (in einem von der Päpstlichen Kommission „Iustitia et Pax" am 24. Oktober 2011 veröffentlichten Dokument „Für eine Reform des internationalen Finanz- und Währungssystems"). Börsengeschäftsleute liefen Sturm gegen das Projekt. Das makabre, bislang fruchtlose Tauziehen um seine Realisierung in der EU zeigt, wie entscheidungsschwach die Union ist (dies wird noch eigens zur Sprache kommen). Würden nur einzelne oder wenige Staaten die Steuer einführen, dann würde der entsprechende Geschäftszweig schlicht anderswohin verlagert werden, wo sie nicht erhoben wird; Alleingänge wären problematisch.

10 Siehe Martin Hesse, Michaela Schiessl, Anne Seith, Auftrieb für Spekulanten, in: Der Spiegel 05/2013 (28.01.2013), S. 74-75. Erst jüngst hat man sich in der EU entschlossen Regelungen einzuführen, die das eindämmen; siehe Wiener Zeitung, 16.01.2014, S. 4 („Mit Hochdruck gegen den Hochfrequenz-Handel"), sowie Salzburger Nachrichten 16.01.2014, S. 17 („Strenge Regeln für Finanzmärkte").

Manche Ungereimtheiten der Finanzwirtschaft gaben Sachkennern Grund, von gleitenden Übergängen zwischen Finanzindustrie und Organisierter Kriminalität zu sprechen.[11] All das, was für eine Regulierung spricht, kann hier nicht erörtert werden. In der EU läuft einiges davon *sub titulo* „Bankenunion". Schon das wäre ein abendfüllendes Thema (ganz kurz wird es später, in Abschnitt 10, noch berührt werden). Freilich betrifft es nur ein Teil-Element der Reformerfordernisse und der Streitigkeiten darüber, die ja noch immer im Gang sind.

Den komplexen Zusammenhang zu beschreiben, der den massiven Reformbedarf der EU ausgelöst hat, oder ihn gar in seiner Entwicklung nachzuzeichnen, würde, wie gesagt, ein eigenes Buch erfordern.

Man hat im Blick auf die Verknüpfung der Schulden-, der Banken-, und der politischen Strukturkrise von einem „Teufelskreis" gesprochen. Die zahlreichen Gipfeltreffen (des „Europäischen Rates" der Staats- und Regierungschefs) konnten ihn nicht aufbrechen: Die Budgetdefizite wuchsen weiter, die Hilfsmaßnahmen für die im Argen liegenden Länder wurden immer kostspieliger... – die Liste der Hiobsbotschaften ließe sich fortsetzen.

Zwar kam es zu Maßnahmen, die einiges davon in den Griff bekommen sollten, wie „Rettungsschirme", Vereinbarungen über Grenzen der Staatsverschuldung (in Gestalt des sogenannten „Fiskalpakts"), Frühwarnvorkehrungen, für den Fall von Überschuldungsgefahren (bezeichnet als „europäisches Semester"), und anderes mehr.

Manche von den mühsam ausverhandelten Beschlüssen waren jedoch im Grunde nur dazu geeignet, „Zeit zu kaufen", zur Behebung der grundlegenden Strukturmängel. Jedoch wurde

11 Vgl. etwa Wolfgang Hetzer, Finanzindustrie oder organisierte Kriminalität, in: Aus Politik und Zeitgeschichte, 38-39/2013 (16.09.2013), S. 22-27.

diese Zeit nicht hinreichend dazu genutzt. Andere Beschlüsse sollten „erste Schritte" in Richtung auf Stabilisierung darstellen, aber alsbald blieb man auf dem zu beschreitenden Weg stecken.

Gründe dafür waren u.a. die Schwäche, die mangelnde Schlüssigkeit der Strategie, oder die Unvereinbarkeit unterschiedlicher von verschiedenen Akteuren verfolgter Strategien (im Plural).

Eben dabei spielte wohl auch der Umstand eine Rolle, dass ökonomische Experten den Politikern zur Krisenbewältigung unterschiedliche, teilweise einander widersprechende Rezepte nahelegten (und das auch heute noch tun). Die Expertendispute erweckten immer wieder den Eindruck von Glaubenskämpfen zwischen Propheten und Missionaren verschiedener u. U. miteinander unvereinbarer Lehrgebäude (etwa, jedoch nicht nur, zwischen sogenannten Neoliberalen und Neokeynesianern).[12]

Oft konnte man den folgenden Eindruck gewinnen: Viele Politiker, die zu entscheiden haben, fühlen sich angesichts der kontroversen Dispute überfordert; Parlamentarier haben das auch immer wieder offen zugegeben.

Die Regierenden lehnten ihre Politik gern an jene fachökonomischen Glaubenslehren an, deren Praktizierung erstens den nationalen Eigeninteressen (so wie sie – die Regierungen – diese definieren) dient, die zweitens eine Wahlverwandtschaft zu den jeweiligen Programmsätzen der Regierungsparteien aufweisen, und die drittens mutmaßlich bei den Wählern gut ankommen.

Das führte dann auf europäischer Ebene zu einem unklaren, komplexen, womöglich in sich widerspruchsvollen Strategie – oder zu einer halbherzigen Politik, die so anmutet, als würde ein Autolenker gleichzeitig auf Gashebel und Bremse treten.

12 Dazu Jochen Hörtsch, Man muss daran glauben – Die Theologie der Märkte, München 2013. Siehe auch schon Hans Christoph Binswanger, Die Glaubensgemeinschaft der Ökonomen, o. O. 1998.

Nicht selten gingen die Entscheidungsmächtigen hart an die Grenze des vertrags- oder verfassungsrechtlich Zulässigen. Dies gilt nicht nur für die Staats- und Regierungschefs, sondern auch für die Führung der Europäischen Zentralbank. Klagen beim Europäischen Gerichtshof und bei mitgliedstaatlichen Verfassungsgerichten waren die Folge. Zu einigen stehen die Urteile noch aus.

Die Missachtung von Vertrags- und Verfassungsbestimmungen, womöglich auch schon der entsprechende Verdacht, zersetzt das Rechtsvertrauen. Je weniger man darauf bauen kann, dass alles mit rechten Dingen zugeht, desto eher kann das die Krise der Union existenziell verschärfen. Es kam auch schon vor, dass dominante Verantwortungsträger im Europäischen Rat oder auch außerhalb von Unionsorganen angeblich alternativlose Notstandsmaßnahmen durchsetzten, die vom Unionsrecht nicht gedeckt waren. Dazu nahmen sie für sich selbst eine kollektive, über den Verfassungsnormen stehende Entscheidungskompetenz in Anspruch, unter Berufung auf außerordentliche Umstände.

Ein angesehener und besonnener Sachkenner beurteilt das wie folgt: „Zentrale Merkmale demokratischer Verfassungsstaatlichkeit" würden „dadurch unterlaufen und gefährdet". Politik reduziere sich „auf ein strategisches Verhandlungsspiel, das unter dem Diktat des Ökonomischen mit kaum greifbaren Marktakteuren in intergouvernementalen Verhandlungsräumen ausgetragen wird." (so Martin Nettesheim).[13]

Derlei Sorgen um Demokratie und Rechtsstaatlichkeit sind bedenkenswert.

Noch andere Sorgen macht sich, wer die bedenklichen, „himmelschreienden" Nöte wahrnimmt, die viele Bürger und Bürgerinnen tragen müssen – nur einige Hinweise:

---

13 Martin Nettesheim, Verfassungsrecht und Politik in der Staatsschuldenkrise, in: Neue Juristische Wochenschrift, Jg. 2012, Nr. 20, S. 1409ff. (Der Autor ist Herausgeber eines der angesehensten Kommentare zum Recht der EU.).

Die Jugendarbeitslosigkeit liegt in Griechenland bei mehr 57, in Spanien bei mehr als 56 Prozent, in Kroatien bei nahezu 42, in Italien bei mehr als 40, europaweit bei mehr als 23 Prozent. Die Arbeitslosenquote nimmt zu, in Spanien und Griechenland erreichte sie bereits 2012 um die 25 Prozent.

Die Lebensverhältnisse in den unter Unionskuratel gestellten Staaten (Journalisten sprachen von „Zwangsverwaltung") wurden zunehmend unerträglich – um ein Beispiel zu nennen: Der Anteil jener Griechinnen und Griechen, die, wenn sie krank werden, keine Chance ärztlicher Behandlung haben, steigt rapide.[14]

Die beiden Problembereiche – die politische Strukturkrise einerseits, die Notstände der Menschen andererseits – werden zwar oft unabhängig voneinander thematisiert, tatsächlich hängen sie jedoch eng miteinander zusammen.

Die extremen Klüfte zwischen den Lebensumständen der Gutgestellten und der an Not leidenden Menschen zeigen an, dass die Politik das Gemeinwohl vernachlässigt, wenn nicht gar missachtet. Dies wiederum ist die Folge struktureller politischer Systemmängel.

---

14 Zur Jugendarbeitslosigkeit siehe Javier Caceres und Christian Wernicke, Sorge um die verlorene Generation, in: Süddeutsche Zeitung, 13.11.2013, S. 5. Laut dem „Journal- Panorama" des Österr. Rundfunks (Programm Ö 1) am 02.12.2013, lag die Jugendarbeitslosenrate aktuell bei 60 Prozent. Sie liegt nach einem Bericht im „Europa-Journal" des ORF am 8.11.2013 bei 30 Prozent. Was den Ausschluss aus der medizinischen Versorgung betrifft, so berichtete Der Spiegel in seiner Ausgabe vom 06.05.2013: 35 Prozent der Griechen würden ohne Krankenversicherung leben (Kerstin Kullmann, Eros und Armut, Der Spiegel 19/2013, S. 116-118, hier S. 117. (Die Differenz erklärt sich möglicherweise daraus, dass die 35 Prozent auch jene Wohlhabenden umfassen, die sich eine Behandlung als „Privatpatienten" leisten können)). Zufolge der in Anm. 11 erwähnten ORF-Sendung am 02.12.2013 lag der Anteil der Griechen, die kein Krankenhaus aufsuchen können, inzwischen bei 40 Prozent. Verliert man den Arbeitsplatz, dann fällt man nach einer gewissen Zeit „eo ipso" aus der Krankenversicherung heraus, unabhängig davon, wie hoch die vorher geleisteten Beiträge waren.

3. Das Gemeinwohl: Ein alter Grundbegriff in Widerstreit und Wandel

Nach dem kursorischen Blick auf Aspekte der EU-Krise, der tatsächlich zusätzlicher Erläuterungen und Begründungen bedürfte, ist nun endlich einer der Zentralbegriffe der Soziallehre ins Spiel gebracht worden.

Manche Zeitgenossen mögen das zum Anlass nehmen, gelangweilt abzuwinken; handelt es sich doch, salopp gesprochen, um „einen alten Hut". Der ist freilich im Lauf der Zeit (um im Bild zu bleiben) unterschiedlich geformt und gefärbt worden.

Soll die schon unterbreitete These zum Thema „Gemeinwohl und Europapolitik" einleuchten, dann sind Bemühungen um die Begriffsklärung nötig. Das mag weitschweifig und umständlich anmuten; aber die mit dem Ausdruck verknüpften Vorstellungen haben sich im Lauf der Zeiten so gewandelt, dass ohne ihre Vergegenwärtigung das Argument im Ungefähren bleibt.

Vor Jahrzehnten hat ein berühmter Rechtsgelehrter den Gemeinwohlbegriff als „die Lebenslüge des Obrigkeitsstaates" bezeichnet.[15] Das mag gebildeten Juristen schon deswegen ein-

---

15 So Gustav Radbruch. Auf eine ganze Reihe von Autoren, die den Gemeinwohlbegriff ablehnen (Hans Kelsen, Joseph Schumpeter, Gerhard Leibholz u. a.) verweist Herbert Krüger, Allgemeine Staatslehre, Stuttgart 1964, S. 765, Anm. 22. Zuweilen wird ein bestimmtes Gemeinwohlkonzept aus gutem Grund kritisiert. So wendet sich z. B. Joseph Schumpeter, Kapitalismus, Sozialismus und Demokratie, Bern [2]1950, S. 397, gegen die Auffassung, „dass es ein Gemeinwohl als sichtbaren Leitstern der Politik gibt, das stets einfach zu definieren ist und das jedem normalen Menschen mittels rationaler Argumente sichtbar gemacht werden kann […], so dass jeder soziale Sachverhalt und jede ergriffene oder noch zu ergreifende Maßnahmen unzweideutig als ‚gut' oder ‚schlecht' klassiert werden können." Vielleicht mag Platons Gedanke der gerechten Philosophenherrschaft zu einer Vorstellung Anlass gegeben haben (aber für Platon ist nicht jeder „normale Mensch" ein Philosoph)

leuchten, weil sich bis ins späte 20. Jahrhundert hinein jeder „*studiosus iuris*" mit dem Römischen Recht befassen musste, um die Logik von Rechtsordnungen begreifen zu lernen – dort aber diente der Begriff des „*bonum commune*" zur Rechtfertigung der „schrankenlose[n] Eingriffsbefugnis eines unumschränkten Herrschers in Freiheit und Rechtsstand jedes Einzelnen", im Dienste der „Staatsallmacht".[16]

Das europäischen Gemeinwohldenken geht hingegen auf Aristoteles zurück: Für ihn ist die Respektierung und Realisierung des Gemeinwohls das maßgebliche Kriterium für die Beurteilung politischer Ordnungen. Er stellt „gute" und „schlechte" Regierungsformen einander gegenüber. Merkmal der „schlechten" ist es, dass die politische Entscheidungsmacht einseitig zum Vorteile eines Einzelnen, oder einer reichen und mächtigen Elite, oder der großen Zahl der Unterprivilegierten ausgeübt wird, nicht aber im Dienste des Wohls Aller. Nur die Politordnung, in der die Regierungsgewalt im Dienste des Gemeinwohls ausgeübt wird, ist anerkennungswürdig – wer immer auch die Regierungsaufgaben wahrnimmt.[17]

– oder auch eine kurzschlüssige Vereinfachung der scholastischen Gemeinwohl-Metaphysik, von der sogleich die Rede sein wird. Dem in der heutigen Sozialethik und in der Politiktheorie gängigen Gemeinwohlkonzept entspricht Schumpeters Umschreibung sicher nicht.

16 So Walter Merk, Der Gedanke des gemeinen Besten in der deutschen Staats- und Rechtsentwicklung (erstmals 1934), Darmstadt 1968, zitiert nach Hans Maier, Die ältere deutsche Staats- und Verwaltungslehre, München ^{3}1986, S. 59.

17 Aristoteles, Politik, Buch 3, Kapitel 7. Es ist also ein sekundäres Kriterium, ob die Regierungsgewalt in sich den Händen eines Einzelnen, einer Elite, oder in denen der Gesamtbürgerschaft befindet. Primär geht es darum, ob sie im Dienst des Gemeinwohls ausgeübt wird oder nicht. Dazu kommt es vor allem darauf an, ob die Herrschaftsausübung an Gesetze gebunden oder der Willkür der Herrschenden überantwortet ist. Aristoteles stellt drei „gute" Ordnungstypen der Polis – die „Monarchie", die „Aristokratie" und die „Politik" – den drei „schlechten" der „Tyrannis", der „Oligarchie" und der „Demokratie" gegenüber. Die Letztere ist für ihn so etwas wie eine „Diktatur des Proletariats", denn der „*dêmos*" ist in seiner Diktion die große Masse der Besitzlosen, und seine „*krateía*" ist die nicht durch Gesetze begrenzte Machtausübung.

Über Thomas von Aquin ist dies in die spätere katholische Lehrtradition eingegangen, aber auch in eine umfassende Metaphysik eingeordnet worden. Dabei steht das Gemeinwohlverständnis der christlichen Naturrechtstradition im Zeichen des, schon vor Aristoteles und dann von Thomas betonten, Vorrangs des Ganzen vor den Gliedern.[18]

In deutschsprachigen Traktaten zum *„bonum commune"* werden oft zwei Ausdrücke voneinander unterschieden: das „Gemeingut" als Inbegriff der Ziele, auf die hin das gemeinsame Leben miteinander verbundener Menschen organisiert ist, und das „Gemeinwohl" als jene „Verfasstheit" der Communitas, die das Gemeingut bestmöglich zu erstreben gestattet (Oswald von Nell-Breuning SJ hat seinerzeit von der „inhaltlichen" und der „organisatorischen" Komponente des *„bonum commune"* gesprochen).[19] Effektiv zumindest für die Letztere zu sorgen ist Aufgabe der „politischen Autorität" – das ist ihre Daseinsberechtigung.

Gemeint ist ein individueller oder kollektiver Akteur, der die Befugnis und die Macht hat, die jeweilige *„communitas"* zu regieren – im Fall der elementaren menschlichen Lebensgemein-

---

18 So Thomas von Aquin, Summa Theol. II-II, 58, 5: „Der Teil ist, das was er ist, aus dem Ganzen, darum ist jegliches Gut des Teiles auf das Wohl des Ganzen ausgerichtet." Daraus wurde gefolgert: „Die Gesellschaftsglieder werden im Gemeinwohl nicht nur durch ein umgreifendes Bindeglied umfasst, sondern werden ihm auch untergeordnet [...]. Was also der einzelne mit seinem sogenannten subjektiven Recht verlangt, ist nichts anderes als der gerechte Anteil seiner Teilfunktion im Ganzen" – so Arthur Fridolin Utz OP, Sozialethik, I. Teil: Die Prinzipien der Gesellschaftslehre, Heidelberg und Löwen ²1964, S. 147. Allerdings ist die Freiheit des Einzelnen ein Gut, welches zum Gemeinwohl gehört (Ders., ebd., S. 289), und die Hochschätzung und Verteidigung der Freiheit steht „ganz im Rahmen des an objektiven absoluten Normen gemessenen Gemeinwohls" (S. 295).

19 Oswald von Nell-Breuning SJ, Zur christlichen Gesellschaftslehre (Beiträge zu einem Wörterbuch der Politik, Heft 1), Freiburg i. Br. ²1954, Spalte 52f. Johannes Messner, Das Naturrecht, Innsbruck ³1958, S. 161ff., spricht vom „wesenhaften" Gemeinwohl „als Lebenswirklichkeit" einerseits, und versteht darunter „die Erreichung einer werterfüllteren und vollkräftigeren Persönlichkeit durch eine möglichst große Zahl der Glieder der Gesellschaft", sowie von der „institutionellen Seite", organisatorischen Einrichtungen und Vorkehrungen andererseits.

schaft, der Familie, ist dies deren natürliches „Haupt" (der *„pater-familias"*), im Falle einer größeren Gemeinschaft, der individuelle oder kollektive Inhaber der Regierungsvollmacht, die ihm zur Erfüllung seiner Pflicht – eben der Sorge für das Gemeinwohl – zu Gebote steht.[20]

---

20 Thomas erörtert ausführlich die Vorzüge und Nachteile der verschiedenen Regierungsformen, neigt jedoch schließlich zu der Auffassung, für die Monarchie spräche mehr als für die Alternativen (umgekehrt ist eine korrumpierte Monarchie die schlimmste Regierungsform; deswegen sollten die Machtbefugnisse des Königs von vornherein so beschränkt werden, dass ein tyrannischer Missbrauch möglichst verhindert wird). Ursprünglich komme der Gemeinschaft selbst die Befugnis zur Wahl der Regierungsform zu; Thomas von Aquin, Über die Herrschaft der Fürsten, Stuttgart 1981 = Reclams UB 9326. (Hierzu siehe Peter Tischleder, Ursprung und Träger der Staatsgewalt nach der Lehre des hl. Thomas von Aquin und seiner Schule, München 1923). Aus der Natur der Sache (nämlich der Regierungsaufgaben) ergebe sich aber die Zweckmäßigkeit der Einsetzung von Amtsträgern, sowie die Aufteilung der Aufgaben (Thomas greift die aristotelische Würdigung der „gemischten Verfassung" auf; dazu siehe Alois Riklin, Machtteilung: Geschichte der Mischverfassung, Darmstadt 2006, S. 93-109). Zur Würdigung seiner Schrift „De Rege ad regem Cypri" (oder „De regimine principum") ist das entsprechende Kapitel von Helmut Berges, Die Fürstenspiegel des hohen und späten Mittelalters, Stuttgart [2]1952, S. 195-211 sehr ergiebig (und auch schon der „Vorblick" auf Thomas, ebd. S. 116-121).
Für heutige Leser ist die Vergegenwärtigung einiger vom Aquinaten verwendeten Begriffe und der mit ihnen verknüpften Vorstellungen nützlich. Der Ausdruck „rex" (gemeinhin als „König" übersetzt) ist das Hauptwort zu *„regere"*, regieren; ein geflügeltes mittelalterliches Wort lautet *„rex a recte regendo"*: *„Rex"* ist, wer „recht" (also am Gemeinwohl orientiert) ein *„regnum"* regiert: *„regnare"* bedeutet nicht Regieren (für den Vollzug wird auch das Wort *„gubernare"* verwendet), sondern rechtmäßig das Amt des „rex" innehaben. Beim Begriff *„rex"* an jemanden wie den französischen „Sonnenkönig" Louis XIV., oder an das einer Dynastie wie den Habsburgern oder den Hohenzollern angehörige gekrönte Haupt zu denken, ist fragwürdig. Im Mittelalter war das Wahlkönigtum verbreiteter als die Erbmonarchie; an der Verfassung von Gesetzen waren in der Regel Ratsversammlungen beteiligt (diese waren damals selbstverständlich nicht demokratisch gewählt, sondern umfassten die vornehmsten Adelsherren des jeweiligen *„regnum"*). Aber auch die Einbeziehung der Gesamtheit der „freien Männer" in die politische Willensbildung hielt Thomas für angemessen. Freilich hat für den frommen Theologen jedes Regentenamt auch einen Bezug zum Übernatürlichen; es ist ein schwaches, verkleinertes Abbild der Herrschaft Gottes. Thomas spricht sogar von der *„corregnatio regis cum Christo"*. Dies war allerdings eher eine Aussage, die dem Herrscher klar machen sollte, wie hoch und heilig seine Amtspflichten waren – und mit welcher Demut

Auch das ist eine von Thomas von Aquin übernommene aristotelische Lehre: Menschen müssen, um ihr Leben meistern zu können, zusammenwirken. Da aber jeder normalerweise nur auf das bedacht ist, was ihm selbst erstrebenswert erscheint,[21] würde die Vielheit auseinanderlaufen.[22] Eben deshalb muss es jemanden geben, der für das sinnvolle Zusammenwirken sorgt, also für das gemeinsame Wohl,[23] wozu freundliches Zureden nicht ausreicht, so dass der Sachwalter des Gemeinwohls eine Art Regierungsgewalt innehaben muss, kraft derer er verbindliche Weisungen geben

---

er sich ihnen widmen sollte. Wie viele Lehren des Kirchenvaters Augustinus waren dem Mittelalter auch seine Ausführungen darüber geläufig, dass das Regieren den Menschen eigentlich überfordert. In mittelalterlicher Sicht ist die Hauptaufgabe des Regenten die des Richtens (weil Entscheidungen allemal nach Maßgabe des Rechts gefällt werden müssen). Die Rechtsprechung von Menschen über andere Menschen ist, wie Augustinus in „De Civitate Dei", Buch XIX, Kap. 5ff. ausführt, ein Dienst, zu dem die menschliche Gesellschaft den Regenten verpflichtet; damit versetzt sie ihn jedoch in eine arge Zwangslage: mit dem Richten-Müssen sind viele und große Übel verbunden. Auch mit Kriegen verhält es sich so. Selbst der weise Regent, der ausschließlich gerechte Kriege führt, wird darüber in Betrübnis geraten. Wer dies alles zwar auf sich nimmt, weil er es auf Grund seiner Amtspflicht muss, jedoch dabei keinen Seelenschmerz verspürt, hat sein menschliches Empfinden verloren... (hier referiert nach: Augustinus, Die Gottesbürgerschaft, hrsg. von Hans Urs von Balthasar, Frankfurt a. M. 1961, S. 171-174).

Wer dies vor Augen hat, wird die mittelalterliche Sicht des Gottesgnadentums des *„regnum"* anders sehen als es heute gemeinhin geschieht: Die Salbungs- und Krönungsriten bei der Amtsübernahme sind „notwendig", weil der vom Herrscheramt allemal überforderte Mensch eine besondere „Amtsgnade" dringend nötig hat, um seinen Amtspflichten auch nur einigermaßen gerecht zu werden. Übrigens hatte schon vor der Christianisierung die althergebrachte Herrschaft (etwa das Stammeskönigtum bei den Germanen) sakralen Charakter (siehe Otto Höfler, Der Sakralcharakter des germanischen Königtums, in: Das Königtum – Seine geistigen und rechtlichen Grundlagen, Darmstadt 1963, S. 75-104. Die Trennung von „sakraler" und „profaner" Dimension der Realität war in den alten Zeiten weithin unbekannt (auch jede griechische Polis hatte ihre Götter).

21 Thomas von Aquin, De Rege ad regem Cypri, I, 1: *„unoquoque providente quod est sibi congruum"*.

22 *„multitudo in diversa dispergeretur"*.

23 *„curam habens"* für das *„bonum multitudinis"*.

kann;[24] im Fall der Verweigerung ihnen zu folgen, muss er auch imstande sein, die Befolgung zu erzwingen.[25]

Es gibt, Thomas von Aquin zufolge, *„communitates"* verschiedener Größenordnung. Ihnen allen kommt ein Gemeinwohl zu, und sie benötigen einen mit entsprechender Machtbefugnis ausgestatteten Gemeinwohlbesorger – beginnend mit der Familie und dem Hauswesen (die vom *„paterfamilias"* regiert werden) bis zur *„communitas universalis"*.

In einer umfassenderen *„communitas"* sind *„communitates particulares"* zusammengeschlossen. Je umfassender eine *„communitas"* ist, desto mehr von dem, was die Mitglieder zur Lebensführung und zur Entfaltung ihrer Anlagen brauchen, kann sie ihnen bereitstellen. Die Gemeinwohlerfordernisse der umfassenderen *„communitas"* haben grundsätzlich Vorrang vor denen der Gliedgemeinschaften (allerdings schließt das umfassendere Gemeinwohl die berechtigten Interessen der Glieder ein).

Am ausführlichsten befasst sich Thomas von Aquin mit der *„communitas politica"* oder *„civitas"*. In der deutschsprachigen Literatur wird dafür immer wieder der Begriff „Staat" verwendet – das ist aber zumindest missverständlich.

Thomas lehnt seine Civitas-Lehre an die von Aristoteles an, der sich auf die griechische *„pólis"* (den sogenannten Stadtstaat) konzentriert, und diese als die der Größenordnung nach vollkommenste Gemeinschaft[26] (griechisch *koinonía*) betrachtet, weil sie, etwas simpel gesprochen, Träger aller speziellen Aufgaben und Berufe einschließt, in ihrem eigenen Bereich alle materiellen und geistigen Lebensgüter bereitstellt, so dass keine von außen bezogen werden müssen; sie ist autark (die *civitas* ist eine *„societas perfecta"* oder *„completa"*). Deswegen ist ihre Betrachtung am besten geeig-

---

24 *„potestas directiva"*.

25 *„potestas coactiva"*.

26 Dieser Qualitätsvorrang hat natürlich nichts mit der Frage nach der Güte der Verfassung zu tun.

net, das Wesen und den Sinn einer menschlichen Gemeinschaft verständlich zu machen. Aristoteles denkt „teleologisch" – das Wesen einer Sache erschließt sich im Blick auf die zum Besten entwickelte, vollkommene Form: Was das Wesen des Menschen ist, erkennt man am vollständig Gereiften, dessen Anlagen sich bestmöglich entwickelt haben, nicht am Neugeborenen oder am Halbwüchsigen.[27] Allerdings ist für Thomas die *„civitas"* – anders als für Aristoteles – nicht das umfangsmäßig und auf die Autarkie bezogen „perfekteste" Gemeinwesen: über die *„civitas"* geht die *„provincia"* hinaus – sie umfasst mehr als eine civitas -, und noch umfassender (also gekennzeichnet durch ein abermaliges Mehr an Selbstgenügsamkeit) ist das *„regnum"* und das *„imperium"*.[28] Am ehesten entspricht noch das *„regnum"* dem Begriff „Staat".

Was die „Gemeinwohlgüter", die inhaltlichen Bestandteile betrifft, so ist das Grundlegende von ihnen der Friede. Der Regierende hat erstens die Bedrohung des Friedens von außen zu verhindern oder abzuwehren (dazu müssen ihm im Bedarfsfall militärische Kräfte zur Verfügung stehen). Zweitens muss er den inneren Frieden sichern – gegenüber kriminellen Gewalttätern, sofern das nicht von den Regenten untergeordneter Gemeinschaften besorgt wird, aber auch gegen deren Neigung zu gewaltsamen Auseinandersetzungen. Das schließt die richterliche Streitschlichtung, vor allem zwischen den Mächtigen des Landes, ein.

Zu den Bedingungen nachhaltigen Friedens gehört ein gerechter Ausgleich von Rechts- und Machtverhältnissen: es

---

27 Auch Thomas argumentiert im Zeichen der „immanenten Teleologie der Dinge, der Menschen, der Gemeinschaften", so Robert Linhardt, Die Sozialprinzipien des heiligen Thomas von Aquin, Freiburg/Br. 1932, S. 55.

28 Thomas von Aquin, De malo, I, 1, nach Hans Meyer, Thomas von Aquin, Bonn 1938, S. 482. Zwischen der elementaren *„Communitas"*, nämlich dem Hauswesen (domus) steht das, mehrere Hauswesen zusammenfassende Gebilde *„vicus"* (Ansiedlung, Dorf, aber als Teil einer civitas auch ein Stadtviertel). Schließlich gibt es die *„communitas universi"*. Siehe auch den Artikel „communitas" von Ludwig Schütz, in: Thomas-Lexikon, [2]1895, Neudruck Stuttgart 1958, S. 134f.

gilt das Wort *„opus iustitiae pax"* – der Friede ist das Werk der Gerechtigkeit.[29]

Ein elementares Erfordernis der Gerechtigkeit (der Sorge dafür, dass Jedem das Seine zuteil wird) ist die Sorge für die rechte Zuteilung der lebensnotwendigen materiellen Güter, und die Abwehr von Angriffen darauf.[30] Nur wer seine ganze Kraft nicht zur Sicherung des Lebensunterhalts einsetzen muss, kann sich der geistigen Vervollkommnung widmen, und diese ist ebenfalls ein Ziel der *„civitas"*, und zwar ein höherrangiges.[31]

Mit der Sorge um diese Dimension des Gemeinwohls ist es eine eigene Sache. Die bereits erwähnte Unterscheidung von „Gemeingut" und „Gemeinwohl"[32] wird in vielen Darstellungen mehr oder weniger beiläufig vermerkt; sie ist aber, zumal wenn es um die politische *„communitas"* geht, überaus bedeutsam.

In der klassischen Lehre ist die „organisatorische Komponente", die Verfassung des „Regierungssystems", das Mittel zur Optimierung der „inhaltlichen" Komponente – des bestmöglichen Zustandes der Gemeinschaft und ihrer Glieder. Der Regierende hat die Aufgabe, den Regierten zu ihrer bestmöglichen Vollkommenheit zu verhelfen, er ist sozusagen auch ihr Führer zur Tugend. Ethische Erziehung ist schon bei Aristoteles ein wesent-

---

29 Für Augustinus ist Friede (*„pax"*) gekennzeichnet durch *„tranquillitas ordinis"*. „Ruhe", *„tranquillitas"*, ist nicht fade Langeweile, sondern das Ausbleiben von Erschütterungen und Turbulenzen, die das Überleben und das menschenwürdige Leben gefährden.

30 Die *„tranquillitas ordinis"* ist, wie Augustinus lehrt, die Frucht der *„parium diapariumque rerum sua cuique loca tribuens dispositio"* – der gerechten Verteilung der Güter, was nicht etwa schlichtweg ihre Gleichverteilung bedeutet, schon gar nicht in der ständischen Gesellschaft, die Thomas vor Augen hat.

31 Die Polis wird um des Überlebens willen gegründet, aber sie soll zum menschenwürdigen Leben, nämlich zum tugendhaften, verhelfen. Dies lehrte schon Aristoteles, und entsprechend auch Thomas. Sein Wort, dass ein gewisses Maß materieller Güter die Voraussetzung dafür ist, dass jemand sich um die Entfaltung der wahrhaft menschlichen Qualitäten des *„bene vivere"* (der Tugendanlagen) bemühen kann, steckt in Bert Brechts Formel „Zuerst kommt das Fressen und dann die Moral".

32 Siehe Anm. 19.

licher Bestandteil der politischen Führungsaufgabe – bei Thomas kommt die Hinführung zur Christlichkeit hinzu, wenngleich diese Aufgabe auch und zuhöchst der Kirche obliegt, weswegen die „weltliche Autorität" auf die „geistliche" hören muss.[33] Die ethische Erziehung der Gesellschaftsglieder schließt natürlich die Tugenden der Mitmenschlichkeit ein, also die Herausbildung der Bereitschaft zur Solidarität, zur gegenseitigen Hilfe und Förderung (auch insofern tragen die Glieder des Gemeinwesens zum Gemeingut bei).

Diese Lehre stieß in der Neuzeit aus mehreren Gründen auf Schwierigkeiten.

Erstens infolge der Glaubensspaltung; sie führte mindestens zur Lockerung der Beziehungen zwischen politischer und kirchlicher Autorität. Wo die Beziehung eng blieb (etwa im Zeichen der Regel „*Cuius regio, eius religio*"), fühlten sich die Angehörigen der jeweils anderen Konfession(en) in ihrer Religiosität beeinträchtigt. Schließlich wurden Tendenzen zur „Säkularisierung" des Staates, der sich nun als moderne Ausprägung der *„communitas politica"* herausgebildet hatte, wirksam.

Zweitens führte die staatliche Politik, die sich zur moralischen Führung und Vervollkommnung berufen fühlte, zu einer extremen Bevormundung der Untertanen. Sie empfanden die Gängelung durch den obrigkeitlichen „Polizeistaat" zunehmend als entwürdigend und unerträglich. „Die gute Polizey" – die erstrebenswerte Ordnung – war die innenpolitische Hauptaufgabe des nun etablierten Territorialstaats, der die Reichweite seines darauf bezogenen Anordnens und Überwachens erheblich ausdehnte; insbesondere auf Grund des Autoritätsverfalls innerstaatlicher Sozialverbände, vor allem der Stände, die vordem die Lebensweise ihrer Angehörigen geordnet hatten. Das Wirken des „Polizeistaates" setzte natürlich die Befriedung des Landes voraus.

33 Vgl. Wilhelm Berges, a. a. O. 1952, siehe oben Anm. 20, S. 206f.

Der Ausdruck „Polizey“ geht auf das griechische „*politeía*“ zurück – das Wort für die Verfassung der „guten“ Pólis bei Aristoteles.[34] „Polizei bestand, wo der Bürger oder Untertan sich ordentlich, züchtig, gesittet, ehrbar verhielt.“[35] „Polizeiordnungen“ regelten Erfordernisse der Hygiene, der Lebensmittelkontrolle, die Sauberkeit von Straßen und Gebäuden, die Abstellung des Bettlerwesens (in Verbindung mit der Einrichtung von Armen- und Arbeitshäusern), aber auch die „Kleiderordnung“ (zur sicheren Erkennbarkeit der Zugehörigkeit eines Menschen zu einer bestimmten Gesellschaftsgruppe), das Verhalten bei Festen (Einschränkungen des Aufwands bei Kindstaufe, Fastnacht, Begräbnis und Kirchweih), „sittenpolizeiliche“ Vorschriften, die Zensur von Druckwerken, u. a. m. Es ging nicht nur um die äußerliche, sondern auch auf die „innerliche Polizierung der Menschen“.[36] Die „peinliche und kleinliche“ Regelung von tausend Einzelheiten des persönlichen Lebens, im Zeichen der Beförderung

34 Zum Folgenden siehe Hans Maier, Die ältere deutsche Staats- und Verwaltungslehre, München ²1980, Nachdruck 1986. Franz Ludwig Knemeyer, „Polizei“, in: Otto Brunner/Werner Conze/Reinhart Kosellek, Geschichtliche Grundbegriffe, Bd. 4, Stuttgart 1978, S. 875-897.

35 Knemeyer, ebd., S. 877.

36 Der „rohe Mensch“ muss diszipliniert und zivilisiert werden. So ist vor allem die Erziehung ein Werk, das „natürliche Menschen aus ihrem unförmlichen Chaos und rohen Erdschollen in angenehme politische Creaturen, d. i. in nutzbare und tugendhafte Bürger und Unterthanen, durch eine künstliche Verwandelung metamorphosieret“, so Theodor Ludwig Lau, Aufrichtiger Vorschlag von glücklicher, vorteilhaftiger, beständiger Einrichtung der Intraden und Einkünften der Souverainen und ihrer Unterthanen, in welchem von Policey- und Cammer-, Negocien- und Steuer-Sachen gehandelt wird, Frankfurt 1719, S. 21: nach Walter Seitter, Menschenfassungen, München 1985, S. 123-124.

„gemeiner Wohlfahrt“[37] wurde mit der Auffassung gerechtfertigt, dass dem Bürger ein Urteil darüber, was sein Glück ausmacht, nicht zusteht, weil ihn das überfordert.[38] Klugen Geistern war die Fragwürdigkeit dieser Regelungswut bewusst; sie plädierten dafür, die Tugendvorschriften auf die Verhinderung solcher Laster zu konzentrieren, die „den äußerlichen Frieden turbiren“.[39]

Das zunehmend selbstbewusst werdende Bürgertum ging mehr und mehr in Opposition zum Polizeistaat – im Namen der Freiheit.

Der Antrieb dazu war nicht nur der Unmut darüber, dass sie von der Obrigkeit eine Art von „Glückseligkeit“ aufoktroyiert bekam, die sie in ihrer Lebensführung einengte, sondern etwas darüber weit Hinausgehendes, viel Fundamentaleres: Ein ganz anderes Selbst- und Weltverständnis zum einen,[40] und eine ganz andere Rechtfertigung der politischen Ordnung (samt einer Umwertung bisheriger Gemeinwohlvorstellungen) zum andern.[41]

---

37 Zwischen dem späten 15. Jahrhundert und dem Jahr 1806 wurden für Württemberg mehr als 3000 „Polizeiordnungen“ erlassen; nach Hannes Wimmer, Gewalt und das Gewaltmonopol des Staates, Wien/Berlin 2009, S. 250.

38 Hans Maier, a. a. O. 1986, siehe oben Anm. 34, S. 73 und S. 162.

39 So etwa Christian Thomasius schon im späten 17. Jahrhundert. Siehe Christoph Link, Herrschaftsordnung und bürgerliche Freiheit, Wien, Köln, Graz 1979, v. a. S. 141ff.

40 Bernhard Groethuysens weithin vergessenes Werk „Die Entstehung der bürgerlichen Welt- und Lebensanschauung in Frankreich“ (Bd. I: Das Bürgertum und die katholische Weltanschauung; Bd. II: Die Soziallehren der katholischen Kirche und das Bürgertum), Halle/Saale 1927, 1930, betont schon im Vorwort zum ersten Band: Es habe sich nicht um eine neue Philosophie gehandelt, „die man mit philosophischen und theologischen Argumenten widerlegen könnte“, sondern um „einen neuen Menschen“, um eine „geschichtliche Wirklichkeit, die als solche unwiderlegbar war“, noch vor aller Ideologie (Bd. I, S. IX).

41 Typisch ist die These von Gottfried Immanuel Wenzel, Vollständiger Lehrbegriff der gesamten Philosophie dem Bedürfnisse der Zeit gemäß eingerichtet, Band III, Linz und Leipzig 1804, S. 530: Der „höchste und letzte Zweck des Staates“ ist der „Schutz der Rechte aller Einzelnen“, sowie der „Genuss der höchstmöglichen Freyheit eines Jeden“ (zitiert nach Fritz Valjavec, Der Josephinismus, Brünn/München/Wien 1944, S. 82.

Der moderne Individualismus brach sich Bahn.[42] Die politische Ordnung sollte in seinen Dienst gestellt werden.

Das Schlüsselereignis war die Französische Revolution. In der Erklärung der Menschen- und Bürgerrechte wird, als der eigentliche Staatszweck, die Aufrechterhaltung der unveräußerlichen Menschenrechte proklamiert – dies und nichts anderes ist das der Republik aufgegebene Gemeinwohl. Sie steht im Dienst der Gesellschaft der Freien und Gleichen. Das Mittel dazu ist das Gesetz; an der Gesetzgebung wirkt das Volk oder seine Vertretung mit.[43]

Einen für das europäische Denken einflussreichen philosophischen Reim darauf hat sich Immanuel Kant gemacht.[44] Der Mensch gelangt auf Grund seiner gesellig-ungeselligen Natur zur Konstruktion des Staates, der ihn zu friedlicher Koexistenz mit

42 Das kann hier nicht nachgezeichnet werden; immerhin mögen einige Stichworte erlaubt sein. Schon in der Renaissance findet eine Art anthropozentrische Wende statt, die mannigfaltigen Lebensformen und Lebensverhältnisse und die menschliche Vitalität finden mehr Aufmerksamkeit als zuvor, der Mensch will nur sich selbst gehören („*sibi soli vacare*") und empfindet sich als „*libertatis suae amator*". Dank seines freien Willens ist er „*creator similis et quasi alius deus*" – aber er wird auch als ein neuer Prometheus verstanden. Im Anschluss an die Entdeckung anderer Erdteile, die Wahrnehmung einer Vielfalt bislang unbekannter Menschenarten und Lebensweisen wird die Selbstverständlichkeit der herkömmlichen und vertrauten Ordnung fragwürdig. Alternativen werden ersonnen (die Literaturgattung der Utopie kommt auf). Andererseits wird der Egoismus bejaht, als Konsequenz der natürlichen Selbstliebe. So meint Spinoza: „Nichts erstreben, nichts wollen oder begehren wir, weil wir es für gut erachten, sondern umgekehrt: wir halten etwas für gut, weil wir es erstreben, wollen, begehren", aber der Mensch besitzt auch Vernunft (gemeint ist eigentlich: konstruktiver Verstand), sie leitet ihn an, zum Schutz von Frieden, Freiheit und Sicherheit eine Rechtsordnung einzuführen, deren Einhaltung vom Staat erzwungen werden kann.

43 „*Déclaration des Droits de l'Homme et du Citoyen*", Präambel, Artikel 2, 4 und 6.

44 Aufs erste scheint seine Lehre der in Anm. 42 erwähnten Spinozas zu ähneln. Dennoch sind die Unterschiede erheblich. Auf Kant wird hier auch eingegangen, weil Vertreter der Neuausrichtung der christlichen Sozialethik nicht nur gelegentlich auf ihn Bezug nehmen; siehe etwa Markus Vogt (Hrsg.) 2013, siehe oben Anm. 3, S. 36, S. 91ff., S. 98, S. 112 -120.

seinesgleichen zwingt.[45] Aber der Mensch ist auch ein Vernunftwesen, er hat ein Gewissen. Die „praktische Vernunft" begründet sittliche Verantwortlichkeit; dies ist die eigentliche Bestimmung der menschlichen Freiheit – als „Unabhängigkeit von eines anderen nötigende Willkür"[46], und der sozusagen höhere Grund des Rechts: die Ermöglichung des sittlichen Handelns.

„Das Recht ist der Inbegriff der Bedingungen, unter denen die Willkür des Einen mit der Willkür des Anderen nach einem allgemeinen Gesetz der Freiheit zusammen vereinigt werden kann"[47], es verlangt lediglich, dass der Mensch „legal" handelt. Das „Gesetz der Freiheit" stellt sicher, dass „ein Jeder seine Glückseligkeit auf dem Wege suchen" darf, „welcher ihm selbst gut dünkt, wenn er nur der Freiheit anderer [...] nicht Abbruch tut," denn die Menschen denken „gar verschieden" darüber, was ihre Glückseligkeit ausmacht.[48] Aber das Gesetz ist auch nötig, auf dass die äußeren Bedingungen für sittliches Handeln aus Pflichtbewusstsein gegeben sind, und die Geltung muss vom Staat garantiert werden. An die Stelle des älteren Naturrechts tritt die Berufung der Vernunft, „zu aller positiven Gesetzgebung die unwandelbaren Prinzipien" festzustellen.[49] Über die moralische Gesinnung hat hingegen weder der Staat, noch sonst jemand Herrschaftsgewalt

45 „Der Mensch ist ein Tier, das, wenn es unter anderen seiner Gattung lebt, einen Herrn nötig hat. Denn er missbraucht [...] seine Freiheit in Ansehung Anderer seinesgleichen und ob er gleich als vernünftiges Geschöpf ein Gesetz wünscht, welches die Freiheit Aller Schranken setze, verleitet ihn doch seine selbstsüchtige [...] Neigung, wo er kann, sich selbst auszunehmen", so Kant, Ideen zu einer allgemeinen Geschichte in weltbürgerlicher Absicht, VI. Ein „Mechanismus der Natur" kann dazu genutzt werden, dass sie einander selbst nötigen, sich unter Zwangsgesetze zu begeben (Metaphysik der Sitten, I: Rechtslehre, § B). Das würde sogar „für ein Volk von Teufeln" funktionieren, „wenn sie nur Verstand haben" (Zum ewigen Frieden, 3. Definitivartikel, 1. Zusatz).

46 Kant, Einleitung in die Rechtslehre.

47 Kant, ebd.

48 Kant, Über den Gemeinspruch: Das mag in der Theorie richtig sein, taugt aber nicht für die Praxis (1793).

49 Kant, Einleitung in die Rechtslehre.

(nur Gott sieht in das Herz des Einzelnen, weder dieser selbst noch ein Mitmensch). Kants Entgegensetzung von Moralität (Verpflichtung zur Tugend) und Legalität (Verpflichtung zur Rechtsbefolgung) löst also das im „klassischen", auf Aristoteles und Thomas von Aquin zurückgehenden Gemeinwohlverständnis enthaltene Ineinander von beidem auf.

Hegel lehnt diese Entgegensetzung ab; der „bloße Not- und Verstandesstaat" wird dem Wesen des Staates nicht gerecht.[50] Der Staat soll wieder als ein die Einzelnen und die Gruppen umfassendes, integrierendes, sittliches Gemeinwesen begriffen werden, der *„pólis"* vergleichbar, aber nun unter vollem Einschluss der modern verstandenen Freiheit. Das Wohl des Einzelnen und sein rechtliches Dasein wolle in das Wohl und Recht aller (die „Subsistenz") integriert sein, der Staat sei die „Vereinigung der Selbständigkeit der Individualität und der allgemeinen Substantialität".[51] Das ist für Hegel nicht etwa ein Erbe der philosophischen Vergangenheit, das eine Renaissance verdient. Er hält diese höhere Integration vielmehr für notwendig, weil nur so die das Zusammenleben zersetzenden Tendenzen der „bürgerlichen Gesellschaft" gebändigt werden können.

Diese steht bei ihm zwischen der Familie und dem Staat, eine Sphäre von Privatleuten, die durch Bedürfnisse, Arbeit, Arbeitsteilung und Austausch miteinander verknüpft sind. In einer „Vermischung von Naturnotwendigkeit und Willkür" bildet sie das sich neuerdings entwickelnde System von Güterproduktion, Industrie und Wirtschaftsleben, gekennzeichnet durch ein Übermaß des Reichtums und ein Übermaß der Armut. Hegel nimmt also die sich immer deutlicher herausbildende Klassengesellschaft wahr und betrachtet ihre „Aufhebung" in den „politischen Staat"

50 Hegel wird hier kurz angesprochen, weil von ihm später in anderem Zusammenhang nochmals die Rede sein wird.

51 Hegel, Rechtsphilosophie, §§ 182-183 und § 33, Zusatz.

als notwendig. Sein der *„communitas politica"* unter moderneren Bedingungen entsprechender Polis-Staat soll zugleich eine Antwort auf die eben auftauchende „soziale Frage" darstellen (wiewohl dieser Ausdruck erst nach Hegels Tod geläufig wurde).[52] Allerdings ist Hegels „politischer Staat" kein Diener eines „vorstaatlich" geltenden, für die Politik unantastbaren, höheren Rechts (auch nicht in Gestalt von unantastbaren Menschenrechten). Der Mensch lebt als Geistwesen „allein durch den Staat" – dieser „realisiert sich als selbständige Gewalt, in der die einzelnen Individuen nur Momente sind."[53] Die Sittlichkeit des Einzelnen realisiert sich, indem sie sich indem sich und sie dem Staat übereignet, so wie die Sittlichkeit des Christen sich in der freien Selbstübereignung an Gott verwirklicht.[54]

Das Rechts- und Staatsdenken blieb nicht bei Hegel stehen. Der von ihm wahrgenommene Interessenkonflikt zwischen den in der „bürgerlichen Gesellschaft" einander gegenüberstehenden Interessengruppen wurde aber zum bestimmenden Element der Politik, und die allmähliche, in tiefgreifenden Verfassungskonflikten durchgesetzte Verantwortlichkeit der Regierung gegenüber der Vertretung der gesellschaftlichen Kräfte veränderte die herrschenden Vorstellungen vom Gemeinwohl grundlegend.

---

52 Dazu siehe Manfred Riedel, Art. „Gesellschaft, bürgerliche", in: Otto Brunner/Werner Conze/Reinhart Koselleck (Hrsg.), Geschichtliche Grundbegriffs (siehe oben Anm. 34), Bd. 3, Stuttgart 1975, S. 719-800, hier S. 779-783. Gerhard Göhler/Ansgar Klein, Politische Theorien des 19. Jahrhunderts, in: Hans-Joachim Lieber (Hrsg.), Politische Theorien von der Antike bis zur Gegenwart, Bonn 1991, S. 259-666, hier S. 311ff. Aus dem Gesagten wird verständlich, wie sich eine „rechts-" und eine „linkshegelianische" Schule entwickelte.

53 Hegel, Philosophie der Weltgeschichte; Philosophie des Rechts; ebd. § 331: Das Volk als Staat ist der Geist in seiner substantiellen Vernünftigkeit und unmittelbareren Wirklichkeit, daher die absolute Macht auf Erden. Man muss den Staat wie ein Irdisch-Göttliches verehren (ebd. § 272, Zusatz).

54 Ein kluger Kritiker Hegels, Eric Voegelin, hielt ihn für einen modernen Gnostiker; siehe Eric Voegelin, Hegel – Eine Studie über Zauberei, München [2]2001.

Die schrittweise durchgesetzte Zuerkennung des allgemeinen Stimmrechts führte zur modernen Demokratie.

Was die Aufgaben der *„communitas politica"* sein sollten, und wie der Staat ihnen gerecht zu werden hätte, das wurde zum Gegenstand des politischen Ringens um die Wählerstimmen, in manchen Staaten auch um das Votum der Bürger im Zug von Volksabstimmungen, sodann aber zum Thema der Auseinandersetzungen in der jeweiligen Volksvertretung.

Das konnte den herkömmlichen Gemeinwohlbegriff obsolet erscheinen lassen.

Eine „unvoreingenommene" Betrachtung der vielfältig ausgestalteten Staatsordnungen führte Max Weber zu der These, dass der Staat überhaupt nicht durch die Bezugnahme auf irgendwelche klar bestimmbaren Gemeinwohlaufgaben definiert werden könne, und der neuzeitliche überhaupt nur durch das spezifische Mittel der legitimen physischen Gewaltsamkeit.[55] So sei auch „Politik" nicht etwa als aktive Sorge um die Realisierung des Gemeinwohls zu begreifen, sondern als „das Streben nach Machtanteil oder nach Beeinflussung der Machtverteilung, sei es zwischen Staaten, sei es innerhalb eines Staates, sei es zwischen den Menschengruppen, die er umschließt."[56] Daraus zog Joseph Schumpeter (der uns schon als Kritiker eines althergebrachten Gemeinwohlkonzepts begegnet ist) eine radikale Konsequenz: Die Aufgabe der Politik,

---

55 Max Weber, Politik als Beruf (1919), in: Ders., Gesammelte politische Schriften, München 1921, S. 396-450, hier S. 396: „Es gibt fast keine Aufgabe, die nicht ein politischer Verband hier und da in die Hand genommen hätte, andererseits auch keine, von der man sagen könnte, dass sie jederzeit, vollends: dass sie immer ausschließlich denjenigen Verbänden, die man [...] heute als Staaten bezeichnet, oder welche geschichtlich die Vorfahren des modernen Staates waren, eigen gewesen wäre." Natürlich ist die physische Gewaltsamkeit nicht „das normale oder [...] einzige Mittel des Staates [...], wohl aber das ihm spezifische." Mit dem in den Text eingefügten Adjektiv „unvoreingenommen" sollte natürlich auf Max Webers Postulat Bezug genommen werden, die Sozialwissenschaft solle sich von Werturteilen enthalten.

56 Ebd., S. 397.

für das Gemeinwesen verbindliche Entscheidungen zustande zu bringen, geschieht nicht durch ein Ringen um Einvernehmen über das Richtige, sondern auf Grund eines Konkurrenzkampfes um Macht und Amt – die Produktion von Entscheidungen wird „nur nebenbei erfüllt", im gleichen Sinn wie die Produktion von Gütern in der gewerblichen oder industriellen Wirtschaft eine Nebenerscheinung beim Erzielen von Profiten ist.[57] Demgemäß sind Parteien für Schumpeter nicht Gruppen, die eine bestimmte Konzeption des Gemeinwohls fördern oder durchsetzen wollen, sondern Gruppen, deren Mitglieder willens sind, miteinander im Konkurrenzkampf um die Macht zu handeln.[58]

Immerhin gibt es auch weniger extreme Deutungen des demokratischen Ringens um die Entscheidungsmacht; so zum Beispiel die von Ernst Fraenkel vorgelegte Konzeption der „pluralistischen Demokratie":[59] Eine freiheitliche und demokratische Ordnung funktioniert und überlebt nur, wenn nicht alle Ordnungsprinzipien und Entscheidungsgegenstände umstritten sind; dem „kontroversen Sektor" muss ein nicht-kontroverser zugrunde liegen. Die Erfordernisse des Gemeinwohls sind also der Politik nicht etwa apriorisch als eindeutig ermittelbar vorgegeben; wohl aber müssen gewisse Grundelemente (etwa die unverbrüch-

---

57 Joseph Schumpeter, a. a. O. 1950, siehe oben Anm. 15, S. 448. Seine Thesen haben Schumpeter den Ruf eingetragen, er habe eine „realistische Demokratietheorie" begründet.

58 Ebd., S. 449f. Die Beobachtung, dass Wahlprogramme heutzutage (zumindest: auch) im Hinblick auf ihre Attraktivität formuliert werden (was zuweilen die programmatischen Unterschiede zwischen konkurrierenden Parteien stark abflacht), oder dass man auf entsprechende Aussagen, etwa in der Plakatwerbung, ganz verzichtet, lässt das nicht unplausibel erscheinen.

59 So in mehreren Beiträgen des oftmals aufgelegten Bandes: Ernst Fraenkel, Demokratie in Deutschland, Stuttgart 1964, u. ö. Die politikwissenschaftliche Diskussion über Fraenkels Thesen konzentrierte sich v. a. auf die Frage, ob die unterschiedliche Chance gesellschaftlicher Interessen effektiv in das politische Ringen eingebracht zu werden, vernachlässigt würde, so dass das pluralistische System zu ungerechten Entscheidungen führt.

liche Anerkennung der Menschenrechte) einvernehmlich bejaht werden (welche Begründung ihnen im Bewusstsein der Bürger auch immer zugrunde liegen mag[60]). Über die zum „kontroversen Sektor" gehörenden Dinge muss gerungen werden, auch weil es in der Gesellschaft vielerlei miteinander rivalisierende Gruppen mit unterschiedlichen Interessen gibt. Das im Rahmen einer rechtsstaatlich-demokratischen Verfassung zustande kommende Ergebnis, kann dann als die akzeptable „aposteriorische" Annäherung an das Gemeinwohl gelten und zum Inhalt verbindlicher Rechtsakte werden.

Derartige Betrachtungsweisen haben dazu geführt, dass vom Gemeinwohl wieder ohne Scheu gesprochen wird, freilich nicht so, dass der Begriff alle Elemente des klassischen Konzepts in einen unveränderten Sinn einschließt. Als Beleg für eine zeitgenössische Sicht kann der nachfolgende ausführliche Text gelten:

„Die heutige funktional differenzierte Gesellschaft zerfällt in Subsysteme für Wirtschaft, Politik ... usw., die nicht auf ein gemeinschaftliches Ziel verpflichtet sind, sondern je eigenen Logiken folgen und die im System Handelnden diesen Logiken unterwerfen. Sie ziehen aus der funktionalen Spezialisierung ihre hohe Leistungsfähigkeit, bleiben aber, obwohl sie nur Teilbedürfnisse der Gesellschaft befriedigen, allein an sich selbst interessiert und nehmen auf das Ganze keine Rücksicht [...] Das solchen Gesellschaften eigene Integrationsproblem besteht darin, das für ihren Zusammenhalt und ihre Wohlfahrt als Ganzes gleichwohl nötige Gesamtinteresse zu definieren, für die daraus folgenden Verhaltensanforderungen der Glieder Konsens zu finden und sie mit Aussicht auf Erfolg gegen die individuellen und

60 Dass – je nach religiöser, philosophischer oder „weltanschaulicher" Überzeugung – unterschiedliche Begründungen als gültig betrachtet werden, macht es auch verständlicha, dass in der Regel von „Grundwerten" oder von einem „Wertkonsens" die Rede ist, wiewohl die Rede von den „Werten" nicht unproblematisch ist. Dies ist hier jedoch nicht das Thema.

systemischen Interessen durchzusetzen. Diese Aufgabe fällt der Politik zu, und ein wesentliches Mittel zu ihrer Erfüllung ist das Recht. Aber in der hoch individualisierten und funktional spezialisierten Gesellschaft ist die Erfüllung dieser Aufgabe schwieriger geworden, denn die Politik ist ebenfalls nur ein Subsystem dieser Gesellschaft mit eigener Selbstbezüglichkeit und begrenzten Steuerungskapazitäten gegenüber seiner Umwelt."[61]

61 Dieter Grimm, Wachsende Heterogenität – schwierige Integration, in: Merkur 773/774 (Heft 10-11/2013, S. 863-871, hier S. 863/864). Die wachsende Prägekraft der funktionalen Differenzierung der Gesellschaft und der Artikulations- und Einflussgewinnungsfreiheit partikularer Interessen macht es schwierig, die Zuordnung politischer Hoheitsgewalt und Gemeinwohl so einfach zu verstehen wie das früher üblich war.

4. Neues zum „Gemeinwohl": sozialethische und europapolitische Perspektiven

In bis weit ins 20. Jahrhundert maßgeblichen Versionen der Katholischen Soziallehre blieb die zentrale Position des „klassischen" Gemeinwohlbegriffs unangetastet.

Dass für die katholische Tradition Hegels Vereinnahmung der Tugend in den Staatsgeist, der in der Geschichte auf dem Weg zur Göttlichkeit ist, nicht geheuer sein konnte, verstand sich von selbst. Diese Lehre schließt ja eine Verpflichtung des Staates und seiner Regenten auf ein Gemeinwohl aus, das der Politik als höheres Gut gegenübersteht, und ihre kritische Beurteilung erlauben würde.[62]

Aber auch den im Zeichen der Menschenrechte durchgesetzten Rückzug des Staates von seiner ethischen Erziehungsaufgabe, wie sie in der Thomas-Tradition enthalten war, sahen wichtige

62 Hegel gibt zwar zu, dass der Staat „in der Welt" steht, „somit in der Sphäre der Willkür, des Zufalls und des Irrtums", so dass er sozusagen entarten („defiguriert" werden) kann (Rechtsphilosophie § 58, Zusatz). Dennoch muss man ihn „wie ein Irdisch-Göttliches verehren" (ebd. § 272, Zusatz). Zur Beurteilung durch Vertreter der Soziallehre vgl. z. B. Gustav Gundlach SJ, Die Ordnung der menschlichen Gesellschaft, Köln 1964: Hegels Staatsphilosophie sei eine „pantheistische Spekulation" (Bd. II, S. 119); Die aus der Hegelschen Philosophie kommenden Einheitskonstruktionen, die alles in der Realität des objektiven Geistes zusammenfasse, wo schließlich der Staat alles, auch alle Sittlichkeit ist, sei ein „Totalitarismus" (Bd. I, S. 130). Die Hegelsche Philosophie entziehe dem Menschen die personhafte Geistigkeit, kraft derer er in letzter und überlegener Seinsmächtigkeit sich über den Fluss des Geschehens erhebt, sich ihm gegenüber behauptet und durchhält.", (Ebd., S. 619). Vgl. auch das Hegel-Kapitel der von Arthur Fridolin Utz OP angeregten Arbeit seines Ordensbruder Franz-Martin Schmölz, Zerstörung und Rekonstruktion der politischen Ethik, München 1963, S. 19-41 („Hegel: Die Identifikation von Politik und Ethik").

Vertreter als eine bedauerliche Entwicklung an.[63] Die lehramtliche Einführung des Subsidiaritätsprinzips in der Enzyklika *„Quadragesimo anno"*, das ja den Vorrang der Eigenverantwortung der Person vor den Aktivitäten der *„communitas"* proklamiert, konnte in ihren Augen als der Versuch erscheinen, aus den modernen Gegebenheiten sozusagen das Beste zu machen.[64]

Zeitgenössische Vertreter der christlichen Sozialethik deuten eine kritische Distanzierung von dieser Lehrtradition an: beim Gemeinwohl handle es sich um den „Zentralbegriff vormoderner Sozialphilosophie", der insbesondere die angemessene Würdi-

---

63 Siehe etwa Arthur Fridolin Utz, Die geistesgeschichtliche Grundlage des Subsidiaritätsprinzips, in: Ders. (Hrsg.), Das Subsidiaritätsprinzip, Heidelberg 1953, S. 7-17, hier S. 15 und 16: In der „moderne[n], von der neuzeitlichen Auffassung der Menschenrechte beeinflußte[n] Sicht des Gesellschaftlichen tritt einseitig das Rechtliche zum Nachteil des Ideal-Ethischen hervor [...]. Die moderne weltanschaulich völlig aufgerissene Gesellschaft anerkennt keine gemeinschaftliche, einheitlich verpflichtende Ethik mehr [...]. Auch gibt es keine Autorität mehr, von der man eine allgemein-gültige Vorlage ethischer Ideale entgegennehmen würde [...]. So ist die Ethik der Gesellschaft aufgelöst in das Wertempfinden der vielen Individuen [...]. So landen wir [...] beim Resultat, dass der gesellschaftliche Aufbau von den einzelnen menschlichen Personen her vollzogen werden muss", und zwar desto mehr, „je mehr [sich] der Staat [...] aufhört, Garant des vollmenschlichen Gutes und der wahren menschlichen Glückseligkeit zu sein." – „In einer kaum mehr überbietbaren Zuspitzung wird die [...] Subsidiarität des Staates ausgesprochen in der modernen Formulierung der Gewissensfreiheit"; der Autor verweist namentlich auf das Recht, aus Gewissensgründen den Kriegsdienst zu verweigern. Dieses Recht, das sich „Thomas v. Aquin wohl nicht hätte vorstellen können", hat immerhin das II. Vatikanische Konzil ausdrücklich positiv gesehen (*„Gaudium et Spes"*, Nr. 79).

64 Siehe ebd., S. 7: Das Subsidiaritätsprinzip konnte „erst in moderner Zeit erdacht werden", dazu bedurfte es „des Anstoßes durch den Liberalismus mit seiner überbetonten Auffassung vom Rechtsstaat". Der Autor gibt sich alle Mühe, es in die traditionelle Gemeinwohllehre zu integrieren, ausgehend erstens davon, „dass das Gemeinwohl nur recht verstanden wird, wenn man es als das Wohl freier Menschen begreift" (Arthur-Fridolin Utz, Formen und Grenzen des Subsidiaritätsprinzips, Heidelberg 1956, S. 82), und zweitens, dass das Gemeinwohl immer „das erste" ist, (ebd., S. 83), dass es aber als „vielgestaltig" und „in sich gegliedert" begriffen werden muss (ebd., S. 81). Damit sei „gegen den totalen Staat die Pluralität des Rechts im Staat ausgesprochen" (ebd., S. 84). Dieses Verständnis beweise „die Anpassungskraft einer gesunden, vom christlichen Geiste getragenen Naturrechtslehre an den unüberwindlichen soziologischen Befund einer jeden Zeit" (ebd., 1953, S. 17).

gung der Einzelperson und ihrer unantastbaren Rechte schwierig mache.[65]

Tatsächlich lassen manche vor einigen Jahrzehnten vorgelegte Thomas-Interpretationen entsprechende Bedenken plausibel erscheinen.

Einer in den 1950er Jahren erschienenen Darstellung zufolge denkt der Aquinate an „eine harmonisch aufgebaute Gemeinschaft" mit einem „gerechten Herrscher" als Haupt; daher sei bei

---

65 Siehe z. B. Arnd Küppers, Menschenrechte im Spannungsfeld zwischen Gottesrede und säkularer Politik – eine sozialethische Sicht, in: Markus Vogt (Hrsg.) a. a. O. 2013, siehe oben Anm. 3, S. 300-326, hier S. 310-311. Die Kritik an der Naturrechtstradition setzte – nicht zu reden von der französischen „Nouvelle théologie" – nicht erst vor einigen Jahren ein. Schon vor mehr als 45 Jahren wurde sie z. B. vehement vom seinerzeit hoch renommierten Moraltheologen Bernhard Häring erhoben (dessen Werk „Das Gesetz Christi" damals bereits in der 8. Auflage vorlag), unter der provozierenden Überschrift „Naturrechtsdenken als mögliche Quelle des Unglaubens": Die bloße (Häring schreibt: mechanische) „Überlieferung von Sätzen, die eine sinnvolle und vielleicht die einzig sinnvolle Antwort auf Lebensfragen einer vergangenen Kultur und mit den Denkmitteln einer vergangenen Kultur darstellten", sei „eine Quelle des Anstoßes". „Bietet die Kirche – Theologenschulen oder kirchliche Lehre – den Menschen von heute ein für alle Zeiten verfestigtes, geschlossenes System natürlicher Sittenlehre an, dann wird das instinktiv als Verpflichtung auf ein totes Museum – auf einen toten Gott empfunden. Man übersieht dann auch das wahrhaft Bleibende". Häring begründete seine Kritik ebenso wie die heutigen Verfechter des sozialethischen Paradigmenwandels: mit Verweisen auf Aussagen des II. Vaticanum, auf die Würde und das Wohl der menschlichen Person, und auf die Geschichtlichkeit: Bernhard Häring, Unglaube und Naturrecht, in: Theologie im Wandel – Festschrift zum 150jährigen Bestehen der Katholisch-Theologischen Fakultät an der Universität Tübingen, München und Freiburg i. Br. 1967, S. 211-227, v. a. S. 218-220, 223-226. Nicht nur ein Redemptorist wie Bernhard Häring (immerhin Professor an der Lateranuniversität in Rom), sondern auch ein Ordensbruder Thomas von Aquins, nämlich Anselm Hertz OP (damals Prior des Klosters Walberberg, als „Albertus-Magnus-Akademie" seit 1933 Heimstätte der Deutschen Thomas-Ausgabe) bekannte sich zur Kritik der Naturrechtstradition. Er schrieb am 18.01.1967: „Wir befinden uns wissenschaftlich im Stadium einer Entmythologisierung des katholischen Naturrechtsdenkens, nicht nur philosophisch, sondern auch theologisch." (Der Brief liegt dem Autor vor; er hatte damals eine Studientagung über „Das Problem des Naturrechts heute" vorzubereiten, diese fand im Semptember 1968 statt; der Vortrag von Hertz erschien unter dem Titel „Theologie und Naturrecht" publiziert in: „Burgbrief", 32. Jg., Nr. 1-4, Burg Rothenfels 1989, S. 21-31.

ihm „nicht die geringste Spur von der Angst und Besorgtheit zu finden, mit der die Personalisten unserer Tage sich vor allem um die unangreifbaren Rechte der menschlichen Person bemühen" (die Sorge darum sei angesichts der ethischen Zurückhaltung und der Machtsteigerung des modernen Staates verständlich). Mit Thomas von Aquins Staatsauffassung sei die Vorstellung von „vorstaatlichen Rechten" der menschlichen Person unvereinbar; sie passe allenfalls zum modernen Nationalstaat.[66] Dass das Gemeinwohl, wie „die modernen Personalisten" meinen, durch die Koordination der Individuen konstituiert würde, sei für Thomas undenkbar. In seinen Augen sei je die menschliche Gesellschaft von vorn herein auf das *„bonum commune universale"*, das Gemeinwohl der ganzen Schöpfung ausgerichtet, auf Gott selbst.[67] So bezeichnet der zitierte Interpret das Gemeinwohl als „eine vorgegebene, gewissermaßen ‚dogmatische' Größe, die sich den Einzelnen auferlegt, die sich also nicht erst aus dem ergibt, was die vielen Einzelnen sich als Gemeinwohl vorstellen oder erstreben" – wiewohl kraft der Schöpfungsordnung nach Thomas jedes Geschöpf sein Gemeinwohl „naturgemäß" mehr liebe als sich selbst.[68]

Als typischen „Personalisten" benennt der Autor übrigens Jacques Maritain; dieser betrachte das Selbstbestimmungsrecht der menschlichen Person als „das Aufbauprinzip der mensch-

66 Antoine Pierre Verpaalen SCJ, Der Begriff des Gemeinwohls bei Thomas von Aquin, Heidelberg 1954, S. 11f. Der Verweis auf den „Nationalstaat" erscheint seltsam – totalitäre Herrschaftssysteme wie etwa das der Sowjetunion (die ja kein Nationalstaat war oder sein wollte) entgingen (1954!) seiner Aufmerksamkeit.

67 Ders., ebd., S. 12, S. 43 und S. 47ff. Auch dafür – und sozusagen zuallererst – gilt die grundlegende Aussage, dass jedes Gemeinwohl zu seiner Verwirklichung eine Autorität braucht, die die jeweilige Gemeinschaft regiert: Thomas „sieht das Universum als eine große Gemeinschaft, die von Gott als dem König regiert und zu ihrer Bestimmung geführt wird" (ebd., S. 53). So ist jede partikulare menschliche Gemeinschaft sozusagen ein verkleinertes, schwaches, vielleicht gebrochenes Abbild der universalen. *„Rex imago Dei"* ist ein berühmtes mittelalterliches Wort.

68 Ders., ebd., S. 51-52.

lichen Gesellschaft", und bejahe daher auch die demokratische und (im Sinn des Subsidiaritätsprinzips) pluralistische Struktur des politischen Gemeinwesens.[69] Tatsächlich beziehen sich Verfechter des Neuansatzes der theologischen Sozialethik auf Maritain als einen wichtigen Wegbereiter.[70]

Vor allem habe jedoch das Zweite Vatikanische Konzil der neuen Sicht den Weg gebahnt, namentlich mit der Pastoralkonstitution *„Gaudium et Spes"*. Die maßgebende Perspektive sei die Menschenwürde, ihre Anfechtung und ihre Sicherung. Dies stelle auch den grundlegenden Kerngehalt des Gemeinwohls dar.

Das Konzilsdokument selbst bestätigt das. Es umschreibt das *„bonum commune"* als „die Summe aller Bedingungen des sozialen Lebens, die den Einzelnen und Gruppen ihre Vervollkommnung ermöglicht, so dass dem Menschen alles zugänglich gemacht wird, was er für ein menschenwürdiges Leben braucht.[71]

Wo immer die entsprechenden Bedingungen jemandem vorenthalten werden, so ein zeitgenössischer Interpret, sei das eine Minderung, eine Verletzung, womöglich eine Negation der

69 Ders., ebd., S. 28-29.

70 Siehe z. B. Rudolf Uertz, Menschenrechte im Spannungsfeld zwischen Gottesrede und säkularer Politik, in: Markus Vogt (Hrsg.) a. a. O. 2013, siehe oben Anm. 3, S. 279-299, hier S. 282f. Ebd., S. 284 in Anm. 10 vermerkt der Autor: Maritain sei einer der wenigen [bis dahin, HS] in einem päpstlichen Lehrschreiben erwähnten Laien. Siehe ferner Arnd Küppers ebd., s.o. Anm. 15, S. 314f.

71 Pastoralkonstitution *„Gaudium et Spes"*, Nr. 26 und Nr. 74. Vgl. auch schon *„Mater et Magistra"* (1961), Nr. 65 und *„Pacem in Terris"* (1963), Nr. 58. Ein namhafter Vertreter der nachkonziliaren Neuausrichtung der Sozialethik erläutert das wie folgt: Die maßgebende Perspektive sei die der Menschenwürde, der menschlichen Autonomie, und der gegenseitigen Anerkennung als Basis des menschenwürdigen Miteinanders – grundlegend sei die Anerkennung der Menschenwürde durch Gott selbst und die Bekräftigung durch Jesu Christi Heilswerk. Die höchste Form der Anerkennung sei die Liebe – so Peter Hünermann, Die theologische Grundlegung der christlichen Sozialethik in *„Gaudium et Spes"*, in: Markus Vogt (Hrsg.), a. a. O. 2013, siehe oben Anm. 3, S. 23-62.

Menschenwürde; jemand könne seine eigene Würde indessen auch selbst preisgeben.[72]

Zwar meinen Verfechter des sozialethischen Paradigmenwandels, die naturrechtsphilosophische Tradition sei vom letzten Konzil „fast klammheimlich beerdigt" worden, da die Mehrheit der Konzilsväter gemeint habe, mit den Mitteln dieser traditionellen Lehre konnte nicht gesagt werden, was über die Kirche in der Welt von heute gesagt werden musste,[73] so dass die Verwendung des Naturrechtsbegriffs absichtlich vermieden worden wäre.[74] Der Gemeinwohlbegriff wurde jedoch, wie gesagt, durchaus nicht aufgegeben – wenn auch in „personalistischer" Hinsicht angereichert[75] und auf neue Sichtweisen hin geöffnet, nämlich für die Einbeziehung von „Zeichen der Zeit" in die Erkenntnis der konkreten Gemeinwohlerfordernisse.[76]

72 Peter Hünermann, ebd., S. 36-37.

73 Matthias Möhring-Hesse, Horch was kommt von draußen 'rein? Zur Theologie christlicher Sozialethik im Anschluss an *Gaudium et Spes*, in: Markus Vogt (Hrsg.), a. a. O. 2013, siehe oben Anm. 3, S. 63-91, hier S. 67.

74 Peter Hünermann a. a. O. (2013), siehe oben Anm. 71, hier S. 31.

75 Manche Thesen über die menschliche Person und ihre Würde, die heute oft als Früchte des II. Vatikanischen Konzils gelten, waren schon längst autoritativ vertreten worden. Zu ihrer Aussage, die menschliche Person sei Wurzelgrund, Träger und Ziel aller menschlichen Institutionen („*Gaudium et Spes*", Nr. 25) verweisen die Konzilsväter selbst auf Thomas von Aquins Ethikkommentar. Papst Pius XII. betonte in seiner Weihnachtsansprache vom 24.12.1942: „Ursprung und Wesensziel des gesellschaftlichen Lebens ist die Wahrung, Entfaltung und Vervollkommnung der menschlichen Person"; dazu Gustav Gundlach SJ, Die Ordnung der menschlichen Gesellschaft, Köln 1964, Bd. I, S. 198ff.

76 Schon Papst Johannes XXIII. hatte in seiner Enzyklika „*Pacem in Terris*" vom 11.04.1963 auf „Zeichen der Zeit" hingewiesen und als solche nicht nur die drei in Nr. 40-42 des Dokuments erwähnten Merkmale der Gegenwart bezeichnet, (der Aufstieg der Arbeiterklasse, die Verbesserung der Stellung der Frau und der Abbau der Fremdherrschaft über Völker (also des Kolonialismus)), sondern auch die Tendenz zur Kodifizierung der Grundrechte (Nr. 75), die Anerkennung und Achtung der Rechte und Pflichten der Bürger als Hauptaufgabe der Regierenden (Nr. 77) und die Durchsetzung des Rechtsstaates (Nr. 79); darüber hinaus die Überwindung des Krieges (Nr. 126). Auch die wachsende gegenseitige Abhängigkeit der Staaten und der Volkswirtschaften wird als ein solches Zeichen der Zeit wahrgenommen, und

Die Konzilsväter betonten die Notwendigkeit, die „Zeichen der Zeit“ sorgsam wahrzunehmen, zu deuten und als mahnende Anstöße für das Wirken der Kirche in der Welt ernst zu nehmen.[77] Dies schloss zugleich eine Sensibilisierung für die geschichtlichen Wandlungen ein, und einen Verzicht auf das „autoritativ festgehaltene Wunschbild“ von der gemeinwohlgerechten Ordnung zugunsten einer „Wahrnehmung der Wirklichkeit, so wie sie tatsächlich ist“, als Gegenüber der Kirche und als Aufgabenfeld ihres Weltauftrags.[78] Das musste auch Auswirkungen auf das Verständnis des Gemeinwohlbegriffs und seiner zeitgemäßen Konkretisierung haben.

Davon sind mindestens zwei von besonderer Bedeutung.

Erstens nämlich die starke Betonung der Menschenwürde der Person – offenbar (auch) deswegen, weil die Autoren der Konzilsdokumente davon ausgingen, dass sie unter den gegebenen

---

auf die sich daraus ergebenden Konsequenzen hingewiesen, insbesondere auf die Verpflichtungskraft des sich daraus ergebenden universalen (nämlich alle Glieder der Menschheit betreffenden) Gemeinwohls (Nr. 130ff.). Dessen Realisierung muss die Aufgabe einer „politischen Autorität“ werden; deren Machtbefugnis, Organisation und der Machtressourcen hätten dieser Aufgabe zu entsprechen (Nr. 136ff.): Auch diese überstaatliche Institution muss ganz besonders den Schutz der Menschenrechte in Obhut nehmen (Nr. 19).

77 *„Gaudium et Spes“*, Nr. 4. In den folgenden Abschnitten werden zahlreiche, in diesem Sinn wichtige Neuerungen der Lebenssituation der Menschen angesprochen – positive und negative. „Niemals hatten die Menschen einen so wachen Sinn für Freiheit wie heute, und gleichzeitig entstehen neue Formen von gesellschaftlicher und psychischer Knechtung“ (ebd.). Zum Begriff der „Zeichen der Zeit“ vgl. Peter Hünermann u. a. (Hrsg.), Das Zweite Vatikanische Konzil und die Zeichen der Zeit heute, Freiburg i. Br. 2006; dort v. a. die Beiträge von Giuseppe Ruggieri, Zeichen der Zeit. Herkunft und Bedeutung einer christlich-hermeneutischen Chiffre der Geschichte, S. 61-70. Christoph Theobald, Zur Theologie der Zeichen der Zeit. Bedeutung und Kriterien heute, S. 71-84. Dietmar Mieth, Zeichen der Zeit – eine theologisch-ethische Betrachtung, S. 85-99.

78 Matthias Möhring-Hesse a. a. O. 2013, siehe oben Anm. 73, hier S. 74-75, unter Berufung auf Joseph Ratzinger, Weltoffene Kirche, in: Ders., Das neue Volk Gottes, Düsseldorf 1969.

Umständen besonderen Anfechtungen ausgesetzt sei; eben dies war in ihren Augen eines der „Zeichen der Zeit".

Zweitens die Aufgabe, das „Gemeinwohl[s] des Menschengeschlechts" zu sichern, so wie das schon Johannes XXIII. in der Friedensenzyklika noch ausführlicher dargelegt hatte.[79] Wie im staatlichen Gemeinwesen ist auch im internationalen die Friedenssicherung ein grundlegendes Erfordernis.[80] Die Völkergemeinschaft muss „sich eine Ordnung geben, die den heutigen Aufgaben entspricht". Diese umfassen verschiedene Bereiche des sozialen Lebens. Die bereits bestehenden internationalen Institutionen seien „erste Versuche", auf diesem Weg voranzukommen. Auch eine „echte weltumfassende Wirtschaftsordnung" müsse entwickelt werden, und zwar gemäß der Norm der Gerechtigkeit.[81]

Mit diesem „Überstieg" über das normalerweise im Zentrum stehende Gemeinwohl des Staates, haben die Konzilsväter – in der Fortführung päpstlicher Lehraussagen[82]1 – einen nur scheinbar neuen Akzent gesetzt; eher haben sie einen Gedankengang wieder aufgegriffen, der bereits der vormodernen Tradition der Soziallehre geläufig, aber in der späteren Neuzeit wenig beachtet worden war: die Gemeinwohllehre war weithin auf den Staat – als die maßgebliche *„civitas politica"* – konzentriert, zuweilen fast eingeengt.

Wie schon früher vermerkt, hatte bereits Thomas von Aquin, anders als Aristoteles, einen Stufenbau politischer Gemeinwesen vor Augen, denen jeweils ein unterschiedlicher Grad von *„societas perfecta"*-Charakter, von „Autarkie", zukam: Über der *„civitas"* stand in seiner Sicht die *„provincia"* und das *„regnum"*.[83] Alle

79 Siehe oben Anm. 76.

80 *„Gaudium et Spes"*, Nr. 79ff.

81 Ebd., Nr. 84, 85 und 86.

82 Dabei handelt es sich nicht nur um die in Anm. 76 zitierten Thesen von Papst Johannes XXIII. (*„Pacem in Terris"*); weitere, teilweise schon viel früher vorgelegte Aussagen werden noch referiert werden.

83 Siehe oben in Abschnitt 3 im Text bei den Anm. 26f.

diese Gemeinwesen bedurften, dem klassischen Leitbild gemäß, einer echten Regierung, nicht nur einer entweder sozusagen subpolitischen oder „interkommunitären" Koordinierungsinstanz. Thomas von Aquins Bild vom gestuften Gefüge der *„communitates politicae"* lief auf eine Art von *„communitas communitatum"* hinaus, sozusagen auf einen mehrstufigen Föderalismus (ohne dass er selbst diesen Terminus gekannt oder gar geprägt hätte). Es ist nicht überraschend, sondern eher konsequent, dass gerade Autoren, die sich der Fortführung seiner Lehre verschrieben haben, die These vertraten, der Föderalismus sei geradewegs eine Forderung des Naturrechts; jedes Gemeinwesen müsse zum Föderalismus hinstreben.[84] Wenn das Subsidiaritätsprinzip maßgeblich ist, ergibt sich daraus eine „demokratisch – föderalistische Staatsauffassung".[85] Keinem der mehr oder weniger selbstgenügsam zur gedeihlichen Erfüllung der politischen Aufgaben fähigen Gemeinwesen, kommt in dieser „vormodernen" Sicht Souveränität im Sinn der modernen Staatslehre zu; so stellt sich gar nicht die den späteren Rechtsgelehrten und Staatstheoretikern so wichtige Frage, auf welcher Ebene die *„communitas politica"* Staatsqualität hat. Die spätestens seit der Auseinandersetzung um die Verfassung der hochbedeutsame Frage, ob ein föderalistisches Gebilde ein Staatenbund oder ein Bundesstaat ist (weil es einen „Staatenstaat", zumindest im Rahmen der in Deutschland herrschenden Lehre von den Staatenverbindungen, nicht geben kann), kommt überhaupt nicht in den Blick.

Nicht nur die Wahrnehmung von Gemeinwohlaufgaben auf Ebenen oberhalb des uns geläufigen souveränen Staates legt die Tradition nahe, sondern auch die Erinnerung daran, dass es innerhalb (oder „unterhalb") der Staates Sozialverbände mit

---

84 Arthur Fridolin Utz, Fédéralisme et droit naturel, in : „Politeia", Bd. 1, Fribourg 1948/49, S. 82-87, hier S. 86.

85 Arthur-Fridolin Utz, a. a. O. 1953, siehe oben Anm. 63, S. 10: der Föderalismus sei „eine naturrechtliche Forderung."

eigenem Gemeinwohl, und daher mit dem Bedarf eigener Leitungsgewalt gibt; eben das rechtfertigt ja den „innerstaatlichen" Föderalismus, der, wie vermerkt, in den Augen mancher Vertreter der traditionellen Soziallehre als naturrechtlich geboten erscheint.

Jüngst wurde in einer kirchenamtlichen Veröffentlichung erklärt: „Keine Ausprägung der Gesellschaftlichkeit – von der Familie [...] bis hin zu Gemeinschaft der Völker und Nationen – kann der Frage nach dem eigenen Gemeinwohl aus dem Weg gehen".[86]

Das soll wohl heißen: Jede *„communitas"* muss sich fragen, was ihr jeweiliges Gemeinwohl erfordert, wie es gewährleistet werden kann, und wie sie sich im Hinblick darauf organisieren sollte. Welchen Charakter muss ein Sozialgebilde haben, damit es sich einer solchen Prüfung unterziehen muss? Gilt das auch für den europäischen Völker- und Staatenverbund namens „Europäische Union"? Offenkundig stellt sie nicht nur irgendeine (womöglich eher schwache) Art von „Ausprägung der Gesellschaftlichkeit" dar, sondern sie hat eine eigene Rechtsordnung und eigene Organe mit z. T weitreichenden Befugnissen. Nimmt man das ernst, dann drängt sich eine klare Konsequenz auf: Dann nämlich können sich alle, die für die EU Verantwortung tragen – von den Inhabern der Spitzenämter bis hin zu den Unionsbürgerinnen und Unionsbürgern – gemäß den Forderungen der Soziallehre der Kirche, der Frage nach den Erfordernissen ihres spezifischen Gemeinwohls und nach den Vorkehrungen zu seiner Realisierung nicht entziehen.

Die zitierte Aussage des „Kompendiums der Soziallehre" beruht auf einer fundamentalen Voraussetzung: Wo immer auf Grund gegenseitiger Abhängigkeit Menschen, soziale Gruppen, Kollektive, in einer Schicksalsgemeinschaft leben, ist die Sorge

86 So das „Kompendium der Soziallehre der Kirche", hrsg. 2004 vom Päpstlichen Rat für Gerechtigkeit und Frieden, dt. Ausgabe, Freiburg i. Br. 2006, S. 134 (Nr. 165).

für deren Gemeinwohl eine unabweisbare Aufgabe. Das ist so bislang vielleicht nicht in einem autoritativen Text formuliert worden, es ergibt sich aber aus vielen sozialethischen Aussagen und der ihnen zugrunde liegenden Logik.

Die Konzilsväter und mehrere Päpste haben schon die weltweite Interdependenz der Völker und Staaten als zwingenden Grund für die Wahrnehmung und Umsetzung eines auf die ganze Menschheit bezogenen Gemeinwohls betrachtet. Die Gesamtheit der Staaten müsse sich als eine Gemeinschaft begreifen, die sich dem Wohl der Völker (und der sie bildenden Menschen) verpflichtet weiß und dazu die nötigen Organe schafft – die bereits bestehenden, etwa die der Vereinten Nationen, würden dazu nicht ausreichen.[87]

Die durch eine engere Verflechtung bewusst herbeigeführte gegenseitige Abhängigkeit der europäischen Staaten, Völker und Bürger macht die Europäische Union zu einer weit stärker ausgeprägten Schicksalsgemeinschaft.[88]

---

87 Schon die weltweite Gesamtheit der Staaten wird manchmal „Staatengesellschaft“, manchmal „Staatengemeinschaft“ genannt, zuweilen wird auch der Ausdruck „Staatenwelt“ verwendet. Es hat den Anschein, als ob der Ausdruck „Staatengemeinschaft“ eher von Autoren verwendet wird, die den allgemeinen Prinzipien und Normen des Völkerrechts eine stärkere Verbindlichkeit zusprechen, aber das ist nicht durchwegs der Fall. Oft ist die Rede von „der internationalen Gemeinschaft“, wenn eine Vielheit von Staaten gemeinsam bestimmte Forderungen oder Empfehlungen ausspricht oder gemeinsame Aktionen unternimmt. Dass die Organisation, die der EU vorausging, „Europäische Gemeinschaft“ hieß, kann nicht maßgeblich sein, der Ausdruck war nicht sozialphilosophisch oder politiktheoretisch ausgewiesen.

88 Einer der Grundgedanken der 1950 mit der Europäischen Gemeinschaft für Kohle und Stahl begonnenen, 1957 auf alle Bereiche der Volkswirtschaften ausgeweiteten Integration war es, dass gerade die wirtschaftliche Verflechtung die beteiligten Länder in eine zunehmende gegenseitige Abhängigkeit bringen sollte, und dass dies sozusagen die „ökonomische Basis“ herstellen sollte, auf der sich dann das Bewusstsein der Zusammengehörigkeit entfalten könnte, verstärkt durch die Erfahrung, dass diese Verflechtung den Wohlstand fördert, woraus schließlich und schließlich ein Gemeinschaftsbewusstsein erwachsen sollte, das die politische Einheit tragen könnte. Dieser Weg legte sich nahe, weil bald nach dem Ende des Zweiten Weltkriegs eine

Damit ist die Institutionalisierung des übergreifenden europäischen Gemeinwohls noch dringlicher als die des globalen.

Sie setzt voraus, dass seine Verbindlichkeit von den politischen Kräften akzeptiert wird; und auch die miteinander – womöglich auf Gedeih und Verderb – über nationale und andere Klüfte hinweg verbundenen Menschen, müssen sich als eine „Gemeinschaft" im üblichen Sinn des Wortes verstehen. Diesbezüglich ist zur Zeit ein Defizit unverkennbar. Die Regierungen der Mitgliedstaaten vollführen innerhalb der EU ein Tauziehen um die Durchsetzung ihrer jeweiligen Interessen (das wird noch zur Sprache kommen), und die Bürger sind nicht zu jener weitgehenden Solidarität bereit, wie das üblicherweise bei „Gemeinschaften" (im gängigen Sinn des Begriffs) unterstellt wird.[89]

---

geradewegs anzustrebende politische Einigung zwischen eben noch verfeindeten Nationen (zum Teil auch noch im Zeichen von „Erbfeindschaften") chancenlos schien. Dass auch noch andere Interessen und Umstände im Spiel waren, ändert daran nichts. Vgl. Heinrich Schneider, Fünfzig Jahre Römische Verträge, in: Werner Weidenfeld/Wolfgang Wessels (Hrsg.), Jahrbuch der europäischen Integration 2006, Baden-Baden 2006, S. 39-52. Sowie: Ders., Ausblick auf Europa: Was bleibt vom Europäischen Projekt?, in: Hans-Georg Ehrhart/Sabine Jaberg/Bernhard Rinke/Jörg Waldmann (Hrsg.), Die Europäische Union im 21. Jahrhundert, Wiesbaden 2007, S. 317-337, hier S. 320-323.

89 Das Erfordern einer übergreifenden Solidaritätsbasis hat für die europäische Einigung bereits Papst Pius XII. vor mehr als einem halben Jahrhundert betont und einen entsprechenden Mangel beklagt (siehe weiter unten in Abschnitt 6, v.a. bei Anm. 104). Der Grundgedanke ist freilich eine uralte Einsicht des europäischen politischen Denkens: Schon für Aristoteles ist ein Gemeinwesen auf Solidarität (*„philía politikê"*) angewiesen; Gibt es in einer *„Pólis"* einen Antagonismus zwischen Armen und Reichen (modern gesprochen: eine Klassenkampfsituation), dann sprengt dies die *„Pólis"*, d.h. in ihrem Gebiet existieren zwei *„Póleis"* unfriedlich nebeneinander; ein übergreifendes Gemeinwohl bleibt auf der Strecke. Für Cicero setzt der Bestand einer *„Res publica"* voraus, dass die Mitglieder durch eine gemeinsame Rechtsüberzeugung und durch einen Interessenverbund geeint sind (der *„populus"* ist *„iuris consensu et utilitatis communione sociatus"*. Nur so kann es eine „gemeinsame Sache" des Volkes (*„res populi"*) geben. In unserer Sprache kam das nicht immer zum Ausdruck: Bis zur Romantik wurden die beiden Ausdrücke „Gemeinschaft" und „Gesellschaft" im Deutschen synonym verwendet, die emphatische Aufladung des Gemeinschaftsbegriffs brachte erst die Romantik; vgl. Manfred Riedel, Gesellschaft, Gemeinschaft, in: Otto Brunner/Werner Conze/

Aber die Schicksalsgemeinschaft beruht auf so massiven Verflechtungen, dass man sich ihr nicht ohne weiteres entziehen kann – das wäre mit überaus schwerwiegenden Nachteilen verbunden.[90]

Wenn sich aus der faktischen Schicksalsgemeinschaft die Forderung nach der Wahrnehmung und Realisierung eines übergreifenden Gemeinwohls ergibt, dann bedarf es dazu einer rechtlich-politischen Ordnung. Es handelt sich um ein Gemeinwesen, und dieses braucht sozusagen eine Verfassung.

Wenn das so ist, dann kommt abermals eine schon vor Jahrhunderten erkannte Fundamentaleinsicht des europäischen politischen Denkens ins Spiel: Politische Ordnungen können gemeinwohlgemäß oder gemeinwohlwidrig sein.[91]

So drängt sich die Frage auf: Sind Gestalt und Funktionsweise der Europäischen Union, so wie sie heute existiert und wirkt, hinreichend, oder gar bestmöglich, gemeinwohldienlich – oder nicht?

Das ist in der Politik und auch unter Gelehrten umstritten. Jedenfalls müsste die Sicherung des völkerübergreifenden Gemeinwohls der Europäischen Union die Aufgabe ihrer Organe

---

Reinhart Koselleck a. a. O., Bd. 2, Stuttgart 1975, S. 801-862 (siehe Anm. 31). Ferdinand Tönnies hat 1887 den Gemeinschaftsbegriff mit dem Gedanken an einen naturhaft, dem Akteur vorgegebenen „Wesenswillen", den Gesellschaftsbegriff mit dem an eine Interessenverknüpfung an einen von den Interaktionspartnern selbst artikulierten „Kürwillen" verknüpft. Herman Schmalenbach hat 1922 den „Bund" als dritten Typ der Verbindung und Verbundenheit einzuführen versucht, als eine Art bewusst gestifteter, gemeinschaftsartiger Gemeinschaft (mag an z. b. den Ehebund denken), der von der Treue stabilisiert wird; siehe Herman Schmalenbach, Die soziologische Kategorie des Bundes, in: Die Dioskuren, Bd. 1, München 1922, S. 35-105.

90 Das gilt nur für relativ schwache Mitgliedstaaten, die ihre Mitbestimmungschancen verlieren würden; auch starke Mitglieder müssten im Falle eines Ausscheidens erhebliche Wohlstandsverluste hinnehmen; darüber wurde insbesondere in Deutschland in den letzten Jahren ausgiebig diskutiert.

91 Siehe oben in Abschnitt 3 die Ausführungen über das alteuropäische Gemeinwohldenken, v. a. mit der Bezugnahme auf Aristoteles; im Text nach dem Hinweis auf Anm. 16; dazu insbesondere auch Anm. 17.

sein. Zur Bewältigung dieser Aufgabe sind sie jedoch aus mehreren Gründen außerstande.

Erstens ist die EU einer Machtdynamik ausgesetzt, ja von ihr getrieben, die ihre politische Gestaltungskraft überfordert.

Zweitens ist sie selbst so verfasst, dass diese Gestaltungskraft nur unzulänglich wirksam werden kann.

Beides bedarf der Begründung, und zu Beidem hat die Katholische Soziallehre Wichtiges zu sagen.

5. Die EU unter dem Druck des „Ökonomismus" – gibt es einen Ausweg?

Die Konzilskonstitution *„Gaudium et Spes"* sprach von der raschen Beschleunigung des Gangs der Geschichte;[92] bald wird seit ihrer Verabschiedung ein halbes Jahrhundert verflossen sein. So kann es nicht wundernehmen, dass inzwischen neue „Zeichen der Zeit" in Erscheinung treten, auch solche, die Sorge bereiten müssen. Dazu gehört die von Papst Franziskus angesprochene „Tyrannei der Finanzmärkte". Tendenzen dazu gab es seit langem,[93] aber nun haben sie eine ungewöhnliche Macht entfaltet. Die Chefs des deutschen Max-Planck-Instituts für Gesellschaftsforschung umschreiben das wie folgt: „Mit den Völkern konkurrieren die Finanzinvestoren um die Souveränität, und sie drängen darauf, ihre Übermacht zu zementieren, so dass die Politiker zu ihren Agenten werden."[94]

Die vom Papst angesprochene Tyrannei ist indessen nur die extreme Spitze eines viel umfassenderen Machtkomplexes. Aus

92 *„Gaudium et Spes"*, Nr. 5.

93 Schon Pius XI. bezeichnete in *„Quadragesimo anno"* (1931) die „unbeschränkte Verfügung" der „Beherrscher und Lenker des Finanzkapitals" über „den Kredit und seine Verteilung" als eine „Ungeheuerlichkeit"; die Herren des Finanzkapitals beherrschen mit dem Kredit „den Blutkreislauf des ganzen Wirtschaftskörpers" (Nr. 106). Johannes XXIII., brachte 1961 in *„Mater et Magistra"* (Nr. 36) unter Bezugnahme darauf diesen „internationalen Finanzimperialismus" wieder in Erinnerung; und ebenso Paul VI. 1967 in *„Octogesimo adveniens"* (Nr. 26).

94 Jens Beckert/Wolfgang Streeck, Die Fiskalkrise und die Einheit Europas, in: Aus Parlament und Zeitgeschichte, 4/2012 (23.01.2012), S. 77-17, hier v. a. S. 10 und 15. Sie behaupten: die „Durchsetzung von Austerität im Süden und Kollektivhaftung [...] im Norden" (S. 17) werde vor allem von der Finanzindustrie verlangt; diesem Verlangen nachzugeben hätte verhängnisvolle Folgen. Der im Text oben zitierte Befund findet sich ganz ähnlich schon in *„Quadragesimo anno"* (1931), siehe oben Anm. 5.

gutem Grund sprach Franziskus von der „Diktatur der Ökonomie". Was gemeint ist, verdient eine Vergegenwärtigung.

Die kirchliche Lehre dazu wurde im Lauf der letzten Jahrzehnte weiterentwickelt und konkretisiert. Die Konzilsväter betonten vor 50 Jahren: Viele Menschen seien von der Wirtschaft geradezu versklavt, ihr Leben sei fast gänzlich von ausschließlich ökonomistischem Geist (*„spiritu oeconomisctico"*) bestimmt, und dies führe zur Verschlechterung der Lage der sozial Schwachen.[95] Eine Knechtschaft der Werktätigen lasse sich auf keinen Fall durch sogenannte Gesetzmäßigkeiten des wirtschaftlichen Lebens rechtfertigen.[96]

Papst Benedikt XVI. schreibt 2009 in seiner Enzyklika „*Caritas in Veritate*": Die neuen im Zeichen der Globalisierung stehenden ökonomisch-kommerziellen und finanziellen Interdependenzen schränken die Möglichkeit der Staaten, zu einer dem Gemeinwohl gemäßen Gestaltung der Wirtschaftsordnung massiv ein. Das wirkt sich auf die Lebensführung aus, hin zu psychologischer Instabilität und zu menschlichem Niedergang. Das Wirtschaftsleben muss (man möchte sagen: demgegenüber und eben deswegen [HS]) auf die Realisierung des Gemeinwohls hin geordnet werden. Dies sei vor allem Aufgabe des politischen Gemeinwesens.[97]

Das klingt aufs erste eher konventionell. Die wirkliche Bewandtnis wird erst dann deutlich, wenn man dazu Thesen heranzieht, die von eher profanen Autoren zum Thema beigesteuert wurden. Anstelle der Kritik des seriösen Harvard-Professors Michael Sandel am Übergang von der Marktwirtschaft zur Markt-

95 Vgl. Pastoralkonstitution „*Gaudium et Spes*", Nr. 63.

96 Ebd., Nr. 67. Papst Johannes Paul II erklärte – ganz konsequent – in seiner ersten Enzyklika „*Redemptor hominis*": „Ein Mensch darf nicht Sklave der Dinge, Sklave der Wirtschaftssysteme, Sklave der Produktion, Sklave der eigenen Produkte werden."

97 Benedikt XVI., Enzyklika „*Caritas in Veritate*", vom 29.06.2009, Kap. II, Nr. 24; Kap. III, Nr. 36. Vgl. auch schon die Ausführungen über das Gemeinwohl, ebd., Nr. 7.

gesellschaft soll der pointierter schreibende Mitherausgeber, der gewiss nicht linkslastigen Frankfurter Allgemeinen Zeitung, Frank Schirrmacher, zitiert werden.[98]

Er erkennt im Bannkreis der Konkurrenzgesellschaft eine Deformation des Menschentums. Unter dem Druck der heutigen Wettbewerbswirtschaft hängt die Überlebenschance davon ab, wie weit man sich dazu entschließt, ausschließlich und rücksichtslos an den eigenen Vorteil zu denken. Das Leitbild des „*homo oeconomicus*" wird unter dem Druck der Umstände zum Habitus der wirklichen Menschen. Freundschaft und Vertrauen, Liebe und Loyalität werden ins egoistische Kalkül einbezogen. Man geht miteinander „strategisch" um. Selbstinszenierung und Selbstvermarktung gehören dazu. Bluff und Täuschung, Ablenkung und hintergehende Schläue werden „normal" – Schirrmacher selbst verwendet sogar den Ausdruck „normativ"; weil jeder so handelt und alle das wissen, gilt es als geboten.

Dem Autor geht es nicht nur um die Darstellung eines idealtypischen Konstrukts, er bemüht sich zu zeigen, warum und wie welche Kräfte und Mechanismen realiter (!) das Denken und Handeln zunehmend prägen.

Wer in den noch bestehenden Inseln des hergebrachten Lebens zuhause ist, wird diese Befunde übertrieben finden. Sie haben aber eine historische Tiefendimension. Wenn Schirrmacher Recht hat, kommen in unserer Zeit Tendenzen an ihr Ziel, die

98 Michael J. Sandel, Was man für Geld nicht kaufen kann – Die moralischen Grenzen des Marktes, Berlin 2012. Frank Schirrmacher, Ego – das Spiel des Lebens, München 2013. Diese beiden Bücher setzen sich mit der Ökonomisierung der Gesellschaft und ihrer Auswirkung auf das Selbstverständnis und die Lebensführung des Menschen kritisch auseinander. Ein sehr aufschlussreicher Theorieentwurf, der das menschliche Verhalten zur Gänze auf egoistische Vorteilskalkulation zurückführt und gewissermaßen die gesamte Lebenswirklichkeit als ein mikro-ökonomisches System zu begreifen sucht. Er hat einem anderen namhaften Autor 1992 den Nobelpreis für Wirtschaftswissenschaften eingebracht; siehe Gary Stanley Becker, The Economic Approach to Human Behavior, Chicago 1976; dt: Der ökonomische Ansatz zur Erklärung menschlichen Verhaltens, Tübingen 1982.

längst eingesetzt haben und wahrgenommen wurden. Max Weber schrieb schon vor mehr als 100 Jahren: Der „mächtige Kosmos der modernen Wirtschaftsordnung" werde zu einer Macht, die „den Lebensstil aller, die in dies Triebwerk hineingeboren werden – nicht nur der direkt ökonomisch Erwerbstätigen" – mit „überwältigendem Zwang" bestimmt.[99] Schon damals war erkennbar, wie sehr die den *„homo oeconomicus"* bestimmenden Denk- und Handlungsweisen auch in andere gesellschaftliche Lebenssphären eindringen.

So erhält eine Aussage von *„Gaudium et Spes"* eine neue, zugespitzte Bedeutung: „Es geht um die Rettung der menschlichen Person"[100] – nämlich vor massiven Tendenzen der Entmenschlichung des Lebens.

Wenn das stimmt, dann kann und darf sich auch die Europäische Union der Mitwirkung an dieser Aufgabe nicht entziehen. Vor allem heißt das: sie darf selbst nicht als eine „ökonomistisch" geprägte Institution agieren. Dies wird ihr ja von vielen Kritikern vorgeworfen.

Das Hauptprojekt der 1957 gegründeten „Europäischen Wirtschaftsgemeinschaft" war der gemeinsame Binnenmarkt – also die Aufhebung aller Einschränkungen des Waren-, Dienstleistungs-, Personen- und Kapitalverkehrs. Von der Entfesselung des Wettbewerbs erwartete man die Steigerung des Wohlstands, und

---

99 Max Weber, Die protestantische Ethik und der Geist des Kapitalismus (1904/1905), in: Gesammelte Aufsätze zur Religionssoziologie, Bd. I, Tübingen 1920, S. 203. Vgl. auch seine folgenden Aussagen: „Die Versachlichung der Wirtschaft auf der Basis der Marktvergesellschaftung folgt durchweg ihren eigenen [...] Gesetzlichkeiten, deren Nichtbeachtung die Folge des ökonomischen Misserfolgs, auf die Dauer des ökonomischen Untergangs nach sich zieht." Für die „persönliche Beziehung von Mensch zu Mensch", die Geboten mitmenschlicher Ethik untersteht, bietet der „versachlichte Kosmos des Kapitalismus gar keine Stätte" – so Max Weber, Die Wirtschaft und die gesellschaftlichen Ordnungen und Mächte (1922), posthum unter dem Titel „Wirtschaft und Gesellschaft" erschienen, hier nach der Studienausgabe Köln/Berlin 1964, Bd. I, S. 453.

100 *„Gaudium et Spes"*, Nr. 3.

von der Verflechtung der Volkswirtschaften die Herausbildung einer „ökonomischen Basis" für Gemeinsinn und politische Integration. Es ist charakteristisch, dass in diesem Horizont geraume Zeit hindurch Maßnahmen zur Verbesserung der Arbeits- und Lebensbedingungen der Menschen vor allem als wettbewerbsbeeinflussende Kostenfaktoren betrachtet wurden. (Die Sozialpolitik war im wesentlichen Sache der Mitgliedstaaten geblieben).

Jene Staaten, die in ihrer Wirtschafts- und Finanzpolitik den Unternehmern und den Bürgern, verglichen mit stärkeren Volkswirtschaften, nicht besonders viel an Anstrengung und Disziplin zumuteten und daher in ihrer Wettbewerbsfähigkeit vergleichsweise schwächelten, sollte das Spiel der Marktkräfte unter Druck setzen, so dass sie „sich zusammennehmen" (d.h. sich selbst und „der Wirtschaft" mehr zumuten) und zu den stärkeren aufschließen.

Dass es eine Art Aufgabenteilung gab, der zufolge die EU für die Freiheit der Märkte zuständig ist, die Mitgliedstaaten hingegen für die soziale Gerechtigkeit, gab der Union sozusagen eine Schlagseite in Richtung Ökonomismus.

Die im Maastrichter Vertragswerk beschlossene Konstruktion der Wirtschafts- und Währungsunion verstärkte dies. Der Europäischen Zentralbank wurde die Sicherung der Geldwertstabilität aufgegeben, die Mitgliedstaaten sollten ihre Wirtschafts- und Fiskalpolitik an diese Vorgabe anpassen.

Für wettbewerbsstarke Volkswirtschaften war (und ist) das kein Problem. Andere, schwächere werden es unter Umständen kaum schaffen. Früher konnten sie den Konkurrenzdruck der Stärkeren durch die Abwertung ihrer Währung abfangen (und umgekehrt konnten die Starken ihre Währung aufwerten); das ist nun nicht mehr möglich. Wird die Kluft nicht überbrückt, sind Zerreißproben des Ganzen die Folge.

Die Überbrückung, also die Annäherung der Volkswirtschaften, funktioniert, wie angedeutet, offenkundig nicht derart, dass die Marktdynamik selbst die schwächeren effektiv dazu bringt sich „zusammenzureißen" und aufzuholen. Es handelt sich vielmehr um eine politische Aufgabe. Das verlangt nach einer Regierung. Diese kann jedoch nicht einfach obrigkeitlich dekretieren, sie braucht eine Solidaritäts- und eine Legitimitätsbasis. Eine neue Perspektive der Europapolitik ist vonnöten, meinen Viele. Die Soziallehre könnte sie eröffnen.

6. Prägnante katholische Wegweisungen für die Europapolitik

Dazu möchte der Autor, mit Verlaub, zunächst eine eigene Erinnerung beisteuern. Im Juni 1957, kurz nach der Unterzeichnung der Römischen Verträge, konnte er an einer Tagung der Europäischen Bewegung in Rom teilnehmen. Auch Papst Pius XII. sprach zu den Delegierten – und er faszinierte sie mit Thesen, die vor allem den Europapolitikern, aber auch anderen Sachkennern den Atem stocken ließen.[101]

Eine echte die Nationen einigende Gemeinschaft braucht Institutionen, die mit eigener Autorität ausgestattet und in gewissem Maß von den nationalen Regierungen unabhängig sind. Andernfalls sei die europäische Idee ein bloßes Wunschbild. Die Konstruktion der EWG (und erst recht die der Westeuropäischen Union, die den Ersatz für die gescheiterte supranationale Verteidigungsgemeinschaft bilden sollte) sei ein Rückschritt gegenüber der ersten Europäischen Gemeinschaft, der 1952 gegründeten Montan-Union.

Die Schwäche der Kommission im Verhältnis zu den im Ministerrat vereinigten Vertretern der Einzelstaaten sei bedenklich. Alsbald nach der Ratifizierung der Römischen Verträge musste dieser Nachteil behoben werden, in der Ausrichtung auf einen „einheitlichen politischen Organismus" – heute würde man sagen: auf eine echte Politische Union. Diese sollte sogar eine gemeinsame europäische Außenpolitik einschließen, es gelte ein wirksames Instrumentarium der Ausarbeitung und Umsetzung ins Werk zu setzen.

---

101 Papst Pius XII., Ansprache an die Teilnehmer des Kongresses der Europäischen Bewegung am 13.06.1957, Text u. a. in: Jürgen Schwarz (Hrsg.), Katholische Kirche und Europa – Dokumente 1945 – 1979, München und Mainz 1980, S. 36ff.

Einige Monate später – noch immer vor dem Inkrafttreten des EWG-Vertrags – führte Pius XII. in einer vor den Mitgliedern des ersten supranationalen Parlaments gehaltenen Rede seine Kritik weiter:[102] Er warnte davor, die Neuordnung Europas der Dynamik wirtschaftlicher Interessen und Kräfte zu überantworten. Eine [gerade auch für sie, HS] verbindliche Rechtsordnung und eine Macht, die ihr Geltung verschaffen könnte, sei unerlässlich. Dies war eine der frühesten Warnungen vor der „ökonomistischen" Schlagseite der Integrationspolitik, noch bevor diese sich real geltend machte, wieder zugunsten des Primats der politischen Einigung.[103] Diese sollte, so der Papst, nicht die Abschaffung der Vaterländer bedeuten; jene europäischen Staaten, die einen Teil ihrer Souveränität an eine übernationale Organisation abgaben, hätten gleichwohl „einen heilsamen Weg" beschritten.

Pius XII. war sich der Kühnheit seiner Forderungen und der Schwierigkeit der Aufgabe, die er den Politikern zumutete bewusst. Schon als der erste Anlauf zu einer supranationalen politischen Gemeinschaft unternommen wurde, hatte er erklärt: Die Realisierung des Vorhabens würde ein „neues Denken" der Völker erfordern; er habe jedoch das „bedrückende Gefühl", dass diese Voraussetzung noch nicht da sei – man müsse alles für ihre

---

102 Pius XII., Ansprache an die Mitglieder der (aus Delegierten der mitgliedstaatlichen Parlamente bestehenden) „Versammlung" der Europäischen Gemeinschaft für Kohle und Stahl am 4.11.1957 (siehe Jürgen Schwarz 1980, S. 40ff.) Anscheinend wollte der Papst mit seiner besorgten Kritik nicht bis zur Konstituierung des EWG-Parlaments abwarten.

103 Allerdings war das nicht die erste Bekundung entsprechender Sorgen. Schon in einer Ansprache am 15.03.1953 vor Professoren und Studenten des Europa-Kollegs Brügge erklärte Pius XII.: Die wirtschaftliche Integration werde vielen Beteiligten Unannehmlichkeiten und Nachteile bringen; die Aussicht auf materiellen Profit werde sich früher oder später als „Trug und Täuschung" erweisen. Sie reiche als Motivkraft für die Integration ebenso wenig aus, wie die gemeinsame Furcht vor äußeren Bedrohungen. Nötig sei wirkliche Solidarität, der „Wille zum gemeinsamen Leben" und die Bewusstmachung gemeinsamer geistiger Werte (siehe Jürgen Schwarz, a. a. O. 1980, siehe oben Anm. 20, 19ff.).

Realisierung tun. Dazu gehöre – unter anderem – die Bewältigung der Vergangenheit (und zwar nicht nur die Versöhnung der Feinde, sondern auch die Auseinandersetzung mit den eigenen Missetaten), und die Weckung eines Wir-Gefühls, das politische Solidarität stiftet.[104]

Wie kam Papst Pius XII. zu so kühnen, eindeutigen, konkreten, zum Teil prophetischen Aussagen?[105] Es handelte sich keineswegs um sozusagen von ungefähr kommende Einfälle (so dass man womöglich meinen könnte, da habe ein Kirchenoberhaupt sehr persönliche Sichtweisen und Vorlieben ins Gespräch gebracht, die eben deshalb kaum als integrale Bestandteile der Soziallehre der Kirche gelten könnten).[106]

---

104 Pius XII., Ansprache am 13.09.1952 vor Vertretern von *„Pax Christi"*, siehe Jürgen Schwarz, a. a. O. 1980, S. 15ff.

105 Auch noch viel später haben renommierte Sachkenner die Sichtweise des Pacelli-Papstes (ohne auf ihn Bezug zu nehmen) bestätigt; nachfolgend einer von vielen Belegen: Werner Abelshauser, Die Erblast des Euro – eine kurze Geschichte der Europäischen Währungsunion, in: Aus Politik und Zeitgeschichte, Jg. 2010, Nr. 43 (20.10.2010), S. 39-45, hier S. 44. Am Anfang der Integration stand „der supranationale Status der Montanunion"; als „ein neuer Anlauf 1957 zum Abschluss der Römischen Verträge führte, waren die beteiligten Regierungen nicht mehr bereit, nationale Souveränitätsrechte nach dem Muster der Montanunion einer supranationalen Behörde zu übertragen"; nun „wurden das Vertrauen auf die Zwangsläufigkeit wirtschaftlich-technokratischer Integrationsprozesse und die integrative Logik der Märkte zur politischen Lebenslüge der Gemeinschaft". Zur Würdigung der von Pius XII. im Blick auf die Differenz von Montan-Union und EWG präsentierten Thesen über den Abbau der Supranationalität vgl. jedoch auch weiter unten die Anm. 199 und 245.

106 Anders denkende Zeitgenossen mögen versucht sein, die Thesen des Pacelli-Papstes im Hinblick darauf gering zu schätzen, dass er neuerdings da und dort mit Kritik bedacht wurde. Es wird ihm vorgehalten, er hätte nicht genug zur Rettung der Juden (vor allem der italienischen) vor der nationalsozialistischen Verfolgung getan. Die Diskussion darüber, ob der Vorwurf berechtigt ist, gehört hier nicht zur Sache. Aber es sollte nicht vergessen werden, dass Pius XII. sowohl mit seiner positiven Würdigung der Demokratie, wie mit seinem Plädoyer zur Institutionalisierung des übernationalen Gemeinwohls wegweisende Aussagen des II. Vaticanums mindestens vorbereitet, wenn nicht vorweg genommen hat.

Vielmehr handelt es sich – wie sich noch zeigen wird – um die folgerichtige Konkretisierung von Thesen, die zum Corpus der Lehraussagen gehören und von anderen kompetenten Vertretern bereits vorgedacht worden waren.

Dass es ein mehrere Einzelstaaten übergreifendes Gemeinwohl gibt, dessen verpflichtender Vorrang vor den Partikularinteressen (auch den nationalen Kollektivegoismen) durch eine entsprechend autorisierte und mit Machtmitteln zu ihrer Durchsetzung ausgestattete Instanz gesichert werden muss, ist – wie bereits angedeutet – eine längst formulierte, freilich zeitweise geradezu vergessene Aussage der katholischen Soziallehre.

Ein Bahnbrecher war der frühneuzeitliche Erneuerer der Lehre Thomas von Aquins, der Dominikaner Francisco de Vitoria (*etwa 1485, + 1546).[107] Er hielt eine weltweite *„civitas civitatum“* für naturrechtlich begründet und ihre Respektierung für geboten. Sie sei *„aliquo modo res publica“*, ein politisches Gemeinwesen eigener Ordnung. Die bloße Zusammenarbeit der verschiedenen Staatsgebilde und ihrer Regierungen reicht zur Sicherung des Gemeinwohls nicht aus. Eine überstaatliche Rechtsordnung steht über ihnen. „Seine Gesetze und seinen Herrscher gibt sich dieses Gemeinwesen selbst“.[108]

107 Zum folgenden vgl. Heinrich Schneider, Eine Verfassung für Europa: Das gescheiterte Projekt – mit oder ohne Zukunft?, in: Wolfgang Mantl/Franz Lackner (Hrsg.), Identität und offener Horizont – Festschrift für Egon Kapellari, Graz 2006, S. 1143- 1168, v. a. S. 1154ff. (dort auch einige Belegstellen und Literaturhinweise; zusätzliche bieten die folgenden Anmerkungen).

108 So Ernst Reibstein, Johannes Althusius als Fortsetzer der Schule von Salamanca, Karlsruhe 1955, S. 112 (Reibstein behandelt Vitoria ebd. auf den Seiten 110-121). Zwar gebe es derzeit keine übernationale Regierung des Erdkreises, aber es kann sie geben, wenn die Menschheit sich auf Grund ihrer verfassungsgebenden Kompetenz dazu entschließt. Damit wendet sich Vitoria gegen die Meinung, der Kaiser sei so etwas wie ein regierendes Oberhaupt der Menschheit; erst recht lehnt er eine entsprechende Position des Papstes ab. „Alle Herrschaftsformen sind Gebilde des positiven Rechts und als solche von der Einsetzung durch die Gemeinschaft abhängig“ (so Reibstein ebd., S. 119). Setzt die Gemeinschaft einen König ein, dann geht auch ihre *„auctoritas“* auf diesen über; im Falle der Konstituierung einer Aristokratie

Überdies sprach er sich für eine engere Staatengemeinschaft der Völker Europas aus, nämlich für eine „*Respublica christiana*" – die Christenheit und Europa sieht er als dem Umfang nach kongruent, weil auch deren Gemeinwohl eine Konstituierung rechtfertigt, so dass sie – wie die „*respublica totius orbis*" – eine eigene Regierung einsetzen könne.[109] Als einen Grund dazu konnte man, wenn man den alten, auf die Antike zurück gehenden Begriff „*respublica*" im Sinn hatte („*respublica*" als gemeinsame Sache eines Volkes, wobei ein Volk durch die „*communio utilitatis*" und den „*consensus iuris*" zur Gemeinschaft wird, so Cicero), auch die Überzeugung sehen, dass der gemeinsame christliche Glaube den „*consensus iuris*", das einigende gemeinsame Rechtsbewusstsein, stärkt; im heutigen Jargon: die Glaubenseinheit ist eine integrierende Kraft, die das Gemeinwesen stabilisiert und die Basis der Regierung stärkt. Außerdem führt die „*christianitas*" zu einer Humanisierung und Ethisierung der Lebensordnung ihrer „*respublica*".[110]

Der Beschluss über die Einsetzung einer Regierung der „*respublica christiana*" wäre nach Vitoria nicht Sache der Regierungen, sondern der „*communitas*" – „diese Einschränkung ihrer Befugnisse müssten sich die christlichen Staatsoberhäupter gefallen lassen".[111] Die Konstituierung einer – in beiden Fällen überstaatlichen – Regierung dürfte mithin – in heutiger Juristensprache formuliert – nicht durch einen Gesamtakt der Regierenden der Einzelstaaten erfolgen, sondern bedürfte eines verfassungsge-

---

oder einer Demokratie verbleibt die „*auctoritas*" bei der Gemeinschaft, übertragen wird die „*potestas*" (ebd.). Die Unterscheidung beruht darauf, dass die königliche Gewalt („*potestas*"), wie Vitoria ausführt, nach katholischer Lehre direkt von Gott kommt (so Reibstein ebd., S. 117).

109 Ernst Reibstein, ebd., S. 114.

110 Vgl. Paul Hadrossek, Einleitung zu Franciscus de Vitoria, De Indis recente inventis et de Iure Belli Hispanorum in Barbaros Relectiones, hrsg. von Walter Schätzel, Tübingen 1952, S. XI-XXX, hier S. XXIV.

111 Ernst Reibstein, a. a. O. 1955, siehe oben Anm. 102, S. 115.

benden Entschlusses der Gesamtbürgerschaft.[112] Dabei muss bei Entscheidungen in Angelegenheiten des Gemeinwohls und der *„aequitas"* der Mehrheitswille maßgeblich sein, da ein *„consensus omnium"* kaum zustande käme.[113]

In heutiger Sprache: Vitoria denkt an eine „politische Union", nicht nur an einen Verbund souveräner Einzelstaaten. Das mochte damals aufregend klingen, als Fortbildung der geläufigen Soziallehre war es schlüssig.[114]

Dass Vitorias erstaunliche Ausführungen, die damals auf ungemein großes Interesse stießen, später weithin beiseite geschoben wurden (auch in der christlichen Lehrtradition), hängt mit einem, bald nach Vitorias Epoche geschehenen Wandel des

---

112 Man wird kaum annehmen können, dass Vitoria als ein Kind seiner Zeit an ein allgemeines und gleiches Stimmrecht im heute üblichen demokratischen Sinn gedacht hat. Die *„Communitas"* begriff er nicht „egalitär" als die Summe einander rechtlich völlig gleichgestellter Individuen; dennoch mutet seine Sicht ungewöhnlich „modern" an.

113 Von seinem Ordensbruder Kardinal Thomas Cajetan (1469-1534) übernahm Vitoria die Thesen, dass die Kompetenz zur Verfassungsgebung (als konkretisierende Fortbildung des Naturrechts) der *„Communitas"* zukommt, und dass die Regierenden ihr Amt von der *„Communitas"* übertragen bekommen (ganz anders als die Amtsinhaber in der hierarchisch geordneten Kirche). Die in Europa beheimatete *„respublica Christiana"* könnte sich eine Regierung geben; der Entschluss dazu wäre Sache der *„communitates"*, nicht der Regierungen; die Regierenden der Einzelstaaten müssten die Einschränkung ihrer Hoheitsgewalt hinnehmen; (vgl. Ernst Reibstein, Johannes Althusius als Fortsetzer der Schule von Salamanca, Karlsruhe 1955, S. 115).

114 Vitoria spekulierte ja nicht vor sich hin, sondern setzte sich mit den damaligen „Zeichen der Zeit" auseinander: mit der Einbeziehung neuer Erdteile und Völkerschaften in die weltweite Menschengemeinschaft, mit dem Ausbau der europäischen Territorialstaaten, mit dem Problem, wie Vertreter des Christentums mit den außereuropäischen *„communitates"* (etwa mit den „Indios") umgehen sollten. Zu seinen damals ungemein aktuellen Aussagen gehörten etwa jene, dass die Spanier militärisch intervenieren dürften, wenn anderwärts Menschen unterdrückt werden und Unrecht erdulden (De Indis III, 12b), und dass auch gegenüber Tyrannen – modern formuliert – eine humanitäre Intervention zulässig sei, zugunsten der unschuldigen Opfer, weil „Gott jeden beauftragt hat, für seinen Nächsten zu sorgen" (ebd., III, 15, unter Berufung auf Sirach 17,2). Wenn Untertanen von der Ungerechtigkeit eine Krieges überzeugt sind, dürfen sie nicht in den Krieg ziehen, mögen sie irren oder nicht (De Iure Belli).

politischen Weltbildes und der Rechtsauffassung zusammen, der noch zu bedenken sein wird. In späteren Zeiten und bis heute wurde und wird Vitoria als ein Begründer des modernen Völkerrechts dargestellt; das ist aber ein Missverständnis: Das moderne Völkerrecht ist eigentlich ein Normencorpus, das sich auf die Beziehungen zwischen Staaten richtet, nicht ein Recht der Völker und der sie bildenden Menschen – eben darum ging es hingegen Francisco de Vitoria.[115] Bis heute wird Vitorias Lehre in der Literatur zumeist anders dargestellt als sie gemeint war; aus Gründen, die uns noch beschäftigen werden.

Erst sehr viel später ist ihr eigentlicher Sinngehalt wieder aufgegriffen worden, allerdings nicht erst von Papst Pius XII. Zuweilen wird positiv für die Wahrung des nationenübergreifenden Gemeinwohls plädiert, zuweilen umgekehrt gegen Auffassungen, die der Konzeption und dem Vorrang dieses Gemeinwohls entgegenstehen, nämlich gegen den Nationalismus und die Staatsvergottung.

Leo XIII. schreibt 1894, immerhin 20 Jahre vor dem Ersten Weltkrieg: Europa könne seine Aufgaben nicht erfüllen, weil es

---

115 Zutreffend vermerkt Ernst Reibstein, Die Anfänge des neueren Natur- und Völkerrechts, Bern 1949, S. 195, über Vitorias Sicht des *„ius gentium"*: „Eine Konzentration des Begriffs auf die gegenseitigen Rechtsbeziehungen von souveränen Personen oder Staaten liegt nicht in seinem Gesichtskreis". Vitorias Lehre wird also missverstanden, wenn man sie im Horizont des „westfälischen Systems" souveräner Staaten interpretiert. Das „moderne Völkerrecht" wurde (und wird weithin bis heute) im Blick auf eben dieses System entwickelt und interpretiert. Kluge Geister waren sich des Unterschieds bewusst, so spricht z. B. Immanuel Kant in der „Metaphysik der Sitten vom „Recht der Staaten in Verhältnis zueinander (welches nicht ganz richtig im Deutschen das Völkerrecht genannt wird, sondern vielmehr das Staatenrecht heißen sollte, und noch 1913 schreibt Franz von Liszt, Das Völkerrecht systematisch dargestellt, Berlin ^{9}1913, S.1 über den „Inbegriff der Rechtsregeln, durch welche Rechte und Pflichten der zur internationalen Staatengemeinschaft (Völkerrechtsgemeinschaft) untereinander [...] in Bezug auf die Ausübung der staatlichen Hoheitsrechte bestimmt werden", dies heiße „Völkerrecht (richtiger Staatenrecht)"; beide Zitate nach Heinhard Steiger, Völkerrecht, in: Otto Brunner/Werner Conze/Reinhart Koselleck, a. a. O. (vgl. oben Anm. 34), Bd. 7, Stuttgart 1992, S. 97-140, hier S. 126.

uneinig sei; um des Gemeinwohls willen müsse es seine Einheit wiederfinden.[116] Benedikt XV. plädiert, im Anschluss an die bitteren Erfahrungen des Weltkrieges, 1920 für eine „*consociatio*" der Völker um der Sicherung des Friedens willen.[117] Pius XI. betont 1922 den Gegensatz zwischen der lobenswerten „*caritas patriae gentisque*" (dem Patriotismus) und dem zu „schreiendem Unrecht" führenden „maßlosen Nationalismus".[118] In seiner Enzyklika „Mit brennender Sorge" schreibt er 1937: Wer die Rasse oder das Volk oder den Staat oder die Träger der Staatsgewalt zur höchsten Norm aller Werte macht, der verkehrt und fälscht die gottgeschaffene und gottgewollte Ordnung der Dinge. Der Satz „Recht ist, was dem Volke nützt", führt zum ewigen Kriegszustand zwischen den Nationen, wenn er nicht nach Maßgabe der Naturrechtsgebote verstanden wird. Eigentlich muss er umgekehrt werden: Nur was sittlich gut ist, ist auch nützlich.[119]

Papst Pius XII. führt also Gedankengänge weiter, die schon vor seinem Pontifikat formuliert worden waren. Schritt für Schritt

---

116 Leo XIII., Apostolisches Schreiben „*Praeclara gratulationis*" (20.06.1894), nach: Emil Marmy, Mensch und Gesellschaft in christlicher Schau, Freiburg/Schweiz 1945, S. 921-940. (Das Dokument ist im sozialethischen Diskussionskontext selten gewürdigt worden, da es sich primär mit der Einheit der Kirche befasst.

117 Benedikt XV., Enzyklika „*Pacem Dei*" (23.05.1920), Nr. 18f., nach Arthur Utz/ Brigitta Gräfin von Galen, Die katholische Sozialdoktrin in ihrer geschichtlichen Entfaltung, Bd. IV, Aachen 1976, S. 2876-2891, hier S. 2886f.

118 Pius XI., Enzyklika „*Ubi arcano*" (23.12.1922), Nr. 46, nach: Ebd., S. 2896-2939, hier S. 2910f.

119 Pius XI., Enzyklika „Mit brennender Sorge" (14.03.1937), nach: ebd., Bd. I, S. 290-309, hier Nr. 178 (S. 293) und Nr. 201 (S. 302). Es verdient vermerkt zu werden, dass im selben Jahr 1937 die Vorläufer-Organisation des Ökumenischen Rates der Kirchen erklärt: „Die Kirche muss [...] daran erinnern, dass das Prinzip der unbedingten Souveränität von Staat oder Volk mit dem Glauben der Kirche [...] unvereinbar und daher [...] unannehmbar ist." – so im Bericht der 5. Sektion der 1937 in Oxford veranstalteten Konferenz des „Universal Christian Council for Life and Work", nach Walter Lipgens, Zukunftsplanungen der Kirchen und anderer christlicher Gruppen während des Zweiten Weltkriegs, in: Martin Greschat/Wilfried Loth (Hrsg.), Die Christen und die Entstehung der Europäischen Gemeinschaft, Stuttgart 1994, S. 13-23, hier S. 14.

ringt er sich zum unmissverständlichen Votum für eine supranationale Politische Union durch, als eine Institutionalisierung des europäischen Gemeinwohls – innerhalb der zur Sicherung des gesamtmenschlichen Gemeinwohls ebenfalls zu organisierenden weltweiten Völkergemeinschaft.

Schon bald nach dem Amtsantritt, wenige Wochen nach dem Ausbruch des Zweiten Weltkriegs, bezeichnet er die „falsche Auffassung von der schrankenlosen Autonomie des Staates" als mit dem Naturrecht und seiner Lehre von der übernationalen Völkergemeinschaft unvereinbar.

„Die Menschheit ist zwar [...] in gesellschaftliche Gruppen, Nationen und Staaten gegliedert, die voneinander in Bezug auf die Gestaltung und Leitung ihres Eigenlebens unabhängig sind; zugleich ist sie aber durch gegenseitige moralische und rechtliche Bindungen zu einer großen Gemeinschaft zusammengeschlossen, deren Ziel das Wohl aller Völker ist und die ihre Einheit und ihren Fortschritt durch besondere Rechtsnormen schützt."[120]

In der Weihnachtsbotschaft 1944 (die vor allem auf Grund ihrer Hinwendung zur rechtsstaatlichen Demokratie als historisch bedeutsam gilt) heißt es: Die „unauflösliche Vereinigung der Staaten" ist eine Forderung und eine Tatsache, es gelte dieser Vereinigung auch eine dauerhafte Organisation zu geben. Zu einer Zeit, da schon die ersten alliierten Entwürfe für die Nachkriegsorganisation der Vereinten Nationen (erarbeitet in Dumbarton Oaks) publik geworden waren, plädiert er für die „wirksame Autorität" der geplanten Organisation gegenüber den Mitgliedstaaten, also für eine supranationale Struktur. Zur Sicherung des Friedens müsste ein Organ mit überlegener Entscheidungsmacht

120 Pius XII., Enzyklika *„Summi Pontificatus"* (20.10.1939), nach Emil Marmy, a. a. O. 1945 (siehe Anm. 28) S. 839, sowie nach Arthur Fridolin Utz/Joseph-Fulko Groner (Hrsg.), Aufbau und Entfaltung des gesellschaftlichen Lebens – Soziale Summe Pius' XII., Bd. 1, Freiburg/Schweiz 1954, Nr. 51.

eingerichtet werden. Auch die Völkergemeinschaft sei eine *„societas naturalis"*, die „für das menschliche Leben unentbehrlich" sei.[121]

Den engeren europäischen Zusammenschluss thematisiert er während des Zweiten Weltkrieges noch nicht. Aber schon bald nach Kriegsende engagiert er sich für die Einigung Europas. Als Vorbild für deren künftige politische Gestalt bezeichnet er 1946 die bundesstaatlich verfasste Schweiz.[122]

In der Weihnachtsbotschaft vom 24. Dezember 1953 befürwortet er die Einigung der europäischen Völker, „die sich zwar voneinander unterscheiden, aber geographisch und historisch miteinander verbunden sind."[123]

Was solchen und ähnlichen Äußerungen besonderes Gewicht verleiht, ist der Umstand, dass Pius XII. seine Auffassungen nicht nur proklamiert, sondern zur Richtschnur konkreten Handelns macht: Unter seiner Leitung entwickelt sich eine aktive vatikanische Europapolitik, engagiert für die Einigung der Völker und

121 Pius XII., Weihnachtsansprache *„Benignitas"*, am 24.12.1944, nach Emil Marmy ebd., S. 692-696. Utz/Groner (siehe oben, Anm. 120), Nr. 3492.

122 Pius XII. in einer Ansprache vor schweizerischen Journalisten am 14.04.1946, nach Philippe Chenaux, Der Vatikan und die Entstehung der Europäischen Gemeinschaft, in: Martin Greschat/Wilfried Loth, a. a. O. 1994, siehe Anm. 119, S. 97-124, hier S. 101.

123 Text nach Utz/Groner (siehe oben Anm. 120) Nr. 674: „Eine gültige Ermutigung zu dieser Einigung ergibt sich aus dem offenkundigen Versagen der entgegengesetzten Politik und aus der Tatsache, dass die Völker selbst in ihren breitesten Schichten ihre Verwirklichung erhoffen [...]. Die Zeit scheint also reif dafür, dass die Idee Wirklichkeit werde. Darum rufen Wir vor allem die christlichen Politiker zur Tat auf [...]. Das Ziel ist klar, die Bedürfnisse der Völker liegen offen vor aller Augen." Die geradezu beschwörende Diktion hat ihren Grund in einer kritischen Lage: Die sechs kerneuropäischen Integrationsstaaten hatten zwar die Weichen zur politischen Einigung gestellt – nämlich mit der Unterzeichnung des Vertrags übe die Europäische Verteidigungsgemeinschaft, und mit der Erarbeitung eines Statutenentwurfs für die Politische Gemeinschaft; diese war in den Augen mancher Politiker die Hauptsache, um derentwillen die militärische Integration in Aussicht genommen wurde (so vor allem die Regierungschefs Deutschlands und Italiens, Konrad Adenauer und Alcide de Gasperi). Inzwischen waren aber Schwierigkeiten für das Projekt in Erscheinung getreten. Pius XII. hatte das mit großer Sorge wahrgenommen.

Staaten. Sie kommt nicht nur in der positiven Einschätzung zivilgesellschaftlicher Initiativen zur europapolitischen Bewusstseins- und Willensbildung zum Ausdruck, also zur deutlich bekundeten Sympathie für Aktivitäten europäischer Bewegungen, sondern auch in zum Teil durchaus vertraulich betriebenen diplomatischen Bemühungen für das Gelingen des ersten Anlaufs zur politischen Integration in der ersten Hälfte der 1950er Jahre.[124]

Es wäre zu einfach, dies als einen Ausfluss der antikommunistischen Einstellung des Pacelli-Papstes zu betrachten. Er hat zwar diese Einstellung nie verhehlt; gerade deshalb ist es bemerkenswert, dass er – um die Jahreswende 1953/54 – in einem vertraulichen Gespräch einbekannte, es gehe ihm darum, dass die Europäische Union zu eine Kraft würde, die imstande sei, zwischen den beiden weltpolitischen Machtblöcken als Moderator zu wirken.[125]

Das Scheitern des ersten Anlaufs zur politischen Einigung (1954) löste im Vatikan massive Enttäuschung aus.[126] Sie bildete wohl auch den Hintergrund der am Anfang dieses Abschnitts wiedergegebenen Kritik der integrationspolitischen „Ersatzlösung" von 1957.

In der Ära späterer Pontifikate gab es wohl kaum nochmals eine so massive und eindeutige Propagierung der supranational-föderativen Einigung Europas. Das bedeutete jedoch keine Abkehr von den Positionen Pius' XII.

Die globale Dimension der übernationalen Gemeinwohlsorge und ihrer Institutionalisierung erhielt allerdings nunmehr Vorrang. Das hing wohl auch mit dem neuen Selbstverständnis der Weltkirche als solcher zusammen. Konzilsväter kritisierten

---

124 Dazu ausführlich: Vgl. Philippe Chenaux, Une Europe vaticane? Entre le Plan Marshall et les traités de Rome, Bruxelles 1990.

125 Näheres bei Philippe Chenaux, a. a. O. 1994 (siehe oben Anm. n. 32), S. 112.

126 Siehe dazu ebd., S. 112f.

ja offen einen vatikanischen Eurozentrismus, der nun nicht mehr zeitgemäß sei.[127]

Konsequenterweise wurde daher in der konziliaren und in der nachkonziliaren Ära weltweiten Problemen größere Aufmerksamkeit gewidmet – einschließlich der Institutionalisierung des übernationalen Gemeinwohls:

Eindeutig plädierte dafür Johannes XXIII. in der Enzyklika *„Pacem in terris"*.[128] Das Konzil schloss sich dieser Forderung in *„Gaudium et Spes"* uneingeschränkt an.[129] Papst Benedikt XVI. bekräftigte sie in *„Caritas in Veritate"* mit einer speziellen Bezugnahme auf die weltweiten Probleme der Wirtschaftssteuerung.[130]

---

127 Siehe die mehrmaligen Hinweise darauf im Kommentar von Charles Moeller zum Proömium von *„Gaudium et Spes"*, in: Das Zweite vatikanische Konzil (Bde. 12-14 der 2. Auflage des Lexikons für Theologie und Kirche, hier Teil III = Bd. 14), SA., Freiburg i. Br. 1986, S. 280ff., hier S. 293, Spalten 1 und 2.

128 Papst Johannes XXIII., Enzyklika *„Pacem in terris"* (11.04.1963), Nr. 137: „Da [...] heute das bonum commune der Völker Fragen aufwirft, die alle Nationen der Welt betreffen und da diese Fragen nur durch eine politische Gewalt geklärt werden können, deren Macht und Organisation und deren Mittel einen dem entsprechenden Umfang haben müssen [...], so folgt um der sittlichen Ordnung willen zwingend, dass eine universale politische Gewalt eingesetzt werden muss."

129 *„Gaudium et Spes"*, Nr. 137: „Um das „bonum commune universale" zu suchen und wirksam zu erreichen, ist es nötig, dass die „communitas gentium" sich selbst eine Ordnung gibt [verwendet wird im lateinischen Text der Ausdruck „constituere", HS], die den heutigen Aufgaben entspricht [...]. Die bereits bestehenden internationalen Institutionen, *sowohl die universalen wie die regionalen*, sind die ersten Versuche [„conatus"; gemeint sind: die Versuche dies zu erreichen, HS]".

130 Papst Benedikt XVI., Enzyklika *„Caritas in Veritate"* (29.06.2009), Kap. V, Nr. 67: „Um die Weltwirtschaft zu steuern [...], ist die Existenz einer echten politischen Weltautorität [...] dringend nötig. Eine solche Autorität muss sich dem Recht unterordnen, sich auf konsequente Weise an die Prinzipien der Subsidiarität und Solidarität halten, auf die Verwirklichung des Gemeinwohls hingeordnet sein [...], von allen anerkannt sein, über wirksame Macht verfügen, um für jeden Sicherheit, Wahrung der Gerechtigkeit und Achtung der Rechte zu gewährleisten." Es blieb nicht bei solchen grundsätzlichen Forderungen. In dem in Abschnitt 2 (in dem der Anm. 10 folgenden Absatz) erwähnten Dokument der Päpstlichen Kommission *„Iustitia et Pax"* über die Notwendigkeit einer Reform des internationalen Finanzsystems wurde die Reform der globalen Finanzordnung (einschließlich der Errichtung einer weltweit wirkenden Zentralbank als ein Schritt auf dem Weg zu einer politischen Weltautorität) gefordert, wie das schon immer wieder von

Damit wurde die politische Einigung Europas in der lehramtlichen Sicht jedoch keineswegs unwichtig oder gar überflüssig: Papst Johannes XXIII. verlangte 1962 ausdrücklich die Bejahung des europäischen Gemeinwohls und seine beschleunigte Verwirklichung.[131] Das Konzil spricht im Blick auf das über den Nationalinteressen stehende Gemeinwohl und seine Realisierung ausdrücklich nicht nur die weltweite Dimension an, sondern auch die von einzelnen Weltregionen; die schon bestehenden internationalen Institutionen seien dazu die ersten Schritte.[132] Papst Johannes Paul II. verweist Ende 1989, zur Zeit der Überwindung des Eisernen Vorhangs und der Aussicht auf gesamteuropäische Entwicklungen auf die Vereinigung der Völker Europas, nun aber im gesamteuropäischen Rahmen eines „gemeinsamen Hauses" – freilich ohne Aussagen über dessen politische Gestalt.[133]

Papst Benedikt XVI. führte in *„Caritas in Veritate"* – wohl in der Wiederaufnahme älterer, hier schon in Erinnerung gebrachter Lehraussagen – aus, dass es ein mehrstufiges Gefüge von „politischen Autoritäten" geben muss. Offenbar denkt er an die nationale, die weltregionale (also die europäische) und die universale Ebene, vielleicht auch an die subnationale (also

---

vatikanischer Seite angeregt worden war; siehe Kathpress-Tagesdienst 249/2011 (24.10.2011, S. 11: „Vatikan unterstützt Finanztransaktionssteuer").

131 Papst Johannes XXIII., Schreiben an den Präsidenten der 49. Sozialen Woche in Frankreich, Juli 1962, nach: Pietro Conte, Il Papa e l'Europa, Torino 1978, S. 134. Dass dies in der Sicht der Soziallehre die Schaffung von politischen Institutionen einschließt, die für seine Durchsetzung zuständig sind und die entsprechende Machtausstattung erhalten müssen, versteht sich nach allem bereits Dargelegten von selbst.

132 Den Konzilsvätern stand damals offenkundig als weltweite Organisation die der Vereinten Nationen vor Augen, als regionale die damalige Europäische Gemeinschaft. Sonst gab es damals kaum internationale Organisationen, die als erste Schritte zu supranationalen erscheinen konnten. Siehe die unterstrichene Passage in Anm. 129 oben.

133 Papst Johannes Paul II., Weihnachtsansprache an die Kardinäle, Bischöfe, Prälaten und Mitarbeiter der Kurie, nach: L'Osservatore Romano Jg. 1999, Nr. 1 (05.01.1999), Beilage 1.

an den innerstaatlichen Föderalismus.[134] Papst Benedikt hat also, im weltlichen Jargon formuliert, ein föderales politisches Mehrebenensystem im Sinn. Das bedeutet jedenfalls eine Absage an einen allmächtigen Einheitsstaat.

134 Papst Benedikt XVI., a. a. O. 2009, siehe oben Anm. 130, Kap. III, Nr. 41.

7. Kurzer Exkurs: Evangelische und andere Ideen zur europäischen Einigung

Dass es so klare katholische Wegweisungen und Ermutigungen zugunsten der europäischen Einigungspolitik gab, nahmen Gegner des Projekts zum Anlass kritischer Hinweise. Vor allem das Engagement von Pius XII. löste massive Verdächtigungen des Inhalts aus, die Integration sei ein verschwörerisches papistisches Projekt zur Rekatholisierung des Kontinents. Die „kleineuropäische" Integration der Sechs sollte, wie sie meinten, zur Restauration eines auf der Landkarte sozusagen neo-karolingisch anmutenden katholischen Imperiums führen. Immerhin waren namhafte Protagonisten der EG-Politik deklarierte Katholiken, so u.a. Konrad Adenauer, Joseph Bech, Georges Bidault, Alcide de Gasperi, Piero Malvestiti, Robert Schuman.

Angesichts dessen ist es aufschlussreich, einen Blick auf seinerzeitige evangelische Überlegungen zur Einigung Europas zu werfen, und auch auf gleichsinnige Bestrebungen in ganz anderen politischen Lagern.

Der geläufigen, nahezu herrschenden Meinung zufolge haben sich die evangelischen Kirchen im Vergleich zur katholischen, was die Integration betrifft, deutlich zurückgehalten.[135] Dennoch gab es im evangelischen Raum Kräfte, die sich schon sehr früh für das Anliegen engagierten.

135 Siehe statt vieler Wolfgang Vögele, „...wie jede andere Weltgegend auch"? Die europäische Einigung als Thema der evangelischen Kirchen: Verkündigungsraum oder sozialethisches Projekt?, in: Peter Christian Müller-Graff/Heinrich Schneider (Hrsg.), Kirchen und Religionsgemeinschaften in der Europäischen Union, Baden-Baden 2003, S. 59-72.

Eine Schlüsselrolle spielte die Zentrale des in Vorbereitung stehenden Weltkirchenrates in Genf.[136] Dort wurde 1942/43 eine Denkschrift erarbeitet, aus der hervorgeht, worüber man sich in der Vorausschau auf den „internationalen Wiederaufbau" nach dem Ende des Krieges einig war, und worüber nicht. Strittig war, ob die Kirchen zur Ausgestaltung der Nachkriegsordnung konkrete Empfehlungen geben sollten, und wie diese zu begründen wären.[137] Einig war man sich darüber, dass die Kirche, zugunsten einer Sicherung des Vorrangs des Rechts vor der Macht, für die Überwindung der Anarchie miteinander rivalisierender nationaler Souveränitäten eintreten und die Schaffung einer „internationalen Autorität" fordern müsse, die imstande wäre, Recht zu setzen und seine Durchsetzung zu erzwingen.

Dissens bestand über den Weg zur Realisierung dieses Ziels. Die einen meinten: Zugunsten der neuen weltweiten Organisation, die über gesetzgebende, exekutive, judikative und polizeiliche Organe umfassen müsse, sollten alle Staaten möglichst unverzüglich auf einen erheblichen Teil ihrer Souveränität verzichten. Die anderen sprachen sich dafür aus, dass zunächst regionale Föderationen

136 Vorbereitung und Aufbau des „Ökumenischen Rates der Kirchen" begannen 1937, das Statut (die „Verfassung") wurde 1938 erarbeitet. Die erste Vollversammlung konnte erst 1948 in Amsterdam stattfinden. Seit 1938 gab es in Genf ein Generalsekretariat, geleitet von Willem A. Visser't Hooft (nach seinem Rücktritt 1968 war er Ehrenpräsident). Im September 1941 verfasste er zusammen mit Dietrich Bonhoeffer eine Denkschrift über die Kirche in der künftigen Ordnung Europas. Darin wird u. a. die Restauration der Vorkriegsverhältnisse abgelehnt; die politische Ordnung eines Landes darf nicht nur Sache der betreffenden Nation sein; auf politischem Gebiet müsse es eine wirksame Begrenzung der nationalen Souveränität geben, auf wirtschaftlichem eine Eingrenzung des „wirtschaftlichen Individualismus". Siehe Walter Lipgens, Europa-Föderationspläne der Widerstandsbewegungen 1940-1945, München 1968, S. 121-123.

137 So auch die Frage, ob Mahnungen und Ratschläge mit dem Hinweis auf das Naturrecht oder auf die positive Offenbarung begründet werden sollten. Auszüge aus dieser Denkschrift in: Walter Lipgens, ebd., S. 364-369. Lipgens betont, dass zu diesen Problemen die Übereinstimmung erheblich weiter ging als zu anderen sozialethischen und politischen Themen (in seiner Einleitung zu dem entsprechenden Kapitel, ebd., S. 338ff., hier S. 340).

gegründet werden sollten, deren Mitgliedstaaten sich auf Grund ideeller und verfassungsrechtlicher Gemeinsamkeiten leichter zu einer solchen Gemeinschaft zusammenschließen könnten.

Im „ökumenischen" (d. h. damals: unter Evangelischen, Orthodoxen und Altkatholiken stattfindenden) Diskussionsprozess spielte das Verhältnis von globaler und regionaler Ebene der staatenübergreifenden Rechtsordnung also die gleiche Rolle, wie in den katholischen Überlegungen und Lehraussagen über die weltweite und die europäische Sicherung des übernationalen Gemeinwohls.

Auch nach Kriegsende und nach dem Beginn der Integrationspolitik gab es im evangelischen Bereich deutliche Bekenntnisse zu dieser Politik, auch wenn die Pluralität der einzelnen Kirchen und Gruppierungen eine eindeutige und für alle verbindliche Positionsbestimmung – auch nur entfernt vergleichbar mit der römisch-katholischen – ausschloss.[138]

Es ist angebracht, den Blick noch etwas mehr auszuweiten. Das Vorhaben der supranationalen demokratischen Einigung Europas beschäftigte – bereits während des Zweiten Weltkrieges und in den Nachkriegsjahren – nicht nur christliche Kräfte und Kreise. Es war – über nationale, ideologische und parteipolitische

138 Insofern war die oben erwähnte (relative) Zurückhaltung der evangelischen Kräfte (siehe oben bei Anm. 135) nicht durchwegs wirksam. Vgl. beispielsweise den Dokumentarband über eine von deutscher Seite veranstaltete, aber einen internationalen Teilnehmerkreis umfassende Studientagung im Juni 1951 in Königswinter (zu der der schon erwähnte Generalsekretär Willem Visser't Hooft den ersten Anstoß gegeben hatte): Friedrich Karl Schumann u. a. (Hrsg.), Europa in evangelischer Sicht, Stuttgart 1953. Das Thema „Europa und das Problem der Souveränität" war dem angesehenen Zürcher Staatsrechtler Werner Kägi zur Behandlung anvertraut worden (siehe ebd., S. 136-154). Seine Hauptthese war eindeutig: Das europäische Rechtsdenken müsse sich vom Souveränitätsdogma befreien; dieses sei zu einem „Vulgärbegriff" (S. 145 u. ö.) geworden, der eine „unheimliche Macht" ausübe. Die „Wiedergeburt des christlichen Rechts- und Staatsdenkens" sei berufen, zur Überwindung dieser Irrlehre beizutragen (S. 149). Das schließe auch die Übertragung der Souveränität an einen weltweiten oder an einen europäischen Staat aus.

Schranken hinweg – ein Anliegen ganz unterschiedlicher Gruppen und Bewegungen in vielen europäischen Ländern; besonders in den gegen Hitler und die Achsenmächte engagierten Widerstandsbewegungen und in Gruppierungen, deren Mitglieder aus den von deutschen Truppen besetzten Ländern stammten und ins Exil gegangen waren. Die Fülle der Belege (in Gestalt von Bekenntnissen, Aufrufen, Programmen und Berichten über gemeinsame Meinungs- und Willensbildungsprozesse) ist eindrucksvoll, aber auch die Übereinstimmung in den wichtigsten Zielen und Gestaltungsideen.[139]

Einiges davon verdient es, in Erinnerung gebracht zu werden.

Erstens wurde Europa damals als Friedensprojekt begriffen und bejaht – mitten im Krieg und bald danach war das selbstverständlich.

Zweitens ging es den demokratischen Widerständlern darum, für die Zukunft die Machtergreifung von Diktatoren oder totalitären Bewegungen auszuschließen; dies sollte ein gemeinsames Anliegen sein, um dessentwillen im künftigen Europa das Prinzip der Nichteinmischung in innere Angelegenheiten anderer Staaten nicht mehr gelten dürfe, insbesondere um der Menschenrechte der Bürger willen, die zu Opfern solcher Machtergreifungen würden.[140] Entsprechende Interventionen durften natürlich nicht als Willkürmaßnahmen in Frage kommen, sondern nur nach Maßgabe klarer Rechtsnormen. Das lief letztlich auf eine für alle Staaten verbindliche föderale Verfassung hinaus, und immer wieder wurde auch ein Grundrechtekatalog als deren Bestandteil

139 Siehe Walter Lipgens, a. a. O. 1968, siehe oben Anm. 129; ders., Die Anfänge der europäischen Einigungspolitik 1934-1950, Erster Teil 1945-1947, Stuttgart 1977 (mehr nicht erschienen); zusätzlich: Walter Lipgens (Hrsg.), Documents on the History of European Integration, Bd. I-IV (Bd. III und IV hrsg. zusammen mit Wilfried Loth), Berlin – New York 1985/1986/1988/1990. Dort auch Hinweise auf die Materialbasis für die folgenden Absätze dieses Abschnitts.

140 Vgl. die so modern anmutenden Auffassungen von Francisco de Vitoria dazu, siehe oben Anm. 114.

für notwendig gehalten. Europa wurde also nicht nur als ein Friedens-, sondern auch als ein Freiheits- und Demokratiesicherungsprojekt gefordert.[141]

Das „Wohlstandsprojekt Europa" – und damit die wirtschaftliche Integration – stand also keineswegs an erster Stelle,[142] sondern die föderale politische Einigung. Die Übereinstimmung dieser Vorstellungen mit der dargestellten katholischen Lehre ist unverkennbar. Allerdings variieren in den kirchlichen Texten Prägnanz und Eindringlichkeit der Formulierungen.[143]

Was kirchenoffizielle und andere Aussagen betrifft, die sich auf Probleme einzelner Regionen beziehen, so hat bereits 1971 eine Art Kompetenzdelegation stattgefunden: Im Hinblick auf

---

141 In einem System souveräner Staaten ist die „humanitäre Intervention" auf Grund des Gebots der Nichtintervention in innere Angelegenheiten anderer Staaten rechtlich problematisch. In föderalen Systemen ist jedoch das Institut der Bundesexekution nicht unüblich – entgegen verbreiteten Irrtümern nicht nur in Bundesstaaten, sondern auch in Staatenbünden; ebenso wie auch staatenbündische Verfassungen Grundrechte von Bürgern der Mitgliedstaaten festgelegt haben; vgl. Heinrich Schneider, Optionen der politischen Finalität: Föderation – Konföderation – Verfassung, in: Heinrich Schneider/Mathias Jopp/Uwe Schmalz (Hrsg.), Eine neue deutsche Europapolitik?, Bonn 2001, S. 583-666, hier S. 627-630.

142 Die Gründerväter der Integration betrachteten die Verflechtung zunächst der Montanindustrien und dann der gesamten Volkswirtschaften (zumindest: auch, vielleicht sogar: vor allem) als ein Mittel zum politischen Zweck; siehe oben Anm. 88.

143 So bezeichnete Oswald von Nell-Breuning SJ den Sprachgebrauch von *„Gaudium et Spes"*, die Verwendung des Ausdrucks *„communitas politica"* für den Einzelstaat als einen „beklagenswerten Rückschritt" gegenüber der Lehre von „Pacem in terris", wo die Einzelstaaten „nur noch als Glieder der zur politischen Einheit zusammenwachsenden Gesamtmenschheit" angesehen werden: so in seinem Kommentar zum 4. Kapitel der Pastoralkonstitution, in Bd. 14 der vorletzten Ausgabe des Lexikons für Theologie und Kirche (Teil III der Ergänzungsbände übe das II. Vaticanum, vgl. Anm. n. 121, erstmals 1968, Sonderausgabe 1986, hier S. 517). Dieser Sprachgebrauch sei wohl „eine bedauerliche, aber vielleicht heute noch nicht zu umgehende Anpassung an den zurzeit bestehenden [...] Stand der Dinge." Mit anderen Worten: der Altmeister der naturrechtlichen Soziallehre beklagt, dass die Konzilsväter ihre Redeweise an die herrschende Sicht der neuzeitlichen Staatenwelt (des „westfälischen Systems", von dem noch die Rede sein wird) zu Lasten der neueren Lehraussagen anpassten.

die Verschiedenheit der in der Welt bestehenden gesellschaftlichen, wirtschaftlichen und politischen Verhältnisse erklärte Papst Paul VI. in seinem Sendschreiben *„Octogesimo adveniens"*: es sei Sache der „christlichen Gemeinschaften" vor Ort, gemäß der jeweiligen Problemlage darüber zu befinden, „welche Schritte zu tun und welche Maßnahmen zu ergreifen sind, um die Reformen herbeizuführen, die sich als geboten erweisen und [...] oft unaufschiebbar sind", und Papst Franziskus hat das 2013 ausdrücklich bekräftigt.[144]

Bemerkenswert ist nicht nur der Gedanke, dass die sich aus allgemein gültigen Prinzipien ergebenden Folgerungen im Blick auf die situationsspezifischen Besonderheiten ermittelt werden sollten, sondern auch, dass dies die Aufgabe der lokalen oder regionalen „christlichen Gemeinschaften" sei (also nicht etwa ausschließlich der Bischöfe, wenngleich „in Verbundenheit mit" ihnen).

Das betrifft selbstverständlich auch Europa. Wer sollte sich angesprochen fühlen? Gewiss die COMECE (die europäische Repräsentation der Bischofskonferenzen); aber offenbar nicht nur sie.

Wer noch? Der europäische Verbund der nationalen Kommissionen „Iustitia et Pax"? Ein europäischer Zusammenschluss akademischer Fachvertreter der christlichen Sozialethik? Europäische Dachorganisationen christlicher Unternehmer- und Arbeitnehmerverbände?

Vor einiger Zeit hätte man auch noch an den europäischen Verband christlich-demokratischer Parteien denken können,

144 Papst Paul VI., Apostolisches Schreiben *„Octogesimo adveniens"*, 14.05.1971, Nr. 4; Papst Franziskus, Apostolisches Schreiben *„Evangelii Gaudium"*, 24.11.2013, Nr. 32, unter Hinweis auf das II. Vatikanische Konzil und auf *„Octogesimo adveniens"*: es fehlt noch an einer Satzung der Bischofskonferenzen, die sie als Subjekte mit konkreten Kompetenzbereichen versteht, auch einschließlich einer gewissen authentischen Lehrautorität.

aber die heutige „EVP" hat nicht mehr das eindeutig christlich-demokratische Profil ihrer Anfangsjahre.

Wo bleiben die entsprechenden Stimmen?

Die Lehrtradition ist eindeutig. Der Reformbedarf der Europäischen Union wird von Niemandem bezweifelt. Die Soziallehre könnte dazu prägnant und konstruktiv Stellung nehmen. Warum gibt es eine so auffällige Zurückhaltung? Die Frage drängt sich auf.

8. Warum werden Europa-Botschaften der Soziallehre nicht offensiver verkündet?

Was bisher zum Thema referiert wurde, kann hoffentlich hinreichend belegen, dass der Fundus der Soziallehre unmissverständliche Aussagen enthält, die für eine Reform der Europäischen Union den Weg weisen könnten.

Die sich daraus ergebende Hauptthese ist einfach: Neue politische Anstrengungen zur Anerkennung, Überordnung und Durchsetzung des Gemeinwohls auf supranationaler Ebene sind dringend geboten – unter den heutigen Umständen über andere Beweggründe hinaus, zur Überwindung, zumindest zur Eindämmung, des Ökonomismus und seiner verhängnisvollen Auswirkungen.

Davon ist heute nur selten zu hören; einige Gründe dafür liegen auf der Hand:

Einer von ihnen dürfte darin liegen, dass Sprecher der Kirche aus gutem Grund im Blick auf die europäische Realität der Gegenwart, in ihren öffentlichen Erklärungen geistlichen Anliegen Vorrang geben. Sie machen sich Sorgen über Anfechtungen des Glaubens, über Forderungen christliches Gedankengut aus dem öffentlichen Raum zu entfernen, über glaubens- und kirchenfeindliche Initiativen und Aktionen, und über die mutmaßliche oder tatsächliche Schwächung religiöser Einstellungen und Motive in Gesellschaft und Politik. So wird im Blick auf die Europäische Union oft und vor allem eine „Durchseelung" der Politik mit christlichem Geist gefordert. [145]

145 Siehe exemplarisch das „Nachsynodale Apostolische Schreiben" von Papst Johannes Paul II. *„Ecclesia in Europa"* vom 28.06.2003. Kurz vor dem Schlussteil wird ein sehr knapper Abschnitt den „europäischen Institutionen" gewidmet – dabei wird

Zudem sind Plädoyers für eine Stärkung der supranationalen Strukturen der Union derzeit eher unpopulär und unwillkommen. Viele Bürgerinnen und Bürger fürchten einen bedenklichen Zentralismus. Sie denken mit Horror an eine „Stärkung Brüssels", in der Furcht vor einer bürgerfernen, bürokratischen und technokratischen Obrigkeitspolitik. Sie erwarten von einer Vertiefung der Integration ein weiteres Vordringen des „Ökonomismus", sie schreiben der Union oftmals eine „neoliberale" Politik zu,[146] die eher den Großunternehmen oder dem Finanzkapital dient, als dem Wohl der Normalbürgerinnen und -bürger.

Das hat seinen Grund wohl nicht zuletzt darin, dass ihnen kaum jemand verständlich erklärt, warum und inwiefern die Wiederherstellung des Primats der Politik im Dienste des Gemein-

„vor allem" die OSZE erwähnt, sodann der Europarat, und erst an dritter Stelle die Europäische Union – mit keinem Wort wird auf die Lehraussagen eingegangen, die in diesem Beitrag so ausführlich referiert wurden.

146 Der Ausdruck „neoliberal" steht in Anführungszeichen, weil es sich um eine terminologische Mogelpackung handelt. Er wurde vor Jahrzehnten zur Kennzeichnung jener Leitbilder der Marktwirtschaft eingeführt, die gerade nicht auf die vollständige Entfesselung der Marktkräfte hinwirkten, sondern auf die Einhegung ihrer Dynamik in ein System der „Ordnungspolitik". Als „neoliberal" wurde insbesondere die westdeutsche „soziale Marktwirtschaft" bezeichnet, zu den Promotoren gehörten u. a. Ludwig Erhard, sein Staatssekretär Alfred Müller-Armack (auf den der Ausdruck „Soziale Marktwirtschaft" zurückgeht), und auf Gelehrte und Publizisten wie Walter Adolf Jöhr, Erich Preiser, Wilhelm Röpke, Alexander Rüstow. Die „Freiburger Schule" (deren Haupt Walter Eucken war) bezeichnete ihre Version des Neoliberalismus als „ordo-liberal". Vgl. für einen ersten Überblick Heinrich Schneider, „Neoliberalismus", in: Ergänzungsband zum Lexikon der Pädagogik, Freiburg i. Br. 1964, S. 138f. siehe auch Rudolf Walther, Exkurs: Wirtschaftlicher Liberalismus, in: Otto Brunner/Werner Conze/Reinhart Koselleck, a. a. O. (vgl. Anm. 31), Stuttgart 1982, S. 787-815, insbesondere Abschnitt 8 („Neoliberalismus", „soziale Marktwirtschaft" und „Liberalismus", S. 811-815). Den Vertretern der Naturrechtstradition ging die Einbindung des Marktes in eine gemeinwohlorientierte Ordnung nicht weit genug; siehe Egon Edgar Nawroth OP, Die Sozial- und Wirtschaftsphilosophie des Neoliberalismus, Heidelberg [2]1962. Dass heute gerade jene extrem auf die Entfesselung der Marktkräfte setzenden Positionen als „neoliberal" bezeichnet werden, deren Eindämmung der eigentliche Neoliberalismus forderte, ist ein groteskes Faktum.

wohls eher das Gegenteil bedeutet. Selbst jene Spitzenpolitiker, aus deren Mund man die Parole „Mehr Europa“ hört, verstehen darunter häufig eher die Stärkung des Verflechtungssystems der Regierungen der Mitgliedstaaten, nicht etwa jene Umgestaltung, die die Soziallehre nahelegt.

Da in manchen Mitgliedstaaten Kräfte regieren, die – aus welchen Gründen auch immer – für eine Realisierung der Empfehlungen (oder Forderungen) der christlichen Soziallehre nichts übrig haben, gibt es Zweifel, ob eine entsprechende Politik Durchsetzungschancen hat.

(Daher wird gelegentlich eine Konzentration integrationsverdichtender Maßnahmen auf einen engeren Kreis von Mitgliedstaaten empfohlen, auch weil es, zum Beispiel für die Euro-Zone, einen besonders massiven und dringlichen Reformbedarf gibt, und auch einen besonders hohen Grad an wechselseitiger Abhängigkeit.)

Außerdem werden, wie schon vermerkt, zur Bewältigung der aktuellen Krise der EU sehr unterschiedliche Rezepte propagiert. Sie sind von Grundverständnissen der Politik und der Wirtschaft geprägt, die zum Teil kaum miteinander vereinbar sind.

Allerdings gibt es Affinitäten zwischen solchen Rezepten und den handfesten Interessen bestimmter Akteure. Das Tauziehen um deren Durchsetzung spielt in den europapolitischen Auseinandersetzungen eine wichtige Rolle. Dabei handelt es sich namentlich um „nationale“ Interessen (nämlich zumeist solche, die von ihren Verfechtern als nationale ausgegeben werden), aber auch von Interessen anderer Kräfte, etwa denen politisch oder wirtschaftlich Mächtiger, also etwa um Interessen großer Unternehmen, um Interessen von Sozialpartnern, bis hin zu den Eigeninteressen von Unionsorganen, die ihre Position gegenüber anderen Organen der Union oder gegenüber Organen der Mitgliedstaaten stärken wollen. Interessen werden allerdings nie „voraussetzungslos“ artikuliert, sondern stets in Kontext eines vorgegebenen Weltbildes. Es prägt das Denken und Wollen.[147]

Das seit Generationen für das herrschende Grundverständnis der europäischen Politik maßgebliche Bild des Nebeneinanders (zuweilen auch Miteinanders und Gegeneinanders) voneinander unabhängiger, im Verhältnis zueinander in ein Mächtespiel verwickelter Staaten gibt eine Normalstruktur vor, die oft als das „Westfälische System“ bezeichnet wird, weil sie auf den Frieden von 1648 zurück geht.

Im Horizont dieser Vorgabe, die Europa als ein System der Koexistenz souveräner Staaten darstellt,[148] ist die weiter oben skizzierte Konzeption Francisco de Vitorias kaum verständlich, vielmehr nahezu sinnwidrig. Eben deshalb ist sie ja, wie erwähnt, im Rahmen der (post-) westfälischen Völkerrechtslehre unangemessen uminterpretiert worden. Ernst genommen , würden Vitorias Thesen über die Unterordnung der einzelstaatlichen Interessen und Machtambitionen unter ein übernationales Gemeinwohl, das zur Geltung zu bringen Sache einer über den Staaten stehenden

147 Oft wird Max Weber zitiert: „Interessen (materielle und ideelle), nicht Ideen, beherrschen unmittelbar das Handeln des Menschen. Aber die ‚Weltbilder', welche durch ‚Ideen' geschaffen wurden, haben sehr oft als Weichensteller die Bahnen bestimmt, in denen die Dynamik der Interessen das Handeln fortbewegte“; So Max Weber, a. a. O. 1920, siehe oben Anm. 99, S. 252. Situationen werden stets im Rahmen von Weltbildern gedeutet, diese sind Vorgaben für die Artikulation von Interessen.

148 Diese verstehen sich – insbesondere seit dem Zusammenbruch der plurinationalen Imperien, wie des Zarenreiches und der Habsburgischen Monarchie (1918), sowie auch des weit in Europa hineinreichenden Osmanischen Reiches (1913) – in der Regel als Nationalstaaten. Aber das entsprach und entspricht nicht immer der Realität; in Mittel- und Osteuropa waren rund 25 Prozent der Einwohner Angehörige von „nationalen Minderheiten“ bzw. „Nationalitäten“ – eingeschlossen auch die Roma und Sinti; vgl. z. B. Georg Brunner, Nationalitätenprobleme und Minderheitenkonflikte in Osteuropa, Gütersloh ²1996. Im Blick steht dabei die Ära vor dem in den letzten Jahren geschehenen Anwachsen der Migrationsbewegungen. Dass es nicht nur im europäischen Osten Probleme der Nationalstaatlichkeit gab (und gibt), etwa in Form von Autonomie- oder gar Sezessionsbewegungen, ist ein Kapitel für sich.

Autorität wäre, das „westfälische System" geradezu aus den Angeln heben. Auch die von den demokratischen Widerstandsbewegungen im Zweiten Weltkrieg, von zivilgesellschaftlichen Verbänden, die in der Nachkriegszeit die Einigung Europas propagierten neuen Leitbilder, und erst recht jene kirchlichen Aussagen zum übernationalen Gemeinwohl, die als die Weiterführung der Lehre Vitorias angesichts der Probleme Europas im 20. Jahrhundert gelten können, sind mit der Verbindlichkeit des westfälischen Systems unvereinbar. Stärker als in der Blütezeit dieser Bestrebungen bestimmt heute wieder das Dogma der nationalen Souveränität das politische Denken.[149]

Das erschwert massiv die Chance, dass die Lehre von diesem Gemeinwohl überhaupt verstanden oder gar bejaht wird.

Auch für das Dogma der nationalen Souveränität kann man ihn den Bahnbrecher nennen – sozusagen den Antipoden Vitorias; er trat freilich erst einige Jahrhunderte später auf. Gemeint ist der Abbé Emmanuel Joseph Sieyès (1748–1836).[150] Man hat seine berühmteste Veröffentlichung als die „erfolgreichste Flugschrift aller Zeiten" bezeichnet.[151] Im fünften Kapitel präsentiert er ziemlich massiv klingende Thesen:

---

149 Es ist ein aufschlussreicher Beleg für die Renaissance und den Akzeptanzgewinn dieses Dogmas, wenn die EG (bzw. ihre Nachfolgerin, die EU) nicht mehr, wie anfänglich, als ein eigenständiges Gebilde begriffen wird, zu dessen Gunsten die Mitgliedstaaten auf bestimmte, ihnen bis dahin zukommende Hoheitsrechte verzichtet haben, sondern als ein Verbundsystem, dessen souverän gebliebene Mitgliedstaaten einige ihrer (ihnen nach wie vor zukommenden) Hoheitsrechte gemeinsam ausüben.

150 Emmanuel Joseph Sieyès, Qu'est-ce que le Tiers-État?, hier zitiert nach: Emmanuel Sieyès, Was ist der dritte Stand?, Berlin 1921 („Klassiker der Politik" Bd. 9). Die Zitate im Text ebd., S. 92-95, 99. Zum Vergleich wurde auch eine neuere Übersetzung herangezogen: Was ist der Dritte Stand?, in: Emmanuel Joseph Sieyes, Politische Schriften 1788-1790, übersetzt und hrsg. von Eberhard Schmitt und Rolf Reichardt, München und Wien [2]1981, S. 117-195. Zu folgenden auch Heinrich Schneider, Patriotismus und Nationalismus, in: Concilium, Jg. 1995, S. 499-509.

151 So Eberhard Schmitt, Sieyes, in: Hans Maier/Heinz Rausch/Horst Denzer (Hrsg.), Klassiker des politischen Denkens, Bd. II, München 1968, S. 135ff.

Die Nation ist vor allem anderen da, sie ist der Ursprung von allem. Sie selbst ist das Gesetz. Ihr Wille ist der Ursprung aller Gesetzmäßigkeit. Sie ist von allen Formen und Bedingungen unabhängig. Allein schon dadurch, dass sie existiert ist sie alles, was sie sein kann. Auf welche Art sie immer will – es genügt, dass ihr Wille in Erscheinung tritt, und dieser ist immer das höchste Gesetz.

Es ging Sieyès in seiner Schrift darum, den Anspruch des Dritten Standes auf die verfassunggebende Gewalt zu begründen. Aber warum proklamiert er so hochgestochene Sätze wie die, dass „die Nation" als der souveräne Urgrund des Rechts und der Politik „vor allem anderen" existiert, dass sie durch ihre bloße Existenz „alles" ist, „was sie sein kann", dass sie „alles für sich selbst ist", und ihr Wille „der Ursprung aller Gesetzlichkeit"?

Die Formulierungen klingen in heutigen Ohren wie ein eher pathetisches als begrifflich präzises Wortgedröhn. In Wahrheit handelt es sich um eine durchaus eindeutige Aussage: Der studierte Theologe spricht der Nation ohne Wenn und Aber die traditionellen Gottesprädikate zu: Das Sein von Anfang an, die Identität von Essenz und Existenz, die Allmacht, die Allweisheit, die Allgüte.

Das kommt nicht aus dem hohlen Bauch des politisch engagierten Geistlichen. Im Hintergrund steht Jean Jacques Rousseaus Doktrin der Volkssouveränität. Es gehört heute zur Allgemeinbildung, dass Rousseaus Zentralformel die *„volonté générale"* ist. Oft hält man den Ausdruck für einen von Rousseau geprägten demokratietheoretischen Begriff. Aber so ist das nicht. Erstens war der Begriff zu seiner Zeit ein geläufiger *„terminus technicus"*; zweitens bleibt meist unerwähnt, was Rousseau wirklich meinte, als er ihn verwendete.

Rousseau spricht dieser *„volonté générale"* eine geradezu übermenschliche Macht zus – sie ist keine empirisch fassbare Größe. Rousseau proklamiert – ähnlich wie Sieyès – Überhöhungen ins

Übernatürliche. So bezeichnet er auch die Demokratie als eine Regierungsform, die nicht für ein Volk von (empirischen) Menschen geeignet ist, sondern nur „für ein Volk von Göttern".

Korrekter wäre wohl die Formel: für ein zu übernatürlicher, gottähnlicher Existenz erhobenes Volk. Soll nämlich ein empirisches Volk demokratiefähig werden, dann braucht es dazu einen „*législateur*". Dessen Aufgabe ist es – so Rousseau wörtlich – die menschliche Natur in gewissem Sinn zu „verwandeln".

Der „*législateur*" gibt keine Befehle, seine irdische Macht ist gleich Null. Da er dennoch etwas bewirkt, das über alles menschliche Vermögen hinausgeht, kann das nur bedeuten, dass seine Macht „nicht von dieser Welt" ist.

Jener, die menschliche Natur verwandelnde „Gesetzgeber", der also das Neue Gesetz gibt, macht, altmodisch gesprochen, den Alten Adam zum Neuen. Er befreit den Menschen aus dem „*amour propre*", der Eigensucht, indem er ihn zum „*amour de soi*" befähigt. Er erlöst den Menschen, in der Sprache des Augustinus, von der „*incurvatio in se*", der Verkrümmung in sich selbst.

In explizit christlicher Sprache würde das heißen: Der Geber des Neuen Gesetzes erlöst vom bösen „*amor sui*" zum heiligen „*amor Dei*". Eben diese Ausdrücke finden sich zwar bei Rousseau nicht, sondern eben die Formeln „*amour propre*" und „a*mour de soi*". Immerhin ist – das wurde schon erwähnt – weithin bekannt, dass der Ausdruck „*volonté générale*" Rousseaus politiktheoretische Zentralformel darstellt. Weniger bekannt ist hingegen, dass das damals eine in der französischen Theologie gängige Bezeichnung für den Willen Gottes war (wohl eben deshalb vermeidet der theologisch gebildete Abbé Sieyès den Ausdruck „*volonté générale*" und verwendet statt dessen die Formel „*volonté commune*"...).[152]

152 Den Hinweis auf die damals geläufige Bedeutung des Begriffs „*volonté générale*" verdankt der Autor Iring Fetschers Tübinger Habilitationsschrift: Rousseaus politische Philosophie, Neuwied 1960, S. 111ff. Fetscher verweist auf etliche Belegstellen, so auf Diderots Artikel „*droit naturel*" in der Großen Enzyklopädie.

Das alles klingt aufs erste wie ein akademisches Begriffsperlenspiel. Aber es führt zu einer folgenschweren Einsicht: Das moderne Dogma der nationalen Souveränität beruht auf einer ersatzreligiösen Gedankenkonstruktion.

Dem Nationalismus (oder National-Etatismus oder National-Demokratismus) verleiht es eine geradezu sakrale Weihe. Dieser heilsvermittelnde Nationalismus ist ja etwas durchaus Anderes als der, in der christlichen Denktradition durchaus positiv beurteilte Patriotismus, nicht etwa nur dessen Temperatursteigerung oder Höherbewertung.[153]

Was das für unser Thema besagt sollte daraufhin offenkundig sein: Die auf Rousseau und Sieyès zurückgehende moderne Idee der nationalen Souveränität beruht auf einer im Grunde illegitimen Inanspruchnahme theologischer Ideen für die Politik.

Will man wirklich verstehen, was es damit für eine Bewandtnis hat, dann muss man noch einen Schritt weiter zurückgehen. Bevor der Gedanke aufkommen konnte, der Nation als Inhaberin der Staatsmacht Göttlichkeit zuzusprechen, musste schon das Konzept der Souveränität als politischer Allmacht entwickelt worden sein.

Eben dies hatte Thomas Hobbes (1588–1679) unternommen.[154] Er begriff den souveränen Staat als den „sterblichen Gott" – als den Inhaber irdischer Allmacht.

Der Souverän – sei er eine Einzelperson oder eine Körperschaft – wird „wie eine sichtbare Gottheit verehrt".[155] Wollten

---

153 Siehe dazu Heinrich Schneider, a. a. O. 1995, (siehe oben Anm. 150).

154 In gängigen Darstellungen wird oft Jean Bodin als Begründer des neuzeitlichen Konzepts der Souveränität dargestellt. Dass erst Hobbes die Souveränität auf den hier ins Auge gefassten Begriff brachte, zeigt Jürgen Dennert, Ursprung und Begriff der Souveränität, Stuttgart 1964. Bei Bodin ist der „Souverän" noch an die Gebote Gottes und die des Naturrechts sowie an die „Grundgesetze" seines Gemeinwesens gebunden; für Hobbes wäre schon eine Diskussion über dieses Thema unzulässig, weil sie die Souveränität der Herrschaft in Gefahr bringen könnte.

155 Thomas Hobbes, De Cive, XII, 3.

Untertanen die Gebote des Souveräns hinterfragen, dann wäre dies so, wie wenn Menschen sich, wie Adam im Paradies, anheischig machen würden, vom Baum der Erkenntnis zu essen, also selbst entscheiden zu können, was gut und böse ist.[156] Diese Entscheidung darüber kommt nur dem Souverän zu.

Nicht erst Rousseaus und Sieyès' Lehre von der Volkssouveränität, sondern schon die vorausgehende moderne Idee der Staatssouveränität ist also eine illegitime Inanspruchnahme christlicher Theologumena zur Rechtfertigung sehr weltlicher Dinge.[157]

Hobbes' These war nicht ein absonderlicher Einfall; sie hat einen durchaus ernsten Motivhintergrund. Es ging ihm um die Überwindung der blutigen Konfessionskonflikte seiner Zeit: Wenn im religiösen Bürgerkrieg die Kampfparteien ihre Auflehnung gegen die staatliche Friedensordnung mit dem Schriftwort rechtfertigen, man müsse Gott mehr gehorchen als den Menschen, dann ist es nötig, dieser Rechtfertigung zu widersprechen und die Bestreitung zu begründen. Dazu spricht Hobbes der irdischen Befriedungsgewalt unbeschränkte Autorität zu („*auctoritas non veritas facit legem*" ist das wohl bekannteste Hobbes-Zitat). Den

---

156 Thomas Hobbes, ebd., XIII, 1.

157 Es läge nahe, sich an die oft zitierte Aussage zu erinnern: „Alle prägnanten Begriffe der modernen Staatslehre sind säkularisierte theologische Begriffe" – so Carl Schmitt, Politische Theologie, München und Leipzig ²1934, S. 49. Schmitt betont, es handle sich nicht etwa um Gedankenspiele, sondern um eine „begrifflich klare, systematische Analogie" (ebd., S. 50); nicht nur sprachlich sei die „Omnipotenz" des modernen Gesetzgebers „aus der Theologie hergeholt" (S. 51). Später hat Schmitt betont, es sei ihm um ein „wissenschaftstheoretisches" und „begriffsgeschichtliches Problem" gegangen, nämlich um „die Struktur-Identität der Begriffe theologischer und juristischer Argumentationen und Erkenntnisse": Carl Schmitt, Politische Theologie II, Berlin 1970, S. 22. Zur Interpretation siehe z. B. Ilse Staff, Zum Begriff der Politischen Theologie bei Carl Schmitt, in: Gerhard Dilcher/Ilse Staff (Hrsg.), Christentum und modernes Recht, Frankfurt a. M. 1984; zur Kritik: Hans Maier, Kritik der Politischen Theologie, in: Ders., Politische Religionen (Gesammelte Schriften Bd. II), München 2007, S. 15-104.

da widerstehenden Glaubensüberzeugungen spricht er sie ab.[158] Der weltliche Souverän wird im Titelbild der Originalausgabe seines berühmten „Leviathan"-Buches nicht nur mit dem Schwert ausgestattet, sondern auch mit dem Krummstab: Er allein legt fest, was geglaubt werden darf und muss.

Übrigens hat Hobbes nicht nur den modernen, mit der sozialethischen Lehrtradition der Kirche unvereinbaren Souveränitätsbegriff in die Welt gesetzt. Er hat zugleich jenes „possessiv-individualistische" Menschenbild entworfen und expliziert, das dem Leitbild des *„homo oeconomicus"* eine philosophische Basis gibt.[159]

Wenn das zum *„homo oeconomicus"* reduzierte Mitglied der heute das Leben zunehmend prägenden Konkurrenzgesellschaft[160] in dieser zu einem *„bellum omnium contra omnes"*[161] verdammt wird, der alles andere als ein „Naturzustand" ist, wie in Hobbes' Lehrsystem, dann mutet das seltsam an. Der die Menschen bei Hobbes von diesem natürlichen *„bellum"* entlastende „sterbliche Gott" hegt, zum Staat unserer Zeit geworden, zwar die physische Gewaltanwendung zwischen Individuen und gesellschaftlichen Gruppen ein, lässt aber eine das geistige und seelische Leben

---

158 Diese werden von Hobbes nicht nur als für die Allgemeinheit unverbindliche Privatmeinungen betrachtet, sondern, wenn sie einen öffentlichen Geltungsanspruch erheben, geradewegs als „Verrücktheiten" (madnesses). Demgemäß muss man die Idee der unbedingten Maßgeblichkeit des persönlichen Gewissens als einen verhängnisvollen Unsinn betrachten. Konsequenterweise begreift Hobbes den Menschen als ein Wesen, das von naturhaften Trieben und Leidenschaften beherrscht wird.

159 Dazu C. B. Macpherson, Die politische Theorie des Besitzindividualismus – Von Hobbes zu Locke, dt. Frankfurt a. M. 1967 (engl. Original 1962). Die *„avant le lettre"* formulierte These von Dietrich Bonhoeffer und Willem A. Visser't Hooft (siehe oben Anm. 130), es gelte den „wirtschaftlichen Individualismus" einzubremsen, erhält hier ihre Begründung und Rechtfertigung.

160 Siehe oben im Text bei Anm. 92 die Hinweise auf die Thesen von Frank Schirrmacher.

161 Hobbes selbst verwendet die Formulierung *„bellum uniusquisque contra unumquemque"*.

beeinträchtigende, in gewissem Sinn entmenschlichende Konkurrenz um Lebenschancen zu.

Man könnte zu dem Gedanken verführt werden, dass in dieser die Humanität einengenden Gesellschaft der Mensch tatsächlich zu einem von Trieben und Leidenschaften bewegten Lebewesen reduziert wird – wie das dem Menschenbild von Hobbes entspricht (er muss dem Menschen ja in gewissem Sinn den Geist absprechen, wenn er religiösen Überzeugungen die Verbindlichkeit abspricht, ja sie, wenn sie zum öffentlichen Engagement führen, als Verrücktheiten („*madnesses*") denunziert.[162]

Gewiss ist seit Hobbes und Sieyès der Begriff der Souveränität sozusagen abgeschliffen worden. Die große Mehrheit der Juristenzunft ging zu der pseudo-theologischen Verabsolutierung dieses Begriffs auf Distanz.

Dennoch bestimmt oder beeinflusst die Vorstellung vom nach wie vor real existierenden „westfälischen" Staatensystem weithin das Denken – auch christliche Autoren tun sich schwer, sich dieser Prägekraft zu entziehen.[163]

Sie ist auch aus weiteren Gründen wirksam geblieben:

Erstens deshalb, weil im 19. Jahrhundert ein weiterer einflussreicher Denker diese Prägekraft verstärkt hat – nämlich Hegel.[164]

---

162 Obschon sich das für Kenner der christlichen Soziallehre von selbst versteht, sollte doch vermerkt werden, dass dies alles nicht als eine Ablehnung oder gar Verteufelung des Marktes verstanden werden soll, sondern sich auf die ungehemmte Überantwortung des gesellschaftlichen Lebens an Marktmechanismen und ihre Dynamik bezieht.

163 Vgl. den oben in Anm. 143 wiedergegebenen kritischen Hinweis von Oswald von Nell-Breuning darauf, dass sich sogar die Konzilsväter in ihrer Terminologie dieser Prägemacht beugten, obschon die päpstliche Lehre die zugrunde liegende Vorstellung hinter sich gelassen hatte.

164 Friedrich Meinecke, Weltbürgertum und Nationalstaat, München [9]1963 (Nachdruck Darmstadt 1969), S. 236ff. meint: „Konservative, Liberale und Radikale, historische und doktrinäre, nationale und kosmopolitische Denker konnten bei seinem System in die Schule gehen [...]. Und so hat insbesondere seine Lehre vom Staate nach ganz extrem auseinandergehenden Richtungen hinwirken können."

Seiner Lehre zufolge gibt es im Verhältnis der Staaten zueinander „nur Selbständigkeiten gegen Selbständigkeiten, und so erhält [...] auch der Krieg seine unbedingte und definitive Anerkennung."[165] Das „äußere Staatsrecht" geht „von dem Verhältnisse selbständiger Staaten aus", „unterschiedliche souveräne[r] Willen" treffen aufeinander, und es ist der Krieg, der entscheidet, welches Recht dem anderen weichen soll, ein über den Staat hinausgehender, von dessen Willen unabhängiger Rechtszustand ist für Hegel begrifflich unmöglich.[166]

So wird – nun im Rahmen eines philosophischen Systems des Deutschen Idealismus, das u. U. auch dort fasziniert, wo man mit Hobbes, Rousseau und Sieyès wenig anfangen kann – abermals das „westfälische System" souveräner rivalisierender Staaten als preiswürdiges Resultat der Geschichte bezeichnet.

Zweitens übernahmen, als die hochstilisierte Geistphilosophie Hegels ihre Faszination verlor, andere Denkrichtungen entsprechende Sichtweisen: so – vor allem im deutschen Sprachbereich – etwa Vertreter der „historischen Schule", bis ins 20. Jahrhundert. In ihren Augen erschien der souveräne Nationalstaat als das unüberbietbare Resultat der geschichtlichen Entwicklung.[167]

---

165 Ebd., S. 239. Kants ewiger Friede sei ein bloßer Traum (Rechtsphilosophie § 333). Heinz Gollwitzer, Europabild und Europagedanke, München 1951, S. 265f., meint, Hegel hätte den Gedanken des Völkerbundes in sein System aufnehmen können, aber das habe wohl seine „antipazifistische Gesinnung" nicht zugelassen.

166 So – über Hegel – Werner von Simson, Die Souveränität im rechtlichen Verständnis der Gegenwart, Berlin 1965, S. 121-122.

167 Ein Beispiel statt vieler: Über den oben in Anm. 158 erwähnten Friedrich Meinecke (1862-1954), der 1948 zum ersten Rektor der Freien Universität Berlin gewählt wurde und noch den Beginn der europäischen Integrationspolitik erlebte, meinte sein, ein Menschenalter jüngerer Fachkollege Hans Rothfels (1891-1976): Noch der „Altmeister von zwei Generationen deutscher Historiker" habe den Nationalstaat „als Erfüllung der Zeiten" gesehen; Hans Rothfels, Zeitgeschichtliche Betrachtungen, Göttingen 1959, S. 128. Vgl. auch die Ausführungen über die in der späteren Neuzeit übliche und weithin als „natürlich" geltende Abkapselung der Staaten voneinander und die Verfolgung nationaler Eigeninteressen bei Klaus

Nimmt man den Souveränitätsbegriff ernst, dann muss man schon die Verbindlichkeit des neuzeitlichen Völkerrechts für fragwürdig halten, auch wenn immer wieder unter großem Aufwand von Scharfsinn versucht wurde, Gedankengebilde zu konstruieren, die den Widerspruch überbrücken.[168]

Tatsächlich werden heutzutage dort, wo die Souveränität des Nationalstaats bejaht und ihre Aufrechterhaltung gefordert wird, zur Rechtfertigung oft Begründungen vorgetragen, die moderater und pragmatischer klingen – etwa die, dass die relativ starke kulturelle und politische Identität der „Nation" jener Solidarität eine Basis gibt, die einen umverteilenden Lastenausgleich zwischen Regionen und ihren Einwohnern gestatten, was in einem mehrere Nationen übergreifenden Gemeinwesen nicht funktionieren würde. Oder jene, dass im nationalen Rahmen jene politische Öffentlichkeit konstituiert sei, die eine demokratische Willensbildung ermögliche, wohingegen es eine vergleichbar funktionierende europäische Öffentlichkeit nicht gäbe. Dies spricht für den Fortbestand der Nationalstaaten, aber nicht für die Aufrechterhaltung ihrer Souveränität; sie könnten ja auch in einem föderalen System ihre politische Identität behalten.

Vogel, Die Verfassungsentscheidung des Grundgesetzes für eine internationale Zusammenarbeit, Tübingen 1964, S. 10ff.

168 Solche Tricks unmissverständlich abweisend, hat den Widerspruch ein berühmter deutscher Gelehrter charakterisiert: Gustav Radbruch, Rechtsphilosophie, hrsg. von Erik Wolf, Stuttgart 1956, S. 300-303: Versuche, den souveränen Staat als unter dem Völkerrecht stehend zu denken sind „ein Widerspruch in sich". Vom Souveränitätsdogma aus ist die Leugnung der Rechtsnatur des Völkerrechts folgerichtig geboten. Das Bild, das das Souveränitätsdogma von dem Nebeneinander der Staaten bietet, ist also nicht das einer Rechtsgemeinschaft einander zu gegenseitiger Anerkennung verpflichteter Rechtssubjekte, „sondern einer Arena voller Raubtiere [...], die, unfähig einander zu vernichten oder zu vertreiben, einstweilig in widerwilliger Duldung fauchend und knurrend umeinander herumstreichen". Die Souveränität schließt das *„ius ad bellum"* ein (also das „Recht", nach Gutdünken einen Krieg zu beginnen (S. 305). Soll Völkerrecht wirklich verbindlich sein, dann braucht es dazu einen „überstaatlichen Gemeinwillen" (ebd.).

Tatsächlich hat man versucht, die eigentlichen Implikationen des Souveränitätsbegriffs abzuschleifen oder zu relativieren. Dazu nötigte schon die Wahrnehmung der zunehmenden Abhängigkeit der staatlich geordneten Gesellschaften voneinander, und auch die Einführung staatenübergreifender Völkerrechtsnormen. Eine wichtige Rolle spielte dabei die Gründung der Organisation der Vereinten Nationen (1945), mit deren Satzung ja das *„ius ad bellum“* abgeschafft werden sollte; das „Gewaltverbot“ des Artikels 2 Absatz 4 geht ja darüber sogar hinaus – aber dies funktionierte nicht, Kriege gibt es auch weiterhin.[169] Auch die Tendenz zur Anerkennung des Konzepts menschlicher Grundrechte, die ihrem Wesen nach der Verfügung des Staates entzogen sind, wiewohl ihre Sicherung staatlicher Vorschriften und Vorkehrungen bedarf, schränkt das angestammte Verständnis der staatlichen Souveränität ein.

Dennoch hat der Begriff nach wie vor Konjunktur.

Dabei wirkt, zumindest im Hintergrund, das ursprüngliche, scharfkantige Verständnis immer noch nach. Dies verleitet zu der Meinung, das „westfälische System“ sei sozusagen das quasinatürliche Leitbild der internationalen Politik; gewissermaßen durch eine besondere Art von Naturrecht legitimiert – „das

169 Von vorn herein wurde mit Verstößen gegen das Gewaltverbot gerechnet: Aggressionsopfer erhielten das Recht zur militärischen Verteidigung, aber eigentlich nur für den Fall, dass die UNO selbst ihrer Aufgabe, das Gewaltverbot durchzusetzen oder zu ahnden, nicht gerecht werden sollte. Vorgesehen war ja, dass die Organisation selbst gegen Aggressionen einschreiten würde; aber dazu ist ein entsprechender Sicherheitsratsbeschluss nötig, und im Ernstfall scheiterte ein entsprechender Antrag immer wieder am Veto (mindestens) eines der mit dem Vetorecht ausgestatteten „Ständigen Mitglieder“ des Sicherheitsrates. So nahmen Staaten immer wieder das formell unrechtmäßige *„ius ad bellum“* in Anspruch. Weitere Umstände verschärfen die Krise des Gewaltverbots, z. B., dass auch Warlords, Guerillakräfte und Terrororganisationen kriegerisch oder kriegsäquivalent agieren. Die Redewendungen von der Krise der UNO und von der Krise des Völkerrechts sind Gemeinplätze geworden; siehe statt vieler etwa Thomas Bruha/Christian J. Tams, Die Vereinten Nationen und das Völkerrecht, in: Aus Politik und Zeitgeschichte, Ausgabe 22/2005 (30.05.2005), S. 32-39.

Geltensollende gilt als identisch mit dem faktisch [im zitierten Text ist eingefügt: „im Durchschnitt überall"] Seienden", oder im Sinn eines „Naturrechts des historisch Gewordenen".[170]

---

170 Beide Ausdrücke finden sich bei Max Weber, im Kapitel 7 („Rechtssoziologie") von „Wirtschaft und Gesellschaft" (Ausg. 1922/1964, siehe oben Anm. 99), S. 638 und S. 636. Wenn man das so sieht, verdrängt man allerdings die Tatsache, dass es auch in der Epoche, in der der souveräne Nationalstaat als die schlechthin „richtige" Form der *„communitas politica"* galt, übernationale Staatswesen gab; nicht nur aus einer früheren Zeit stammende, inzwischen unmodern gewordene Reiche wie das habsburgische oder das zaristische oder das osmanische, sondern auch die Schweizerische Eidgenossenschaft (nicht zu reden davon dass Großbritannien als ein „plurinationales" Staatswesen begriffen wurde); siehe Theodor Schieder, Idee und Gestalt des übernationalen Staates seit dem 19. Jahrhundert, in: Ders., Nationalismus und Nationalstaat, Göttingen ²1992, S. 38-64. Auch in der politiktheoretischen und literarischen Welt gab es Widerspruch gegen die herrschende Ideologie; Johann Caspar Bluntschli meinte, sicher im Gedanken an die Schweiz, sein Heimatland: „Die höchste Staatenbildung beschränkt sich nicht auf eine einzelne Nationalität, sondern verbindet verschiedene nationale Elemente zu einer gemeinsamen menschlichen Ordnung" (1862, zitiert nach Theodor Schieder ebd., S. 41, Anm. 7). Der britische liberale Katholik Lord Acton (1834-1902) betrachtete nicht nur den Nationalismus als verhängnisvolle Irrlehre, sondern vertrat die Überzeugung: Dem Nationalstaat sei der mehrere Nationen umfassende Staat unbedingt vorzuziehen, weil so die Tendenz zur zentralistischen Machtmaximierung hintangehalten wird und die Unterwürfigkeit der Einzelnen gegenüber dem Staat ein Gegengewicht findet; siehe Ulrich Noack, Politik als Sicherung der Freiheit – nach den Schriften von John Dalberg-Acton, v. a. S. 217-220. Ähnlich meinte Constantin Frantz (1817-1891), es gebe „nicht die geringste Notwendigkeit [...], dass jede Nation einen besonderen Staat bilde, noch weniger, dass alle Teile der Nation sich zu einem geschlossenen Staat vereinigen; vielmehr sei es „für den realen Zusammenhang der menschlichen Entwicklung sehr wichtig, dass Staatsgrenzen und Nationalgrenzen nicht zusammenfallen": Constantin Frantz, Die Naturlehre des Staates (1870), neu hrsg. von Walter Ferber, Augsburg 1949, S. 94. Der erbitterte Gegner von Bismarcks preußisch-deutscher Machtstaatspolitik verfocht einen synthetischen Föderalismus, der als allgemeines Prinzip Völkerverhältnisse, Staatsordnung und gesellschaftliche Verbindungen in sich begreift, und Einheit in der Vielheit sichert, wobei die Einheit „eine selbständige Existenz über ihren Gliedern" führt, jedoch „zu der Vielheit der in ihr vorhandenen Sonderexistenzen in organischer Beziehung" steht (zit. nach Max Häne, Die Staatsideen des Konstantin Frantz, Mönchen-Gladbach 1929, S. 117 und S. 137). Auf der umfassenderen Ebene weder ein Staatenbund noch ein Bundesstaat sein müsse (a. a. O. 1870/1949, S. 98); sein Wunschziel war ein „Abendländischer Bund", der ganz Europa, jedoch weder Russland noch die USA umfassen sollte. Weil seine Mitglieder noch „bis heute eine innere Verwandtschaft bewahrt" hätten

Zur derartigen Verfestigung eines zeitgebundenen Leitbildes liegt es nahe, den warnenden Hinweis Joseph Ratzingers zu zitieren, dass manche als schlichtweg richtig geltende Auffassungen „in Wirklichkeit aus einer als ‚natürlich' empfundenen geschichtlichen Sozialstruktur kommen, die so unter der Hand als normativ erklärt wird."[171]

Zumindest von einem christlichen Standpunkt aus verdient die unkritische Bejahung des Dogmas der nationalstaatlichen Souveränität Widerspruch. Sie schwächt die Chance, dass die Thesen vom übernationalen Gemeinwohl, von seinem Vorrang und vom Erfordernis seiner institutionalisierten Durchsetzung akzeptiert werden. Erst recht verdient der sich inzwischen wieder ausbreitende, da und dort zunehmend aggressiver propagierte Nationalismus eine klare Zurückweisung.[172]

Dem revolutionären Nationalismus des späten 18. Jahrhunderts und seinen Vordenkern ging es darum, die Allmacht des absoluten Monarchen durch die der Nation zu ersetzen. Der Allmachtswahn blieb wirksam. Die Literaturgeschichte des Nationalismus belegt, dass seine Verfechter immer wieder Begriffe

---

(ebd., S.114f.). Um des Wohls des Ganzen willen dürfe es das Prinzip der Nichteinmischung in Angelegenheiten anderer Bundesglieder nicht geben (ebd. S. 89; siehe auch Häne, S. 57ff.) – Übrigens verdienen es keineswegs alle Meinungen von Constantin Frantz, wieder aufgegriffen zu werden, etwa seine Auffassungen über Menschenrechte oder sein Antisemitismus. Karl Salomo Zachariae, Verfasser von „40 Büchern vom Staate" (erschienen in den Jahren 1839-1842) wagte es in Bd. 5 (Heidelberg 1841), Europa als einen „Völkerstaat" (im Singular) zu beschreiben, der mannigfache Verfassungswandlungen durchgemacht habe (von der Monarchie im Mittelalter aber die Demokratie (nämlich eines Systems der Freiheit und Gleichheit) auf Grund des Westfälischen Friedens), sowie und nach dem Scheitern Napoleons, abermals eine Monarchie einzuführen, bis zur Aristokratie im Anschluss an den Wiener Kongress, auf Grund der Pentarchie der Großmächte.

171 Joseph Ratzinger, Naturrecht, Evangelium und Ideologie in der katholischen Soziallehre (1964), zit. nach Gerhard Kruip, Sozialethik als Ethik der Gerechtigkeit sozialer Strukturen und Institutionen, in: Markus Vogt (Hrsg.), a. a. O. 2013, siehe oben Anm. 3, S. 211-225, hier S. 211.

172 Eine solche hat er ja von christlicher Seite schon früher erfahren; vgl. oben Abschnitt 6, u. a. Anm. 118 und 119, sowie Abschnitt 7.

wie „Offenbarung", „Wiedergeburt", „Erlösung", „Auferstehung" verwendet haben und bis heute verwenden; in diesen Zusammenhang gehört auch die Übernahme des Gedankens des „auserwählten Volkes".[173]

Nationalisten (und jene, die heute in Frankreich „Souveränisten" heißen) proklamieren ihre Sache zum höchsten Gut, zum *„summum bonum"*, wenigstens im Reich der Politik. Eine derartige pseudo-religiöse Aufladung eines politischen Anliegens ist illegitim.

Christen sollten sich dem widersetzen. Sie sollten sich nicht von der Wiederkehr nationalistischer Stimmungen und Denkweisen ins Bockshorn jagen lassen, sondern ihnen entgegentreten. Je wirksamer das geschieht, desto eher wird die Lehre vom übernationalen Gemeinwohl und seiner effektiven Institutionalisierung bekannt und bekommt die Chance, verstanden und bejaht zu werden. Desto eher mag es möglich werden, dass eine darauf ausgerichtete Reform der Europäischen Union auf den Weg kommt.

---

173 Belege und Literaturhinweise hierfür z. B. bei Heinrich Schneider, Heiligkeit und Entheiligung der Politik, in: Adel Theodor Khouri/Gottfried Vanoni (Hrsg.), „Geglaubt habe ich, deshalb habe ich geredet" (Festschrift für Andreas Bsteh), Würzburg und Altenberge 1998, S. 460-490, hier S. 488, Anm. 85. Zur dort leider nicht angesprochenen Übernahme der Idee des „auserwählten Volkes" in den Ideenkreis des Nationalismus siehe z. B. für Frankreich Karl Epting, Das französische Sendungsbewusstsein im 19. und 20. Jahrhundert, Heidelberg 1952. Für die USA: Karl Dietrich Bracher, Providentia Americana: Ursprünge des demokratischen Sendungsbewusstseins in Amerika, in: Alois Dempf/Hannah Arendt/Friedrich Engel-Janosi (Hrsg.), Politische Ordnung und menschliche Existenz (FS Voegelin), München 1962, S. 26-48. Georg Kamphausen, Ideengeschichtliche Ursprünge und Einflüsse, in Willi Paul Adams/Ernst Otto-Czempiel u. a. (Hrsg.), Länderbericht USA, Bd. I, Bonn 1992, S. 259-280, hier S. 267-273 („Die Nation mit der Seele einer Kirche"). Zur politischen Auswirkung siehe Knud Krakau, Missionsbewusstsein und Völkerrechtsdoktrin in den Vereinigten Staaten von Amerika, Frankfurt/Main und Berlin 1967. Für Russland: Hildegard Schaeder, Moskau – das Dritte Rom (1. Aufl. 1929), Darmstadt 1957.

9. Übliche Leitbilder für die Reform: Staatenbund, Bundesstaat – oder was sonst?

Die zuletzt vorgetragenen Empfehlungen (sie mögen fast wie „Beschwörungen" klingen...) beziehen sich auf Grundsatzpositionen; unmittelbar daraus ableitbare Konsequenzen bleiben relativ abstrakt; so konkret wie jene Forderungen, die der damalige Papst 1957 erhob, sind sie kaum. So klingen manche Hinweise vermutlich eher wohlgemeint, aber von der konkreten Politik eher abgehoben, und daher weder hinreichend klar noch verbindlich.

Vielleicht muss man sie in die Sprache der Juristen und der Politik übersetzen, und ihnen die gegebenen Zustände gegenüberstellen. Das ist keine triviale Aufgabe, da sie die Übersetzung aus einer Denkwelt (und Sprache) in eine andere einschließt.

Dabei liegt ein Missverständnis nahe, das angesprochen und ausgeschlossen werden muss: Wenn sich aus der christlichen Soziallehre die Gestaltung eines politischen Gemeinwesens ableiten lässt, dann heißt dies nicht: Es würde, womöglich im Namen der Kirche, ein bestimmtes Verfassungsleitbild propagiert, oder gar seine Realisierung gefordert – sei es für einen Staat, sei es eines für die Europäische Union. Die Übersetzung sozialethischer Wegweisungen in konkrete politische Zieldefinitionen ist die Sache von Politikern (nicht nur von hauptberuflichen, sondern auch von politisch engagierten Bürgerinnen und Bürgern).

Aber wenn die Gefahr besteht, dass die Wegweisungen sozusagen im Ungefähren verbleiben, so dass die Konkretisierung blass oder ganz unpräzis bleibt, dann ist es angebracht, wenigstens anzudeuten, wie eine prägnante Konkretisierung inhaltlich aussehen könnte. Dazu mögen die Ausführungen dieses Abschnitts und der folgenden Abschnitte behilflich sein.

Dass die Europäische Union Reformen nötig hat, die sich nicht nur auf Details beziehen, wird auf Grund der schon vorgetragenen Ausführungen vorausgesetzt.

Wie radikal müssten diese Reformen sein?

Viele Kritiker der Brüsseler Politik verwenden die Parole: „Europa: Ja – aber ein anderes!" Sich dem geradewegs anzuschließen wäre bedenklich. Darüber, wie dieses „andere Europa" gestaltet sein soll, gibt es höchst unterschiedliche Ideen. Ganz waghalsig wäre es, wollte man sozusagen das bisherige Gebäude gänzlich abreißen und nach neuen Plänen mit einem völligen Neubau beginnen. Ratsamer ist es, alles zu prüfen, das Gute zu behalten, und nur das umzugestalten, was dies verdient.

Die Grundthese für die Reformpolitik wurde schon vorgestellt: Es gilt den Vorrang des Gemeinwohls klarer und effektiver sicherzustellen.

Das spricht für eine Umgestaltung nach Maßgabe föderaler Prinzipien und Leitbilder, auch deswegen, weil die Union schon jetzt föderale Züge aufweist, an die eine Reform anknüpfen kann.[174] Allerdings kann das föderale Prinzip der Einheit in der Vielheit (oder: der Vielheit in der Einheit) sehr unterschiedlich ausgestaltet sein.

Geht es in einem Gemeinwesen um die Gewährleistung des übergreifenden *„bonum commune"*, dann muss sowohl die Verbandsnatur wie auch die Verbandsstruktur diesem Erfordernis entsprechen.

174 Siehe z. B. Heinrich Schneider/Wolfgang Wessels (Hrsg.), Föderale Union – Europas Zukunft?, München 1994, darin v. a. Heinrich Schneider, Föderale Verfassungspolitik für eine Europäische Union, S. 21-50. Siegfried Magiera, Föderalismus und Subsidiarität als Rechtsprinzipien der Europäischen Union, S. 71-98 (Anm. dazu: S. 170-79, S. 186-196). Manfred Zuleeg, Die föderativen Grundsätze der Europäischen Union, in: Neue Juristische Wochenschrift, Jg. 2000, Heft 19, S. 2846-2851. Ulrich Everling, Die Europäische Union als föderaler Zusammenschluss von Staaten und Bürgern, in: Armin von Bogdany/Jürgen Bast (Hrsg.), Europäisches Verfassungsrecht, Berlin/Heidelberg 2009, S. 861-1007.

Die beiden eben verwendeten Begriffe sind am ehesten Juristen geläufig; hier ist wohl eine etwas ausführlichere Erläuterung vertretbar.

Der Ausdruck „Verbandsnatur" bezieht sich auf die Rechtsqualität. Dazu sind, bezogen auf die EU, im Lauf der Zeit vielerlei Thesen präsentiert worden, von der internationalen (also zwischenstaatlichen) Organisation über die Konföderation (den Staatenbund) und den supranationalen Zweckverband und den Beinahe-Bundesstaat (etwa charakterisierbar als bundesstaatsähnliche Föderation neuen Typs) bis zum eher wenig aussagekräftigen „Gebilde sui generis".

Betrachtet man die offizielle Diktion, dann scheint Einvernehmen darüber zu herrschen, dass es sich nicht um einen Bundesstaat handelt; die Staatsqualität der Union wird also verneint, und umgekehrt werden die Mitgliedstaaten als in ihrer Staatlichkeit unbeeinträchtigt dargestellt.[175]

Indessen gibt es auch andere Sichtweisen: Die EU wäre, was die Machtverteilung betrifft, längst zum Staat geworden; dies würde aber den Bürgerinnen und Bürgern verschwiegen oder sogar von den Politikern nicht erkannt.[176]

Jene, die das unterstellen, leiten daraus unterschiedliche Folgerungen ab.

Jene, die einen europäischen Bundesstaat unter allen Umständen ablehnen, verlangen, man müsse den Organen der EU möglichst unverzüglich ihre Macht beschneiden und die Union zum Staatenbund reduzieren (so in Österreich z. B. FPÖ-Politiker). Andere finden nur einen nicht hinreichend demokratischen

175 Vgl. oben Anm. 149.

176 Der Präsident des deutschen Bundesverfassungsgerichts, Andreas Voßkuhle, sprach schon vor mehr als zwei Jahren von einer „schleichenden Transformation in einen europäischen Bundesstaat" – wobei er meinte, dass wir womöglich nicht erkennen, dass wir schon in einem solchen leben; siehe „Das Parlament", Ausgabe vom 08.11.2011, S. 11: „In gespannter Verfassung".

Bundesstaat bedenklich – wäre die EU uneingestandenermaßen zu einem solchen geworden, dann müsste er unverzüglich eine demokratische Verfassung erhalten; nur so könne die Legitimität der Machtausübung gesichert werden (so in Österreich „grüne" Politiker).

Obschon die Meinung weit verbreitet ist, die EU sei zwar kein Bundesstaat, aber doch schon stärker integriert als ein Staatenbund, wird in der Debatte über ihre Zukunft nach wie vor die Gegenüberstellung von „Staatenbund" und „Bundesstaat"[177] herangezogen. Beide Ausdrücke werden jedoch häufig mit grob vereinfachten Unterstellungen verbunden.

Zum einen stellt sich die Wirklichkeit der historisch realen Staatenbünde oft ganz anders dar als das unterstellt wird: Qualifizierte oder auch einfache Mehrheitsentscheidungen sind gängiger als das angeblich staatenbundstypische Einstimmigkeitserfordernis. Auch Staatenbundsverfassungen können Grundrechte der Bürger festschreiben und die Bürger zur einer Loyalität gegenüber dem Bund verpflichten, die hinter der zum eigenen Staat nicht zurücksteht. Auch ein Staatenbund kann seine Mitglieder unter

177 In aller Kürze einige gängige Hinweise auf üblicherweise unterstellte Merkmale: Der „Staatenbund" („Konföderation") gilt als eine „völkerrechtliche", vertraglich begründete Staatenverbindung ohne eigene Hoheitsgewalt, den Mitgliedstaaten übergeordnete Hoheitsbefugnisse. Der Mitgliedstaat kann nicht gegen seinen Willen zu irgendwelchen Handlungen gezwungen werden (so dass Mehrheitsentscheidungen im Lenkungsorgan, das aus Repräsentanten der Mitgliedstaaten besteht, als unzulässig gelten) Die Bundesorgane wenden sich nur an die Mitgliedstaaten, nicht an deren Bürger (die es also nur mit der Hoheitsgewalt „ihres" Staates zu tun haben). Staatenbünde gelten als auflösbar, und die einzelnen Mitgliedstaaten haben ein Austrittsrecht. Der „Bundesstaat" als eine „staatsrechtliche" Staatenverbindung besitzt hingegen eine eigene (ihm nicht von den Mitgliedstaaten sozusagen ausgeliehene) übergeordnete Hoheitsgewalt, mit der er sich auch an die Bürger wendet; er gilt als souverän, seine Glieder nicht. In diesem Zusammenhang geht es vor allem um die „Kompetenzhoheit" (oder „Kompetenzkompetenz", also um die Entscheidungsmacht darüber, welche Befugnisse dem Bund, welche den Mitgliedstaaten zukommen.

Anwendung von Zwangsgewalt zur Einhaltung des Bundesrechts anhalten, u.a.m.[178]

Zum anderen wird das Typusmodell des Bundesstaates oft auf problematische Weise konstruiert. Weil der Bundesstaat ein Staat im gängigen Sinn sei, wird nur dem Bund die Souveränität und die „Kompetenzkompetenz" zugeschrieben. Das ist aber eine zweifelhafte Vorstellung; ihr liegt ein Verständnis von Staatlichkeit zugrunde, das explizit oder unausgesprochen am Einheitsstaat orientiert ist.[179]

Mit echten, „föderalistischen" Bundesstaaten hat es eine andere Bewandtnis: dort gibt es keine „Kompetenzkompetenz", sondern eine rechtlich fixierte Teilung der Kompetenzen. So wurde das bereits in der ersten modernen bundesstaatlichen Verfassung festgelegt, in jener der USA.[180] In der Schweiz sieht man das ähnlich.[181]

---

178 Näheres bei Heinrich Schneider, a. a. O. 2001, siehe oben Anm. 141, S. 628-630.

179 Erst neuerdings wird auch in der deutschen Fachliteratur zunehmend die Unangemessenheit des Begriffs der Kompetenzkompetenz im Blick auf föderale politische Gemeinwesen erkannt; siehe z. B. Christoph Schönberger, Die Europäische Union als Bund, in: Archiv des öfftl. Rechts Bd. 129 (2004), S. 81ff. Stefan Oeter, Föderalismus und Demokratie, in: Armin von Bogdany/Jürgen Bast (Hrsg.), Europäisches Verfassungsrecht, a. a. O. 2009, siehe oben Anm. 174, S. 73-120, hier S. 95: „Das Institut der unbeschränkten ‚Kompetenz-Kompetenz' überträgt das Modell des hierarchisch organisierten Einheitsstaates auf den Bundesstaat"; wohingegen es Kompetenz-Kompetenz „im föderalen System [...] nicht geben kann" (ebd., S. 119).

180 Die Umformung des 1781 gegründeten Staatenbundes in den Bundesstaat geschah 1787. Die für diese Umformung plädierenden 85 „Federalist"-Artikel von Alexander Hamilton, James Madison und John Jay wurden zu einem klassischen Text über den Föderalismus. Im deutschen Sprachraum wurde vor allem die Arbeit von Georg Waitz, Das Wesen des Bundesstaates (1853, dann übernommen in sein Buch Grundzüge der Politik, Kiel 1862) einflussreich: Die Bürger sind solche zweier Staaten, der Gliedstaaten und des Bundesstaates. Alle staatlichen Aufgaben sind zwischen Bundes- und Gliedstaatsebene alternativ und komplementär aufgeteilt; Bundes- und Gliedstaatsgewalt sind jeweils in ihrer Sphäre selbständig („souverän"); die jeweilige Hoheitsgewalt auf der einen Ebene ist nicht von der anderen delegiert (sei es von unten nach oben, sei es von oben nach unten).

181 Vgl. z. B. Martin Usteri, Theorie des Bundesstaates, Zürich 1954, S. 191, S. 270-278 (dort auch der Hinweis auf andere echte Bundesstaaten).

Ein anderes Merkmal des föderalistischen Bundesstaates ist die Mitwirkung der Gliedstaaten an der politischen Willensbildung des Bundes, und ganz besonders bei einer Änderung der Aufgaben- und Kompetenzverteilung. Neben „echten“ föderalistischen Bundesstaaten gibt es auch „unitarische“, deren Glieder eine weit schwächere Position innehaben als die eines föderalistischen Bundesstaats.[182] Der Sinn der föderalen Gliederung liegt im Fall des echten Bundesstaats nicht nur darin, dass er eine „vertikale Gewaltenteilung“ gewährleistet (diese ließe sich auch im Einheitsstaat durch Verfassungsbestimmungen über Strukturen seiner Dezentralisierung sichern). Vielmehr institutionalisiert und bekundet die föderale Staatsgestaltung auf höchster rechtlicher Ebene, nämlich aufgrund der Verfassung, einen Respekt vor der politischen Identität der Glieder – sie sind die eben nicht nur territoriale Körperschaften mit gewissen Autonomierechten, sondern Gemeinwesen mit eigener Dignität.

Die Sache ist auch noch in anderer Hinsicht kompliziert: Die Bezeichnung und Deutung eines mehrstufigen Staatsgebildes als Bundesstaat oder Staatenbund ist nicht geeignet, die Machtverteilung zwischen Gesamtgebilde und Gliedern zu kennzeichnen:

Erstens können die Aufgaben und die zu ihrer Erfüllung erforderlichen Kompetenzen sehr unterschiedlich verteilt sein. In einem Bundesstaat kann z.B. „der Bund“ nur für die Wahrung der Sicherheit gegenüber äußeren Bedrohungen zuständig sein, aber es ist auch möglich, dass er weitreichende „innenpolitische“ Aufgaben gestellt bekommt, von der Schulpolitik bis hin zur Herstellung „einheitlicher Lebensverhältnisse“ in den Gliedstaaten und Regionen.

182 Eine prägnante Darstellung im Blick auf die Bundesrepublik Deutschland bot schon vor über einem halben Jahrhundert Konrad Hesse, Der unitarische Bundesstaat, Karlsruhe 1962 (seither hat die Unitarisierung noch erheblich zugenommen).

Zweitens kann es, der Verbandsnatur nach, Bundesstaaten geben, in denen die Mitgliedstaaten auch in Bezug auf die Bundespolitik „das Heft in der Hand haben",[183] wenn sie nämlich die Willensbildung in wichtigen Organen maßgeblich bestimmen können, so dass der Eindruck entstehen kann, es handle sich eher um einen Staatenbund.[184]

Es kommt folglich nicht nur auf die „Verbandsnatur" an, sondern auch auf die jeweilige Verteilung der Aufgaben und Befugnisse zwischen dem Bund und den Ländern, sowie auf die Verbandsstruktur.

Dabei geht es insbesondere um das Institutionensystem: Welche Organe haben der Gründungsvertrag oder die Verfassung eingerichtet, welche Aufgaben und Befugnisse werden diesen zugesprochen, wie sind sie einander zugeordnet? Wie läuft also der Willensbildungsprozess ab?

Dazu gehört auch die Frage nach Verknüpfungen zwischen Organen auf Bundes- und auf Gliedstaatsebene: Während in manchen Bundesstaaten sowohl der Bund wie die Länder ihr eigenes Institutionensystem für die Umsetzung der auf Bundes- bzw. auf Landesebene erlassenen Rechtsvorschriften haben, wird beispielsweise in Deutschland „Bundesrecht" zu erheblichem Teil von Landesbehörden vollzogen. (In der Konsequenz hängen alle Bundesgesetze, an deren Vollzug Landesbehörden beteiligt sind, von der Zustimmung des Bundesrates ab.) Die Legislative und Exekutive sind also sehr unsymmetrisch auf Bund und Länder verteilt.

Wie auch immer, weithin wird die Faustregel akzeptiert: Im Bundesstaat hat das umfassendere Gemeinwohl den Vorrang vor den „Partikularinteressen" der Glieder; im Staatenbund haben deren Interessen Vorrang: ein über sie hinausgehendes Ge-

---

183 Roman Herzog, Allgemeine Staatslehre, Frankfurt a. M. 1971, S. 401.

184 In der französischen Diskussion war zuweilen von einem *„fédéralisme intergouvernemental"* die Rede (nicht von einem intergouvernementalen *„confédéralisme"*); dabei scheint es um eben dies Letztere zu gehen.

meinwohl ist nur als Inbegriff des „gemeinsamen Nenners" der gliedstaatlichen Interessen maßgeblich, oder als Vektorsumme dieser Interessen – wobei die Resultate des entsprechenden Kräfteparallelogramms die Interessen der Stärkeren und Mächtigeren bevorzugt.[185]

Wird das vorausgesetzt, dann liegt der Gedanke nahe: Um des übernationalen Gemeinwohls willen und zu seiner effektiven Durchsetzung wäre die Umformung der Europäischen Union in einen Bundesstaat anzustreben. Da die nationale Identität der Mitgliedstaaten nicht verloren gehen darf[186] – schon deswegen, weil sonst die Bürgerinnen und Bürger für das Projekt nicht zu gewinnen wären – muss es sich um einen föderalistischen (nicht um einen unitarischen) Bundesstaat handeln.

Ein Staatenbund käme als akzeptable Alternative allenfalls dann in Frage, wenn er mit jenen „starken" Strukturelementen ausgestattet würde, wie sie etwa in historischen Staatenbünden durchaus vorkamen, aber in gängigen Darstellungen eher dem Bundesstaat zugeschrieben werden.[187] Er entspräche dann nicht dem, was dem herrschenden Vorurteil zufolge diesen Typ der Staatenverbindung kennzeichnet. So sollte sich die Diskussion von der zwar populären, aber missverständlichen Alternative frei machen.

185 Im Bundesstaat hegt das Rechtssystem die Macht in der Regel effektiver ein als im Staatenbund. So wirken sich z. B. Hegemoniekonstellationen in Staatenbünden stärker aus als in Bundesstaaten; so schon Heinrich Triepel, Die Hegemonie, Stuttgart [2]1943, S. 289. Neuerdings Christoph Schönberger, Hegemon wider Willen – Zur Stellung Deutschlands in der Europäischen Union, in: Merkur, Heft 752 (Januar 2012), S. 1-8, hier S. 2: „Föderative Gebilde sind immer dann anfällig für Hegemonie, wenn es nicht gelingt, eine von den Gliedstaaten weitgehend autonome Bundesgewalt zu etablieren." (Anders ist die Lage in Gebilden von der Art des Bismarck-Reiches, in dem sich das Übergewicht Preußens kaum kompensieren ließ.)

186 Vgl. Artikel 4 Absatz 2 des Unionsvertrags (Fassung von Lissabon): „Die Union achtet die Gleichheit der Mitgliedstaaten vor den Verträgen und ihre jeweilige nationale Identität [...]. Sie achtet die grundlegenden Funktionen des Staates [...]. Insbesondere die nationale Sicherheit fällt weiterhin in die alleinige Verantwortung der einzelnen Mitgliedstaaten."

187 Siehe oben bei Anm. 171.

10. „Supranationalität" in der EU – ihre Einrichtung, Einhegung und Anfechtung

Soll es darum gehen, die Europäische Union so zu reformieren, dass die Durchsetzungschancen des übergreifenden Gemeinwohls effektiv gestärkt werden, ohne dass die Diskussion von der Alternative „Staatenbund/Bundesstaat" bestimmt wird (weil das zu Missverständnissen Anlass gibt), dann bietet sich die Verwendung eines hier schon mehrmals verwendeten Adjektivs an: des Ausdrucks „supranational". Der folgenden Darstellung liegt die These zugrunde: Die effektive Durchsetzung des Gemeinwohlvorrangs hängt von der Ausgestaltung der Supranationalität der Union ab.

Es wäre aber unzulänglich, würde sich die Argumentation auf ein Wunschbild der supranationalen Ausgestaltung der Europäischen Union beschränken. Ein Urteil über die Realisierungsmöglichkeiten ergibt sich erst dann, wenn man, was die Supranationalität und ihre Grenzen betrifft, die derzeitige „Verfassungswirklichkeit" der Europäischen Union in den Blick nimmt.

Der Supranationalitäts-Begriff hat eine eigene Geschichte, seine Bedeutung versteht sich nicht von selbst, Fehldeutungen sind weit verbreitet. Eingeführt wurde er im Zusammenhang mit dem Projekt der ersten Europäischen Gemeinschaft, der für Kohle und Stahl („Montan-Union", EGKS) 1950.[188]

188 Offiziell tauchte er als Qualifikation der Hohen Behörde in den Sätzen 5 und 6 des Artikels 9 des Vertrags über die Gründung der EGKS auf. Gemeint war erstens die persönliche Unabhängigkeit der Mitglieder der Hohen Behörde (v. a. die Unzulässigkeit von Weisungen mitgliedstaatlicher Behörden), und zweitens die Befugnis der Organe zu hoheitlichen Entscheidungen, die für die beteiligten Staaten und ihre Bürger und juristische Personen unmittelbar verbindlich sind, also nicht (wie üblicherweise in Staatenbünden) einen Akt der Transformation in die staatliche Rechtsordnung benötigen. In der Folge hat man dann auch die

In den ersten Übersetzungen der grundlegenden Texte ins Deutsche wurde übrigens der Begriff „supranational" mit dem Ausdruck „überstaatlich" wiedergegeben. „Überstaatlichkeit" bedeutete also gerade nicht „Staatlichkeit", sondern eine Verortung des Gemeinten oberhalb der bestehen bleibenden und das supranationale Gebilde tragenden Staaten – so wie „Supranationalität" begrifflich den Fortbestand der Nationen einschließt, nicht aber ihre Einschmelzung in so etwas wie eine umfassendere europäische Nation. Supranationalität ist also ein Kontrastbegriff zum Konzept des europäischen „Superstaates", in dem die Nationen ihre Identität und ihre proklitische Eigenständigkeit verlieren würden.

gemeinschaftliche Rechtsordnung selbst als „supranational" bezeichnet, und auch die Gemeinschaft als solche. Das deutsche Bundesverfassungsgericht sprach davon, dass die Mitgliedstaaten ihr Hoheitsrechte „übertragen" haben – wobei das Wort „übertragen" in Anführungszeichen gesetzt wurde. Die „Übertragung von Hoheitsrechten auf zwischenstaatliche Einrichtungen" sah der Artikel 24 Absatz 1 des Grundgesetzes ausdrücklich vor. Lange Zeit hat man dies weithin so verstanden, dass die Staaten bestimmte Hoheitsrechte an die Gemeinschaft abtreten, und damit der Geltung und Anwendung eines eigenständigen Gemeinschaftsrechts Raum lassen (wenn auch dieses „supranationale" Recht auf Gründungsakte der Mitgliedstaaten zurückgeht). Übertragung sollte also nicht nur eine (womöglich widerrufliche) Anvertrauung der betreffenden Hoheitsrechte zur Ausübung (!) bedeuten, siehe dazu statt vieler den seinerzeit sehr einflussreichen Kommentar von Hermann von Mangold/Friedrich Klein, Das Grundgesetz, zum Artikel 24 Absatz 1 GG, der die Übertragung von Hoheitsrechten durch den Bund auf zwischenstaatliche Einrichtungen behandelt: Bd. 1, 2. Aufl., Berlin und Frankfurt a. M. 1957, S. 655ff.). Man ging auch davon aus, dass dazu ein einfaches Gesetz nötig sei, nicht aber ein verfassungsänderndes (oder gar eine Volksabstimmung), wiewohl außer Zweifel stand, dass sich durch eine entsprechende Wahrnehmung der „Integrationskompetenz" (wie man das damals z. T. nannte) die Verfassungslage wesentlich verändert; vgl. z. B. Klaus Vogel, Die Verfassungsentscheidung des Grundgesetzes für eine internationale Zusammenarbeit, Tübingen 1964. Später wurde das anders interpretiert: Die Gemeinschaftsorgane würden im Auftrag der Staaten Hoheitsrechte gebündelt ausüben, die ihnen gewissermaßen widerruflich ausgeliehen wären. Aus dieser These war also die Überordnung ausgeblendet, der Ausdruck „supranational" verschwand tendenziell aus dem offiziellen Sprachgebrauch. Erst in jüngster Zeit wurde er wieder verwendet, nämlich von der Europäischen Kommission. Siehe hierzu Heinrich Schneider, Supranationale Integration – ein zukunftsträchtiges Konzept und was daraus wurde, Nr. 3 des 2. Jahrgangs (2013) der Jean Monnet Papiere der Universität Passau.

„Supranational“ kann zum einen die Rechtsordnung einer Staatenunion sein: sie steht dann über („supra“) den nationalen Rechtsordnungen – sie enthält Normen, die die beteiligten Staaten in Pflicht nehmen; diese müssen ihre eigenen Rechtsordnungen so gestalten, dass ihnen die Erfüllung der supranationalen Gebote und Verbote möglich ist.[189] Da, wie gesagt, Supranationalität begrifflich „Nationalität“ voraussetzt, als tragende und eigenständige Basis der übernationalen Ordnung, sind die Mitgliedstaaten nicht „untergeordnete“ Teilkörperschaften (wie die Glieder eines unitarischen Bundesstaates, oder gar wie Provinzen eines dezentralisierten Einheitsstaates), sondern Gemeinwesen kraft eigenen Rechts und mit eigener politischer Identität. Für ihr Verhältnis zur supranationalen Ordnung gilt das Subsidiaritätsprinzip. Das schließt insbesondere eine Kompetenzkompetenz der supranationalen Organe aus. Ein entsprechendes Zielbild für die Reform der Europäischen Union entspricht also auch den Prinzipien des Föderalismus.

189 Die Supranationalität der Rechtsordnung der „Europäischen Gemeinschaften“, die der EU vorausgingen ist von Hans Peter Ipsen, Europäisches Gemeinschaftsrecht, Tübingen 1972 (einem während langer Zeit einflussreichen Standardwerk) wie folgt umschrieben worden: Die Mitgliedstaaten haben „öffentliche Aufgaben hoheitlich unter Überwindung einzelstaatlicher Verantwortung und Erledigung einem von ihnen geschaffenen selbständigen Verband zur gesamtheitlichen Wahrnehmung“ überantwortet. Durch die Gründungsverträge ist eine eigentümliche „Gemeinschaftsgewalt“ begründet worden, die „von der Hoheitsgewalt der Mitgliedstaaten verschieden ist und sich […] gegenüber der Staatsgewalt durchsetzen kann.“ Von einem Bundesstaat unterscheide sich die EG zum einen durch ihre Nichtausstattung mit den spezifischen Sanktionsmitteln der Staatsgewalt (die legitime Gewaltanwendung durch den Einsatz von Militär- und Polizeikräften steht ihr nicht zu Gebote); zum andern fehlt ihnen für einen Staat typische „Kompetenzfülle und -dichte“, weil ihre Aufgabe auf bestimmte Sachaufgaben (nämlich die Wirtschaftsintegration) beschränkt ist – es handle sich um „Zweckverbände“ (siehe S. 197f.). Wie schon vermerkt, gab es später Bemühungen, den supranationalen Charakter der Rechtsordnung abzuschwächen.

Zum anderen muss man vom supranationalen Charakter einer föderalen Union den supranationalen Charakter bestimmter Organe der Union unterscheiden.

Sie wird ein komplexes Institutionensystem benötigen: supranationale und andere.

Die Supranationalität eines Organs drückt sich darin aus, dass es aus dem Einwirkungskraftfeld der Mitgliedstaaten und ihrer Organe absichtlich herausgelöst ist, so dass es seine Entscheidungen, von deren Druck abgeschirmt und als ihnen gegenüber unparteiisch, treffen kann – im direkten Dienst des supranationalen Rechts und des supranationalen Gemeinwohls.

Von den Organen der Europäischen Union sind insbesondere das Parlament, die Kommission, der Gerichtshof, die Zentralbank und der Rechnungshof supranational.

Der „Europäische Rat" (bestehend aus dem Staats- bzw. Regierungschefs der Mitgliedstaaten sowie dem gewählten eigenen Präsidenten und dem Präsidenten der Kommission) ist, ebenso wie der „Rat" (zusammengesetzt aus den jeweiligen Fachministern der Mitgliedstaaten, etwa für Landwirtschaft oder andere Politikfelder) ein Organ, in dem die einzelstaatlichen Interessen einander begegnen und zu einem akzeptablen Kompromiss integriert werden sollen.

Zur Eigenart des Organsystems und seiner Bestandteile sind einige Erläuterungen nötig, weil es eigentümliche Verknüpfungen gibt, und weil sich die Konstellation zwischen den Organen im Lauf der Zeit verändert hat.

„Herzstück" des Entscheidungssystems der Vorgängerorganisation der EU war anfänglich das aus *Kommission* und *Ministerrat* bestehende „Tandem". Wie erwähnt, war diese Konstruktion gleich nach der Unterzeichnung des zugrunde liegenden EWG-Vertrags von Papst Pius XII. als unzulänglich kritisiert worden. Auch später stieß es auf Kritik; unter anderem, weil die

Kommission, zufolge der Logik der Konstruktion, ein Vorschlagsmonopol für alle Gesetzgebungsakte hat; das heißt auch, dass das Parlament nicht zu Gesetzgebungsinitiativen befugt ist, was häufig dazu Anlass gab, der Union (und auch schon der EG) ein Demokratiedefizit zuzuschreiben.[190]

Die EWG sollte – im Unterschied zu der auf „Kohle und Stahl" beschränkten Montanunion – die Volkswirtschaften der Mitgliedstaaten zur Gänze zusammenführen, und manche an den Vertragsverhandlungen Beteiligte scheuten davor zurück, dies in die Hand eines supranationalen Organs (nach dem Muster der Hohen Behörde der Kohle- und Stahlgemeinschaft) zu geben. Es gab sogar Tendenzen, den Gang der Integrationspolitik schrittweise von jeweils einstimmigen Ministerratsbeschlüssen abhängig zu machen, wie das in herkömmlichen internationalen Organisationen weithin üblich war. Das hätte aber die Verwirklichung des Vorhabens beträchtlich erschwert. Unwillige Partner hätten den jeweiligen Beschluss (geleitet von ihrem jeweiligen Sonderinteresse) aufgehalten, oder sich die Zustimmung von anderen (etwa von der Mehrheit) zu hohen Preisen (politischen oder anderen) abkaufen lassen können. Hätte man stattdessen schlichte Mehrheitsbeschlüsse der Ministerratsmitglieder vor-

---

190 Der Einwand ist so verbreitet und klingt so schlüssig, dass eine Erläuterung, wie und warum es zu der, aufs erste seltsam anmutenden Tandem-Regelung kam, am Platze sein mag. Wie noch deutlich werden wird, passt sie inzwischen längst nicht mehr in das System der Willensbildung, so dass die Kritik mittlerweile sehr berechtigt ist. Ihr nachzukommen würde allerdings eine Vertragsänderung erfordern. Das Problem wurde im Januar 2010 durch eine „interinstitutionelle Vereinbarung" zwischen Parlament und Kommission entschärft, die die Kommission dazu verhält, Parlamentsinitiativen zur Wahrnehmung ihres Vorschlagsrechts aufzugreifen. Will sie der Aufforderung nicht nachkommen, dann muss sie sich dafür vor dem Parlament rechtfertigen. Martin Schulz, derzeit Präsident des Europäischen Parlaments, hat daran erinnert, dass das Parlament 2009 diese Regelung als Bedingung seiner Zustimmung zur Wiederbestellung des Kommissionspräsidenten Barroso durchgesetzt hatte („Ein absolutes Alarmsignal", „Spiegel"-Gespräch in Ausgabe 45/2013, 4.11.2013, S. 44-46, hier S. 44).

gesehen, dann hätte sich die jeweils überstimmte Minderheit als Opfer einer Fremdbestimmung empfunden. Beide Varianten – sowohl die Einstimmigkeitsregel wie die bloße Mehrheitsregel – fanden keine Zustimmung. Die Lösung bestand in der besagten Tandem-Konstruktion, und zwar derart, dass die Kommission ein Vorschlagsmonopol erhält, zu dessen Annahme im Ministerrat eine qualifizierte Mehrheit genügt, während Alternativen zum Vorschlagstext nur einstimmig beschossen werden können. Diese Regelung etablierte mit der besagten Tandem-Konstruktion praktisch eine durchaus sinnreiche Verfahrenslogik: Wenn die Kommission einen Vorschlag erhält, zu dessen Annahme eine qualifizierte Stimmenmehrheit im Ministerrat genügt, während Alternativen dazu die einstimmige Zustimmung des Ministerrats erfordern, dann führt dies dazu, dass die Kommission als unparteiische und unabhängige Sachwalterin des Gemeinschaftsinteresses sozusagen die Bürgschaft dafür übernimmt, dass der Integrationsfortgang über die Zeit hinweg nicht einseitig bestimmte Sonderinteressen bevorzugt (und andere benachteiligt), entgegenkommt, oder gar bestimmte Ratsminderheiten in die Ecke drängt (und dadurch zur Obstruktion oder zum Aufbegehren veranlasst). Sie bürgt über die Folge ihrer konkreten Vorschläge hinweg für die Fairness der Integrationspolitik gegenüber allen legitimen Partikularinteressen, also dafür, dass die Integrationspolitik allen beteiligten Staaten zumutbar ist und sein wird, auch den im Einzelfall in der Minderheit bleibenden. Sie trägt die Verantwortung für die Zumutbarkeit jeder Ratsentscheidung gegenüber allen Mitgliedstaaten.

Eben dazu benötigt sie eine ähnliche Unabhängigkeit wie ein Gericht, das sozusagen „im Nachhinein" die Zumutbarkeit oder Richtigkeit einer Entscheidung beurteilt. Diese Unabhängigkeit macht in Verbindung mit der Abhängigkeit der Ratsentscheidungen von ihrer Vorgabe, ihre Supranationalität aus.

Die Logik dieser Regelung schloss ein, dass die Kommission die Abfolge ihrer Vorschläge an einem von ihr zu entwerfenden Programm zur schrittweisen Realisierung der Vertragsziele ausrichtet, und dass der im Vertrag selbst vereinbarte Katalog der Integrationsziele (und z. T. auch der dazu einzuschlagenden Wege) der Kommission die Kriterien für das Gesamtinteresse der Gemeinschaft vorgibt, also die dem „Zweckverband" von den Gründern aufgegebenen Gemeinwohlelemente.

Nur diese Konstruktion gestattete es, in den Vertragsverhandlungen über die Forderung nach allemal einstimmigen Ministerratsentscheidungen hinwegzukommen.

Allerdings hat sich die Konstellation der beiden Organe zueinander mittlerweile merklich verändert.

Erstens forderten die Regierungen schon 1966 die Kommission auf, vor der formellen Unterbreitung eines Vorschlags, Konsultationen mit den Mitgliedstaaten über den Inhalt durchzuführen; damit solle auf Wunsch Frankreichs die Kommission von der Präsentation wagemutiger Vorschläge abgehalten werden.[191]

Zweitens verbreiterte sich das Spektrum der Integrationsvorhaben im Lauf der Zeit, über die Zusammenführung der Volkswirtschaften und dadurch notwendig werdende oder damit

191 Mit dem Luxemburger Protokoll vom 29.01.1966 wurde die am 01.07.1965 begonnene französische „Politik des leeren Stuhls" beendet, die durch Bestrebungen des damaligen Kommissionspräsidenten Walter Hallstein ausgelöst war, für die Kommission ein Mehr an Kompetenzen durchzusetzen (Hallstein beabsichtigte, die Kommission Schritt für Schritt zu einer supranationalen Regierung umzuformen). Häufig wird das Protokoll fälschlicherweise als „Luxemburger Kompromiss" bezeichnet. Frankreich wollte das Vorschlagsmonopol der Kommission dadurch entwerten, dass jeder Mitgliedstaat im Ministerrat ein Vetorecht erhalten sollte, wenn durch eine Ratsentscheidung wesentlich nationale Interessen berührt würden (damit wäre die Regel, dass Kommissionsvorschläge zur Annahme nur einer qualifizierten Ratsmehrheit bedürfen, aus den Angeln gehoben worden). Das Luxemburger Protokoll hält zu diesem Verlangen ausdrücklich den Dissens zwischen Frankreich und den übrigen fünf Mitgliedstaaten fest. Siehe den Text der Vereinbarungen der sechs Mitgliedsstaaten der EWG vom 29.01.1966, in: Europarecht 1/1966, S. 73-74.

verknüpfte Flankierungsvorkehrungen hinaus. Die Inhalte der Politik ließen sich nicht mehr einfach aus dem vertraglich vorgegebenen Katalog der Integrationsziele ableiten; das Insgesamt der Vorhaben der Gemeinschaft, und erst recht das der weiter entwickelten Union, wuchs über das klar definierte (und damit eingegrenzte) Zielbündel des ursprünglichen „Zweckverbandes“ hinaus. Dadurch wurden immer wieder Prozesse der Einigung auf ein umfassenderes „Regierungsprogramm“ der Gemeinschaft (bzw. der Union) nötig. Das nahm der Tandemkonstruktion zumindest teilweise ihre ursprüngliche Schlüssigkeit.

Heute nehmen die eher „intergouvernementalen“ – also gerade nicht supranationalen – Organe „Europäischer Rat“ und „Rat der Union“ zentrale Positionen im System ein, und es gibt Tendenzen, die Kommission eher als ein ihnen zuarbeitendes oder ihre Beschlüsse umsetzendes Hilfsorgan zu verstehen.

Die größte öffentliche Aufmerksamkeit findet seit Jahren der *„Europäische Rat“*.[192] Er nimmt die Befugnis zu weitreichenden und tiefgreifenden Weichenstellungen in Anspruch; dabei wirkt sich

192 Seiner formellen Konstituierung gingen „Gipfelkonferenzen“ der Staats- bzw. Regierungschefs voraus, die im Bedarfsfall (wenn die Gemeinschaftspolitik in Krisen geriet oder wenn aus anderen Anlässen neue Impulse oder grundsätzliche Weichenstellungen nötig schienen) stattfanden; die höchsten mitgliedstaatlichen Autoritäten sollten sozusagen einvernehmlich Schubkraft in das Organsystem einspeisen. Später wurde dem Gremium die Bezeichnung „Europäischer Rat“ gegeben, und erst der Vertrag von Lissabon machte es zu einem echten Organ der Union; ihm gehören, außer den Staats- bzw. Regierungschefs, sein für eine Amtsperiode von zweieinhalb Jahren gewählte Präsident, sowie der Präsident der Kommission an. Er fungiert als „Impulsgeber“ und „legt die allgemeinen politischen Zielvorstellungen und Prioritäten für die Unionspolitik fest“ – eher im Sinne politischer Richtlinien – zuweilen fällt er auch rechtsverbindliche Entscheidungen (jedoch nicht gesetzgeberischen Charakters). Sein Gewicht hat vor allem im Lauf der letzten Jahre erheblich zugenommen, u. a. da er das Krisenmanagement zu seiner Sache gemacht hat.

auch das relative Stärkeverhältnis der Mitgliedstaaten erheblich aus,[193] und damit die Bevorzugung von Partikularinteressen.[194]

Der „*Rat*" gilt als „das zentrale Entscheidungsorgan der EU".[195] Auch in ihm haben die Repräsentanten der Mitgliedstaaten „das Heft in der Hand".

---

193 Seit Jahren kann man immer wieder in den Zeitungen lesen, dass die deutsche Bundeskanzlerin Angela Merkel den anderen Mitgliedstaaten die deutschen Vorstellungen über die Bewältigung der Krisen mit mehr oder weniger Erfolg aufzudrängen versucht hat.

194 Wie bereits angedeutet, gehen in die, von der jeweiligen Regierung als „nationales Interesse" geltend gemachten Forderungen oft Interessen ganz spezifischer Kräfte, in der Regel auf Grund innerstaatlicher Macht- und Interessenkonstellationen bevorzugt ein; ein Beispiel dafür war das massive Eintreten der deutschen Regierungschefin gegen die Einführung strengerer Vorschriften über den ab 2020 im Durchschnitt zulässigen Abgas- (CO_2-Ausstoß neuer Kraftfahrzeuge. Da deutsche Firmen wie BMW oder Daimler-Benz (Mercedes) gute Geschäfte mit Oberklasse-Limousinen machen, kämen sie dadurch unter Druck, während Produzenten in anderen Länden mit überwiegender Kleinwagen-Produktion keine Probleme hätten. Dazu kam in der Sicht deutscher Automobilwerke eine für sie nachteilige Änderung der Vorzugsbedingungen für Elektro-Autos; es hieß, Kanzlerin Merkel habe sich auf Grund von Interventionen der Automobilindustrie persönlich in das Tauziehen eingeschaltet. Dies nach Cerstin Gamellin, Vorsprung durch Kanzlerin, in: Süddeutsche Zeitung 04.10.2013, S. 5; Dies., Autoindustrie – Nachbarn und Rivalen, ebd., S. 4. Dietmar Hawranek/Christoph Pauly/Gerald Traufetter, Autos gegen Banken, in: Der Spiegel 42/2013 (14.10.2013), S. 32.

195 So statt vieler Christina Ziegenhorn im Kommentar zu dem den Rat behandelnden Artikel 16, in: Eberhard Grabitz/Meinhard Hilf/Martin Nettesheim (Hrsg.), Das Recht der Europäischen Union, München Ergänzungslieferung 2013, Rdnr. 4. Seine Hauptaufgaben sind: erstens die Mitwirkung an der Gesetzgebung und an der Festlegung des Unionshaushalts (beides gilt heute als gemeinsame Aufgabe von Parlament und Rat). Zweitens die „Festlegung der Politik" der Union, in der Regel in Form der Umsetzung der Vorgaben des Europäischen Rates; drittens die Koordinierung u. a. der Wirtschaftspolitik der Union, aber auch das der Koordinierung bedürftige Handeln in den Bereichen Gesundheits-, Industriepolitik, Kultur und Bildung, Tourismus, Jugend und Sport, Katastrophenschutz u. a. Bereiche, für die der Vertrag eine eher lockere Zusammenarbeit der Mitgliedstaaten in Aussicht nimmt (nicht aber eine „gemeinsame" Politik wie z. B. für die Landwirtschaft, für den Außenhandel u. a.m.). Der Rat tagt in unterschiedlichen „Formationen". Als „Rat für Allgemeine Angelegenheiten" (dem zumeist die Außenminister angehören) sorgt er für die Kohärenz der Arbeit der verschiedenen (anderen) Formationen und bereitet die Tagungen des Europäischen Rates vor (dies zusammen mit dessen Präsidenten und dem Kommissionspräsidenten). Der Rat für auswärtige

Die Entwicklung der letzten Jahre hat dazu geführt, dass eben diese Organe, in denen die Mitgliedstaaten „das Heft in der Hand haben", die wichtigsten Entscheidungen fällen. Der Europäische Rat versteht sich als Inhaber einer politischen De-facto-Obergewalt der Union; das deutsche Verfassungsgericht hat das mit der Formel vom „System intergouvernementalen Regierens" kanonisiert.[196] Schon seit Jahren kommt für Sachkenner – so wie die Dinge heute liegen – nur noch der Europäische Rat als Wirtschaftsregierung in Frage.[197] Kaum jemand erinnert sich oder andere daran, dass seit den ersten Bemühungen um eine Wirtschafts- und Währungsunion immer wieder und von Vertretern unterschiedlicher Standpunkte betont wurde, die Erfolgschance des Vorhabens hänge von der Unabhängigkeit des wirtschaftspolitischen Steuerungsorgans ab, und von seiner Ausrichtung auf das übergreifende Gemeinwohl.[198]

Das *Europäische Parlament* agiert demgegenüber als eine Art supranationaler Antipode dieser intergouvernementalen Steuerungsorgane. Ursprünglich war es eher befugnisarm und machtlos; die Entwicklung seiner Position ist überaus aufschlussreich.[199]

Angelegenheiten tagt unter dem Vorsitz des Hohen Repräsentanten der EU für Außen- und Sicherheitspolitik, der zugleich der für die Außenpolitik zuständige Vizepräsident der Kommission ist (derzeit ist Catherine Ashton Trägerin dieses „Doppelhutes"). Ansonsten entsprechen die Ratsformationen dem jeweiligen Politikbereich (Agrarpolitik, Außenhandelspolitik usw.).

196 So im Urteil des Zweiten Senats vom 07.09.2011.

197 Vgl. Wolfgang Wessels, Der Europäische Rat als Wirtschaftsregierung, Zur französisch-deutschen Kontroverse, in: Bodo Knoll/Hans Pitlik (Hrsg.), Entwicklung und Perspektiven der Europäischen Union (Festschrift für Rolf Caesar), Baden-Baden 2009, S. 177-192.

198 Siehe Heinrich Schneider, a. a. O. 2012, siehe oben Anm. 6.

199 Im Kontext des ursprünglichen Entscheidungssystems der EWG – konzentriert auf das Tandem aus Kommission und Rat – hatte es eigentlich keinen sinnvollen Platz. In das Institutionengefüge wurde es aufgenommen, weil es bereits in der Kohle- und Stahl-Gemeinschaft eine Versammlung parlamentsähnlichen Charakters gab. Dies wiederum beruhte darauf, dass die vorgeschlagene Organisation

in Jean Monnets „Schuman-Plan" als Grundstein einer „Europäischen Föderation" bezeichnet worden war; dies nahmen die Verhandlungspartner so ernst, dass sie ein Organsystem durchsetzten, das einem bundesstaatlichen weitgehend glich: bestehend aus der supranationalen Exekutive (der „Hohen Behörde"), einer aus Parlamentariern zusammengesetzten Vertretungskörperschaft (der „Versammlung"), einem Ministerrat (als Vertretung der Mitgliedstaaten) und einem Gerichtshof. Monnet selbst hatte nicht im Entferntesten an ein solches Organsystem gedacht, er wollte nur die „Hohe Behörde" und zusätzlich eine Art Schiedsinstanz. Die Partner setzten die aus nationalen Parlamentariern bestehende „Versammlung" durch, der die Hohe Behörde einmal jährlich ihren Gesamtbericht vorzulegen hatte. Der Ministerrat sollte zufolge der ausverhandelten Vertragsbestimmung für die „Abstimmung" der Montanpolitik der Hohen Behörde einerseits und der allgemeinen (d. h. auf die übrigen Wirtschaftszweige bezogenen, in der Zuständigkeit der Mitgliedstaaten verbliebenen) Wirtschaftspolitik der Länder sorgen. Wenn nun die Gründung einer neuen Gemeinschaft mit einem erheblich ausgeweiteten Aufgabenspektrum stattfinden sollte, hätte es überaus seltsam gewirkt, wäre sie nicht auch mit einer „Versammlung" aus Parlamentariern (nämlich Delegierten der mitgliedstaatlichen Parlamente) ausgestattet worden. Das „Schattendasein" dieses Organs war von den Verfassern des Vertragstexts bewusst gewollt. Zwar eröffnete der Vertragstext die Zukunftsperspektive einer Direktwahl der Abgeordneten (zu der kam es dann erstmals nach Jahrzehnten (1979). Juristen hatten gemeint: eine Stärkung der Autorität der Versammlung durch die Einführung der Direktwahl und ihre Ausstattung mit Gesetzgebungsbefugnissen, womöglich auch noch mit Haushaltskompetenzen, würde die Gemeinschaft ohne weiteres zu einem Bundesstaat machen und damit die Mitgliedstaaten ihrer Souveränität berauben (vgl. hierzu Heinrich Schneider, Gründe für die Einrichtung von „Versammlungen" bzw. „Parlamenten" in (west)europäischen Organisationen: „Staatsrechtlicher Reflex" oder „demokratiepolitisches Feigenblatt", in: Erhard Busek/Waldemar Hummer (Hrsg.), Etappen auf dem Weg zu einer europäischen Verfassung, Wien-Köln-Weimar 2004, S. 271-295, hier S. 281-283, 285-290. Das motivierte jene politischen Kräfte, die eine Stärkung der supranationalen Strukturzüge der Union erstrebten zu zielstrebigen Bemühungen zugunsten der Stärkung und der Direktwahl der „Versammlung", und selbstverständlich gingen die Parlamentarier selbst unverdrossen auf die Einführung der Direktwahl und auf die Befugniserweiterung des Organs zu, für das sie von sich aus die Bezeichnung „Europäisches Parlament" in Anspruch nahmen (erst viel später bekam es diese Bezeichnung durch einen Reformvertrag zugebilligt). Die jahrelang die Gemüter erregende These, die Gemeinschaft leide an einem Demokratiedefizit, und dessen Behebung erfordere die Erweiterung der Befugnisse des Parlaments, war zu erheblichem Teil eine im institutionellen Eigeninteresse verfochtene These der Parlamentarier. Überzeugungskraft konnte diese These erst entwickeln, als die EG über die Zielsetzung und die Struktur eines zur Realisierung vertraglich vorgegebener Ziele geschaffenen Zweckverbandes hinauswuchs, so dass sich der Gedanke durchsetzte, darüber hinausgehende Inte-

Seine Supranationalität ergibt sich erstens aus der Bestimmung, dass die Mitglieder weder an Aufträge noch an Weisungen gebunden sind, und dass sie keiner ihrer supranationalen und dem freien Mandat entsprechenden Amtspflichten unterworfen sein dürfen,[200] und zweitens aus seinen Kompetenzen. Das derzeit geltende Unionsrecht spricht ihm erstens die Gesetzgebungskompetenz und die Befugnis zur Beschlussfassung über den Haushalt zu (beides gemeinsam mit dem Rat), zweitens Kontroll- und drittens Beratungsaufgaben, sowie die Kompetenz, den Kommissionspräsidenten zu wählen und seinem Vorschlag über die Zusammensetzung der Kommission zuzustimmen.[201]

Das entspräche recht weitgehend den Befugnissen eines Parlaments in einem parlamentarischen Regierungssystem – wenn die Kommission die Regierung wäre.

Aber das ist sie, wie bereits dargestellt, nicht: ihre Position im Organsystem der Union ist, wie bereits dargelegt, schwer zu definieren, ein Vorbild in üblichen bundesstaatlichen oder staatenbündischen Verfassungen gab oder gibt es nicht.

Übrigens unterscheiden sich das Selbstverständnis und die Funktionsweise des Europäischen Parlaments merklich von dem, was man im Blick auf staatliche Parlamente gewohnt ist. Das für parlamentarische Demokratien typische Spiel und Widerspiel zwischen der Mehrheit (die die Regierung eingesetzt oder bestätigt hat) und der oppositionellen Minderheit spielt keine Hauptrolle. Die Parlamentarier haben sich lange Zeit hindurch im Rahmen einer Koalition mit der Kommission für die Stärkung de Supranationalität engagiert (von der sich beide Organe die Verbesserung ihrer eigenen Position im System erwarteten).

---

grationsvorhaben bedürften einer eigenen demokratischen Legitimierung (siehe dazu Heinrich Schneider, ebd., S. 290-295).

200 Siehe die Bestimmungen des „Direktwahlakts" vom 20.09.1976, in der in Kraft befindlichen Fassung vom 01.04.2004.

201 Artikel 14 des Unionsvertrags.

Außerdem gingen sie davon aus, dass sie eigene Standpunkte, etwa gegenüber dem Europäischen Rat oder dem Rat, am ehesten wirksam, zur Geltung bringen könnten, wenn diese Standpunkte von einer großen Mehrheit getragen würden. Sollte die im Mai 2014 stattfindende nächste Parlamentswahl zu einer stärkeren Fraktion der Supranationalitätsgegner führen, dann könnte das zu einer neuen innerparlamentarischen Kräftekonstellation führen, die sich womöglich auch auf die Position und die „Politik" des Parlaments auswirken würde. Darauf übt aber nicht nur die Zusammensetzung des Parlaments Einfluss aus, sondern das Ringen europapolitischer Akteure (mitgliedstaatlicher und auf Unionsebene bestehender). Mehrmals ist das Parlament auch zum Gegenstand gerichtlicher Kontroversen geworden, nicht nur auf supranationaler Ebene.

Zu den supranationalen Organen gehört selbstverständlich der „*Gerichtshof*", und sein Wirken ist für die hier behandelte Problematik von ganz erheblicher Bedeutung: Die Supranationalität der Rechtsordnung der Gemeinschaft (bzw. der Union) wurde nämlich gerade von ihm durch die Auslegung von Vertragsnormen und durch die Fortbildung des Systems massiv stabilisiert: seinen Urteilen sind erstens die unmittelbare Anwendbarkeit von Unionsrecht, zweitens der Vorrang des Unionsrechts vor mitgliedstaatlichem Recht und drittens die unionsrechtliche Geltung von Grundrechten zu verdanken (seinerzeit gab es Gründe für die These, dank der Judikatur des Gerichtshofs wäre eine eigene Grundrechtecharta der Union nicht wirklich nötig). Gegner der Supranationalität haben daher hin und wieder verlangt, der Gerichtshof sollte sozusagen an die Kandare genommen werden.[202]

202 Dass die Judikatur des Gerichtshofs jahrzehntelang in den Mitgliedstaaten und von ihren Organen widerspruchslos akzeptiert wurde, beruht wohl vor allem darauf, dass ohne die entsprechenden Urteile das ganze Integrationssystem an Schlüssigkeit und Stabilität verloren hätte; dies wollten die Regierungen unter keinen Umständen. Plausibel ist die Vermutung: viele Regierungen hielten eine Stärkung

Zwischen ihm und manchen mitgliedstaatlichen Verfassungsgerichten (vor allem dem deutschen Bundesverfassungsgericht) gab es immer wieder ausdrückliche oder implizite Dispute über Zuständigkeiten beider Gerichte und ihre Abgrenzung; dabei ging es auch um die Maßgeblichkeit und das Verständnis der Supranationalität.

Dies ging soweit, dass es in Karlsruhe hieß: das Europäische Parlament dürfe keineswegs die Befugnis zu „politischen Leitentscheidungen" erhalten. So lange das deutsche Grundgesetz gilt, sei es unzulässig „dass eine Richtungsentscheidung europäischer Wähler politisch bestimmend zur Wirkung gelangen" kann;[203] Wenn das ernst genommen wird, würde das den Wahlkampf und die Wahlen zum Europäischen Parlament zu einem Schwindelunternehmen machen, und die Wähler müssten sich zu Narren gemacht fühlen.

Geraume Zeit hindurch konnte man meinen, die Politik würde sich über diesen Warnschuss hinwegsetzen: Zum einen gab es namhafte Stimmen zugunsten der Fortbildung der EU hin zur supranationalen Politischen Union.[204] Zum anderen kamen die großen Fraktionen des Europäischen Parlaments überein, für die im Mai 2014 bevorstehenden Neuwahlen jeweils Spitzenkandidaten aufzustellen; der Spitzenkandidat, der nach den Wahlen erfolgreichsten Fraktion – oder auch ein von einer eigens hierfür zu bildenden Fraktionenkoalition benannter Spitzepolitiker – sollte dann als Kandidat für das Amt des Kommissionspräsidenten

---

der Supranationalität für wünschenswert, waren sich aber nicht sicher, ob das von den Bürgern des Landes bejaht würde; so entsandten sie integrationsfreundliche Juristen zum Gerichtshof, um die Verantwortung für die in ihren Augen richtige Politik gegenüber den Wählern nicht selbst tragen zu müssen.

203 So die Pressemitteilung Nr. 72/2009 der Pressestelle des Bundesverfassungsgerichts anlässlich des Urteils im Verfahren über den Vertrag von Lissabon.

204 Siehe die aus neuerer Zeit stammenden Hinweise und Zitate im Abschnitt 1 und 3.

präsentiert werden.[205] Das „Regierungssystem" der Union würde dadurch nicht zu einem parlamentarischen, aber doch ein kleines Stückchen in die entsprechende Richtung voran bewegt.[206]

Gegen Ende Februar 2014 hat das deutsche Bundesverfassungsgericht in einem umstrittenen Urteil erneut versucht, solchen Entwicklungen einen Riegel vorzuschieben: Dem Antrag einiger Kleinparteien folgend hat es die 3-Prozent-Hürde des deutschen Europawahlgesetzes aufgehoben.[207] Der Hintergrund

---

205 Der Artikel 17 (7) des EU-Vertrags in der Fassung von Lissabon bestimmt über die Einsetzung des Kommissionspräsidenten, dass der Europäische Rat dem Europäischen Parlament mit qualifizierter Mehrheit einen Kandidaten vorschlägt – „dabei berücksichtigt er das Ergebnis der Wahlen zum Europäischen Parlament". Eben diesen Passus nahmen die Parlamentsfraktionen zum Anlass der Aufstellung von Spitzenkandidaten, in der Erwartung, dass die erwähnte „Berücksichtigung" den Europäischen Rat veranlassen sollte, den Spitzenkandidaten der bei der EP-Wahl erfolgreichsten Partei als Kommissionspräsidenten vorzuschlagen.
Der genannte Vertragsartikel sieht vor, dass das Parlament mit der Mehrheit seiner Mitglieder den Kommissionspräsidenten wählt, er kann also dem Vorschlag der Staats- und Regierungschefs folgen oder ihn zurückweisen. Im letzteren Fall kann der Europäische Rat dem Parlament dann einen anderen Kandidanten vorschlagen, der wiederum mit absoluter Mehrheit gewählt werden kann – oder nicht. Dass am Ende für die Investitur eine Parlamentsmehrheit nötig ist, gab den Abgeordneten Grund zu der Annahme, dass der Europäische Rat die Bestimmung für den Passus über die Berücksichtigung des Resultats der Parlamentswahlen ernst nimmt.

206 Immer schon konnte das Parlament durch ein Misstrauensvotum den Rücktritt der Kommission bewirken (siehe Artikel 144 des EWG-Vertrags von 1957). Das war jedoch ein schwaches Instrument, denn die Mitgliedsstaaten konnten sogleich die Kommission in derselben Zusammensetzung erneut bestellen. Das hat sich mit der in Anm. 204 zitierten Bestimmung geändert.

207 Solche „Sperrklauseln" gibt es in vielen Mitgliedsstaaten, und zwar sowohl für die nationalen Parlamentswahlen (auch in Deutschland gilt eine „5-Prozent-Klausel" für die Bundestagswahlen), wie auch für die Wahlen zum Europäischen Parlament; anlässlich der Einführung der Direktwahl hatten die Mitgliedstaaten dies ausdrücklich als zulässig bezeichnet. So hatte denn auch Karlsruhe 1979 für die deutschen EP-Wahlen eine 5-Prozent-Hürde ausdrücklich gebilligt; sie galt für sieben deutsche Europawahlen (von 1979 bis 2009). Eine danach erhobene Anfechtungsklage führte 2011 zur Aufhebung – die Klausel wäre mit dem Gundgesetz unvereinbar. Daraufhin hat der Bundestag sie – erst im Oktober 2013 – durch eine 3-Prozent-Hürde ersetzt. Diese wurde nunmehr vom Bundesverfassungsgericht ebenfalls wegen angeblicher Grundgesetzwidrigkeit gekippt. Der Ausdruck „angeblich" wurde verwendet, weil die abweichende Meinung mehrerer Richter Eingang in das Urteil fand, und weil es

ist folgender: Die nicht unüblichen Prozenthürden für den Einzug von Parteien in ein Parlament soll dessen Funktionsfähigkeit sichern, also eine zu weitgehende Zersplitterung verhindern. Das ist insbesondere dann wichtig, wenn stabile Mehrheitsverhältnisse für das Funktionieren des politischen Systems nötig sind; vor allem natürlich, wenn ein Parlament an der Einsetzung einer Regierung beteiligt ist und dieser Regierung daraufhin für ihre Amtsführung dauerhaft und verlässlich Rückendeckung geben muss. Genau das sei, zufolge der Mehrheit der urteilenden Karlsruher Richter, im politischen System der EU nicht der Fall.

Das Urteil bekräftigt also das schon im Zusammenhang mit dem Lissabon-Urteil von 2009 formulierte Veto gegen die Herausbildung eines parlamentarischen Regierungssystems der Union.[208]

Freilich wurde in den schon jetzt sehr ausgiebigen Diskussionen über die für Mai 2014 anberaumte nächste Wahl zum Europäischen Parlament noch kaum an diesen Karlsruher Veto-Anspruch erinnert.

---

zahlreiche sehr kritische Reaktionen gab; siehe z. B. den Bericht über die öffentlich geäußerte Empörung des Präsidenten des Bundestages in der Süddeutschen Zeitung vom 01.03.2014, S. 5 („Lammert empört"). Zur Problematik vgl. die schon vor dem letzten Urteil erschienene gründliche Darstellung von Rudolf Hrbek, Deutsche Europawahlen künftig ohne Sperrklausel?, in: „integration", 4/2013, S. 259-278.

208 Aus gutem Grund haben Kommentatoren das Urteil als eines „gegen Europa" bezeichnet (siehe z.B. Nico Fried, Ein Urteil gegen Europa, in: Süddeutsche Zeitung, 27.02.2014, S. 4. Walter Hämmerle, Schlag in die Magengrube, in: Der Standard, 27.02.2014, S. 2). Die Richtermehrheit des Zweiten Senats hat damit auch der deutschen Regierung und der sie tragenden Bundestagsmehrheit einen Schuss vor den Bug gegeben; das von CDU, CSU und SPD 2013 abgeschlossene Koalitionsabkommen enthält u.a. folgende Sätze: „Die Bundesregierung unterstützt die Einrichtung eines einheitlichen europäischen Wahlrechts, um verlässliche Mehrheiten im Parlament für die Legislativverfahren der Union sicherzustellen. In diesem Zusammenhang sollte eine angemesssene Mindestschwelle für die Zuteilung der Sitze festgelegt werden."

Die *„Europäische Zentralbank"* (EZB) wird erst im Vertrag von Lissabon als ein Organ der Union bezeichnet.[209] Sie ist ein Institutionengefüge besonderer Art, und das gilt erst recht für das kraft ihrer Verknüpfung mit nationalen Zentralbanken bestehende „Europäische System der Zentralbanken" (ESZB). Ob die die EZB als eine im strikten Sinn supranationale Institution der Union gelten kann, ist diskutabel: Die Unabhängigkeit soll (oder inzwischen muss man sagen: sollte) dazu dienen, dass sie zugunsten ihrer Verpflichtung, die Geldwertstabilität zu sichern, der politischen Einflussnahme entzogen ist. Aber damit steht sie der Idee nach außerhalb des Gesamtgefüges der politischen Willensbildung der Union, das supranationale, intergouvernementale und andere Strukturelemente umfasst.[210] Auf Grund ihrer sehr spezifischen Aufgabe ist sie indessen jedenfalls ganz anders gestaltet als die anderen supranationalen Unionsorgane. Sie besteht, wie angedeutet, darin, mit Vorrang die Preisstabilität zu gewährleisten; nur soweit das ohne Beeinträchtigung dieses

209 Artikel 13 Absatz 1 des EU-Vertrags in der Fassung von Lissabon. Die folgenden die Aufgaben und Befugnisse betreffenden Hinweise folgen dem Kommentar über die die EZB betreffenden Vertragsbestimmungen von Ulrich Palm in: Eberhard Grabitz/Meinhard Hilf/Martin Nettesheim, a. a. O., siehe Anm. 189 (hier 2011). Zur Entwicklung im Lauf der letzten Jahre vgl. die Beiträge über die Europäische Zentralbank von Martin Selmayr, in: Werner Weidenfeld/Wolfgang Wessels (Hrsg.), Jahrbücher der Europäischen Integration, so im Jahrbuch 2011 (Baden-Baden 2012), S. 101-112, und im Jahrbuch 2012 (ebd., 2012), S. 111-124.

210 Sie hat eigene Rechtspersönlichkeit (lt. Artikel 282 Absatz 3 Satz 1 des Vertrags über die Arbeitsweise der Europäischen Union (AEUV), bekam ihre Unabhängigkeit verbrieft (lt. Artikel 282 Absatz 3, Sätze 3 und 4 ebd.), und kann den nationalen Zentralbanken Weisungen geben. Immerhin ist sie zur Setzung aller im Vertrag vorgesehenen Rechtsakte befugt (ausgenommen die an die Mitgliedstaaten adressierten Richtlinien), und braucht dazu keine Mitwirkung anderer Unionsorgane. Gemäß der Satzung des Europäischen Systems der Zentralbanken (Protokoll Nr. 4 zum Vertrag von Lissabon) kann sie Verordnungen zur Sicherung der Effektivität ihrer Geldpolitik erlassen (u. a. über das Mindestreservesoll der Banken und über Verrechnungs- und Zahlungssysteme innerhalb der Union), ferner kann sie bei Verstößen gegen ihre Anordnungen Strafabgaben erheben.

Ziels möglich ist, hat sie auch die allgemeine Wirtschaftspolitik der Union zu unterstützen.[211]

Im Verlauf der seit 2008 eingetretenen Krise haben sich allerdings Funktionsweise und Position der Zentralbank im Gesamtsystem der Union erheblich geändert. Heftige Auseinandersetzungen waren die Folge, wobei es nicht nur um die politische und rechtliche Beurteilung geht, sondern auch darum, wie ihr Handeln überhaupt apperzipiert und beschrieben werden soll. Das erschwert eine schlüssige Darlegung von Position und Politik der Institution, erfordert jedoch eine ausführliche Nachzeichnung des Gangs der Dinge.

Die Aufgabe der EZB gleicht einem Spagat. Sie kann die Geldpolitik entweder auf die wettbewerbsstarken oder auf die schwächeren Staaten ausrichten – allen zugleich kann sie kaum gerecht werden. Die Vertragsbestimmungen geben ihr auf vor allem für die Preisstabilität zu sorgen. Das liegt eher im Interesse der stärkeren Euro-Länder, setzt aber das wirtschafts- und finanzpolitische Gesamtsystem massiven Spannungen aus. Daher hat sich die EZB schon seit Jahren öffentlich für eine Reform der Wirtschafts- und Währungsunion eingesetzt, die ihr auch die eigene Aufgabe erleichtern würde. Als die Staats- und Re-

211 So im Anschluss an die Artikel 27 Absatz 1 und Artikel 282 Absatz 2 des AEUV (vgl. Anm. 199) der Ziel-Artikel 2 der Satzung des ESZB. Für ihre allgemeine Wirtschaftspolitik nennt der Artikel 3 des Unionsvertrags insbesondere die folgenden Zielvorgaben: die nachhaltige Entwicklung Europas auf der Grundlage eines ausgewogenen Wirtschaftswachstums und von Preisstabilität, eine in hohem Maße wettbewerbsfähige soziale Marktwirtschaft, die auf Vollbeschäftigung und sozialen Fortschritt abzielt, sowie ein hohes Maß von Umweltschutz. Darüber hinaus u. a. auch die Förderung der sozialen Gerechtigkeit und des sozialen Schutzes, des wirtschaftlichen, sozialen und territorialen Zusammenhalts und der Solidarität zwischen den Mitgliedstaaten. Die vorrangige Verpflichtung zur Sicherung der Preisstabilität war eine deutsche Bedingung für das Zustandekommen der Währungsunion; die Unabhängigkeit der Bundesbank wurde zum Vorbild für die Konstruktion der EZB, die anderen Teilnehmerstaaten der Währungsunion wurden verpflichtet, ihre Notenbanken in eine ähnliche Unabhängigkeit zu versetzen.

gierungschefs 2012 eine Arbeitsgruppe zur Ausarbeitung eines Reformfahrplans einsetzten, gehörte der EZB-Präsident dazu.[212]

Die Einbeziehung der EZB-Spitze in die Politik ging weiter: Sie ist (neben der Europäischen Kommission und dem Internationalen Währungsfonds in der „Troika" vertreten, die die Wirtschafts- und Finanzpolitik der aus dem Euro-Rettungsfonds alimentierten Länder kontrolliert. Darüber hinaus wird die EZB im Rahmen der sogenannten „Bankenunion"[213] die Aufsicht

---

212 Neben den Präsidenten des Europäischen Rates, der Kommission und der Euro-Gruppe; der EZB-Präsident wurde damit – zumindest „offiziös" – Mitglied der Riege der Spitzenpolitiker der Union.

213 Die Bezeichnung steht für ein System, die das Gebaren der Banken überwachen, für die Eigensicherung sorgen, gegen unkorrekte Aktivitäten einschreiten sowie die „Abwicklung" nicht überlebensfähiger ermöglichen soll. Anlässe zu dem Projekt waren u. a. folgende Umstände: Die Staaten und ihre Banken haben sich auf verhängnisvolle Weise aufeinander eingelassen; die Banken halten am liebsten Anleihen des je eigenen Staates im Portefeuille. Üblicherweise pflegen sie das Kursverlustrisiko für Staatsanleihen mit „Null" zu verbuchen. Wenn eine Ratingagentur den Staat herabstuft, kann das jedoch die Bankbilanz verschlechtern. Andererseits kann die Bank mit ihrer „Anleihepolitik" (großzügig oder knausrig) den Staat unter Druck setzen, und wenn die Bank in Schwierigkeiten gerät, spielt der Staat den Nothelfer (man hat schon von einem Teufelskreis zwischen Banken und Staaten gesprochen, so z. B. Andreas Schnaude, Quadratur des Teufelskreises, in: Der Standard, 19.11.2013, S. 32). Das führte zum Anstieg der Staatsverschuldung. Die Staaten neigen dazu, ihren maroden Banken lieber das subventionierte Fortwursteln zu ermöglichen als sie zu schließen (in Österreich konnte man das bei der „Hypo Alpe Adria" beobachten), auch weil sie ja selbst meist deren wichtigste „Kunden" sind). Dazu verschafften sich Länder wie Irland und Spanien Milliardenkredite und mussten dazu die für Hilfen aus dem Rettungsfonds ESM vorgeschriebenen Auflagen erfüllen. Beide Staaten steigen zwar im Dezember aus den Rettungsprogrammen aus, aber an den Krediten haben sie noch lange zu leiden. Griechenland, Portugal und Zypern stehen noch unter dem Rettungsschirm (siehe Cerstin Gammelin, Neue Zeit, altes Risiko, in: Süddeutsche Zeitung 16.11.2013, S. 4. Die Banken liehen sich außerdem bei der EZB gewaltige Summen zu extrem niedrigen Zinsen, horteten sie aber lieber, statt Kredite zu vergeben. Jahrelang hatten sich die Notenbanken der Euro-Staaten z. T. auch die Finanzminister) gegen die Übertragung der Bankaufsicht an die EZB gewehrt; die Aufsicht durch mitgliedstaatliche Behörden gilt als nicht unabhängig genug, die durch die EZB soll sicherstellen, dass dieselben Regeln für alle Banken gelten. Ein gemeinsamer Abwicklungsfonds setzt Einvernehmen über die Kostenverteilung zwischen Eigentümern, Gläubigern (Anleihebesitzern und sonstigen Einlegern),

über die 130 wichtigsten Banken der Eurozone führen (samt der Befugnis ihnen auf Grund von massivem Fehlverhalten die Lizenz zu entziehen).

Mittlerweile gilt Mario Draghi – EZB-Präsident seit November 2011 – vielen Beobachtern als „der mächtigste Mann Europas", auch weil er von der Unabhängigkeit seines Instituts mutig und ausgiebig Gebrauch macht.[214]

Das geschah vor allem durch Aktionen, die er mit einer sehr großzügigen Auslegung der für die EZB geltenden Unionsrechtsvorschriften rechtfertigte. Wie erwähnt, würde die vorrangige Sicherung der Geldwertstabilität eigentlich eine Politik

---

anderen (zur Hilfe heranzuziehenden) Banken und Staatskassen voraus. Die gemeinsame Einlagensicherung soll Turbulenzen verhindern, die z. B. eintreten, wenn Schwierigkeiten einer Bank erkennbar werden und ein Abhebungs-Ruin an den Schaltern einsetzt (in manchen europäischen Ländern sind die Bankbilanzen um ein Vielfaches höher als die Leistung der gesamten Realwirtschaft). Sowohl Bankenrettung wie Bankenliquidierung kosten viel Geld. Entscheidungen darüber müssen in ein System politischer Verantwortlichkeit eingebunden werden – und das bedeutet: die „Bankenunion" kann nur dann nachhaltig funktionieren, wenn sie Bestandteil einer „Politischen Union" ist (siehe dazu z. B. Kurt Bayer, Die Bankenunion – das unbekannte Wesen, in: „Trend", 12/2013, S. 54-55). Vor dem Start der Bankenaufsicht überprüft die EZB im Weg eines „Stress-Tests" Banken auf ihre Überlebensfähigkeit, auf die Seriosität der Bewertung von Krediten und Anleihen und auf das Vorhandensein von Kapitalpuffern für kritische Zeiten; schon dies löste massive Auseinandersetzungen darüber aus, wie strikt oder wie „großzügig" die Prüfung gestaltet werden soll (dazu Martin Hesse/Christoph Pauly, Angst vor dem Stresstest, in: Der Spiegel 49/2013 (30.09.2013), S. 80-81).

214 Armin Mahler, Draghis Allmacht, in: Der Spiegel, Ausgabe vom 10.09.2012, S.24: vgl. auch schon den Beitrag „Euro-Präsident Draghi", in: Süddeutsche Zeitung, 03.08.2012, S. 17 („Draghi agiert wie der Euro-Präsident, den die Währungsunion noch nicht hat, aber dringend bräuchte"). Sowie Markus Zydra/Andrea Rexer, Die EZB – Europas heimliche Regierung, in: Süddeutsche Zeitung, 05.09.2012, S. 19 („Schon jetzt gilt die EZB als europäische Nebenregierung, die einzige mit Geld"). Die Zeit nennt Draghi den „heimlichen Regierungschef von Euroland" (zitiert nach Fritz Breuss, Etappensiege im Kampf gegen das Spekulantentum, in: Der Standard, 13.09.2012, S. 33). Die EU-Expertin der Süddeutschen Zeitung schrieb unter Berufung auf die „Brüsseler Denkfabrik Bruegel": „Der Boss Europas ist der Präsident der gemeinsamen Notenbank, der einzig wirklichen europäischen Institution": Cerstin Gammelin, Europas große Nummer, Süddeutsche Zeitung 06.11.2012, S. 1.

bedeuten, die für die stärkeren Volkswirtschaften akzeptabel ist, aber Sachkenner erwarteten einen Kurswechsel,[215] vor allem da die EZB wissen ließ, dass die Maßnahmen zur Verminderung der Kluft zwischen den starken und den schwachen Staaten in ihren Augen unzulänglich waren (die Umsetzung bereits gefasster Beschlüsse fand nicht effektiv genug statt). Präsident Draghi entschloss sich jedoch, den schwächeren Staaten zu helfen, unter der Bedingung, dass sie sich zu Reformen und Sparmaßnahmen verpflichten (indem sie sich unter den „Rettungsschirm“ ESM begeben). Trotzdem sah sich das wie eine unzulässige Finanzierung dieser Staaten an.[216] Draghi begründete dies wie folgt: Wenn man (wie das der Fall war) in schwachen Staaten für Kredite ein Vielfaches des Leitzinssatzes zahlen muss, den die EZB im Zuge ihrer Geldpolitik festlegt, ist diese Geldpolitik wirkungslos. Die Anleihekäufe seien ein unerlässliches Mittel zum Zweck der Ermöglichung einer effektiven Geldpolitik.[217] Natürlich konnte

---

215 Siehe z. B. Erhard Fürst, Die Verschuldungskrise als EU-Integrationsmotor, in: Wiener Zeitung, 23.2.2011 („Die EZB wird sich […] von der absoluten Priorität der Geldwertstabilität verabschieden müssen“).

216 Eine Finanzierung „mit der Druckerpresse“, wie sie die Federal Reserve Bank in den USA betreibt, war das zunächst nicht, weil die EZB die für den Ankauf „schwacher“ Staatsanleihen verwendeten Beträge unverzüglich anderwärts aus dem Finanzmarkt abzog, so dass die Geldmenge konstant blieb.

217 Die spektakulärste Aktion unternahm Draghi im Juli 2012 in London mit der Erklärung: Die EZB sei bereit, alles Notwendige zu tun, um den Euro zu bewahren. Alsbald erklärten auch Kanzlerin Merkel, Präsident Hollande und Regierungschef Monti, sie seien willens die Eurozone aufrecht zu erhalten; das gab Draghis Aussage Rückendeckung. Nach intensiven vertraulichen Verhandlungen in den folgenden Wochen kam es dann zu entaschenden Beschlüssen im EZB-Rat. Ausgelöst wurde der Vorstoß dadurch, dass damals von finanzmächtigen Akteuren auf den Zusammenbruch der Euro-Zone (insbesondere auf den einiger Euro-Staaten) „gewettet“ wurde, mit verhängnisvollen Auswirkungen auf die Kursentwicklung auf den Finanzmärkten. Draghi kaufte den Spekulanten mit seiner Erklärung sozusagen den Schneid ab, die Märkte gewannen umgehend an Stabilität. Kritiker meinten: der Zweck dürfe die Mittel (hier: die Ankündigung weiterer rechtlich fragwürdiger Interventionen, falls nötig auch mithilfe der Notenpresse) nicht heiligen. Vor allem in Deutschland löste Draghis Erklärung massive Inflationsfurcht aus (Draghis Schritt wurde oben in Abschnitt 2 bereits beiläufig erwähnt.)

man argumentieren: Dafür, dass die EZB eine Politik der Wertstabilisierung des Euro betreiben kann, ist dessen Fortbestand die unerlässliche Voraussetzung.

Insgesamt bedeutete das alles eine Ausweitung des Zielbündels der EZB, und damit eine „Politisierung" ihrer Tätigkeit. Befürworter argumentierten: Die EZB musste die Rolle des Nothelfers übernehmen, weil die Regierungen es versäumt hatten, für die Überbrückung der Kluft zwischen „starken" und „schwachen" Ländern zu sorgen.

Eine echte „Fiskalunion" (ein System, das Ungleichgewichte abbaut und die Staatsfinanzen in Ordnung bringt) hätte den Entschluss zur entschlossenen Supranationalisierung von Entscheidungsmacht erfordert.[218]. Das blieb aus. Mit anderen Worten: Es gab und gibt keine Wirtschaftsregierung, die sich nicht der einen oder der anderen Ländergruppe verpflichtet fühlt, sondern dem übergreifenden Gemeinwohl. Ein Tauziehen zwischen den Regierungen ist ja kaum geeignet, ein widerspruchsfreies und erfolgversprechendes „Regierungsprogramm" zustande zu bringen und umzusetzen. So verstärkten sich jene Klüfte zwischen „starken" und „schwachen" Ländern, die die EZB zu ihren Aktionen nötigten.

Die ausgeweitete „Geldpolitik" übernahm also Aufgaben, die eigentlich einer supranationalen „Fiskalpolitik" obliegen würden. So wurde die EZB zu einem europapolitischen Akteur, der den Gang der Dinge weit über den ihr vertraglich zugewiesenen Bereich hinaus beeinflusst.[219] Das ist für diesen Beitrag besonders

218 Vgl. z. B. das Zeugnis eines hochangesehenen Experten, in: Süddeutsche Zeitung, 12.12.2011, S. 18: „Aus einem bisschen Inflation wird immer mehr" – Interview mit dem scheidenden EZB-Volkswirt Jürgen Stark.

219 Draghi bestätigt die europapolitische Hauptrolle der EZB u. a. auch dadurch, dass er die Kommunikation mit anderen europapolitischen Akteuren sucht, z. B. mit nationalen Parlamentariern, einerseits in Deutschland, andererseits in Spanien, aber auch mit Unternehmensbossen; siehe Andreas Franke/Eva Kuehnen, Mario Draghis Mission, in: Wiener Zeitung, 10.01.2013, S. 6. Sowie: Nein zu allem? EZB-

bedeutsam, weil die EZB mit einer Supranationalität besonderer Art ausgestattet ist: Sie steht, anders als z. B. die Kommission oder das Europäische Parlament, nicht in einem präzis regulierten politischen Interaktionssystem mit anderen Organen. Das bedeutet auch, dass sie ihre Entscheidungen nicht „demokratisch" verantworten muss. Wie die neuerdings zustande gekommene Koalition der EZB mit mächtigen anderen Akteuren (namentlich Staats- und Regierungschefs) sich auf die institutionelle und politische Kräftebalance auswirkt, ist bislang schwer zu beurteilen.

Präsident Draghi wirbt beim BDI-Kongress für seinen Kurs in der Euro-Rettung, in: Süddeutsche Zeitung, 26.09.2012, S. 19. Ein weiteres Anzeichen für die aktive politische Rolle ist es, dass sie sich direkt „in die Wirtschafts- und Haushaltspolitik einzelner Länder einmischt", (Cestin Gammelin, Draghi macht Druck, in: Süddeutsche Zeitung, 16.12.2013, S. 6), nämlich in der Sorge, dass sie abermals mit unorthodoxen Maßnahmen die Nothelferrolle übernehmen muss, wenn Staaten ihren Reformpflichten nicht nachkommen; entsprechende Interventionen hatte schon Jean-Claude Trichet als EZB-Präsident gegenüber Italien und Spanien unternommen, Draghi mahnte im Dezember 2013 (öffentlich, in der Zeitung) Frankreich.

11. Die Herausforderung konkret: Welche Reformen, Chancen und Risiken?

Eine Charakterisierung des politischen Gesamtsystems der EU, die den zuletzt (in Abschnitt 10) skizzierten Entwicklungen gerecht würde, steht aus. Das macht auch die Bilanzierung der rechtlichen und politischen Konstellation von supranationalen, intergouvernementalen und anderen Komponenten der Unions-Willensbildung, wie sie sich heute darstellt, schwierig. Immerhin können vielleicht die im vorigen Abschnitt gegebenen Hinweise die Einschätzung konkreter Reformvorschläge – ihrer Bedeutung, ihrer Chancen und ihrer Risiken –, wie sie im Folgenden zur Erwägung gestellt werden, erleichtern.

Dazu ist wohl nochmals an die ausführlich vorgestellte Grundthese zu erinnern: Die Reform muss insbesondere auf die Sicherung des Gemeinwohlvorrangs ausgehen – nicht weil das ein Selbstzweck wäre, und auch nicht weil eine christliche oder eine andere Doktrin das nahelegt, sondern weil anders die Krise der Europäischen Union nicht bewältigt werden kann – namentlich ihr Ausgeliefertsein an die „Diktatur der Ökonomie“ (Papst Franziskus), und die Unzulänglichkeiten ihrer Möglichkeiten des produktiven Umgangs mit dieser Situation.

Auch eine Folgerung aus dieser Grundthese ist schon deutlich geworden: Die Lage spricht für die Stärkung der supranationalen Strukturzüge der Europäischen Union.

Das bedeutet zweierlei: Es geht zum einen um die normative Kraft der supranationalen Rechtsordnung, sowie zum anderen um die Befugnisse und die Machtausstattung der supranationalen Organe.

Das erste Erfordernis muss auf die Tagesordnung kommen, weil seit dem Ausbruch der Krise eine Tendenz mächtiger Organe wirksam wurde, Entscheidungen durchzusetzen, die vom geltenden Unionsrecht nicht gedeckt sind. Gerechtfertigt wird dies mit Redewendungen wie „Not kennt kein Gebot" und „*There is no alternative*". Diese Tendenz muss eingebremst werden. Sollte sie sich verfestigen oder fortsetzen, dann könnte die Aussicht auf jenen „Superstaat" auftauchen, den viele Europapolitiker und Unionsbürger als Schreckgespenst fürchten.[220]

Souveräne Staatsgewalt bildet sich zumeist als außerordentliche Notstandsgewalt heraus.[221] Wer diese in die Hand genommen hat, steht vor der Alternative, sie entweder durch rasche und nachhaltige Bewältigung des Notstandes wieder überflüssig zu machen und aufzugeben (das historische Muster dafür ist die altrömische kommissarische Diktatur), oder aber als „Souveränität" auf Dauer zu stellen. Das ist eine für die Mächtigen einladende Aussicht (das neuzeitliche Europa verdankt solchen Vorgängen seine Staatlichkeit). Dass die Souveränität eines solchen Superstaates sich im Kollektivbesitz der Staats- bzw. Regierungschefs der Mitgliedstaaten befindet, so dass diese sich über wichtige Entscheidungen immer wieder zusammenraufen müssen, mag dann allenfalls ein schwacher Trost sein.

Das zweite Erfordernis wäre, wie gesagt, die Stärkung der Befugnis- und der Machtausstattung supranationaler, aber in die staatenübergreifende Rechtsordnung eingebundener Organe. Gut gemeinte Wunschvorstellungen zu präsentieren reicht dazu nicht aus. Es geht auch darum, die Realisierungschancen

---

220 Hinweise auf Vorgänge, die solche Tendenzen sichtbar gemacht haben, bei Heinrich Schneider, a. a. O. 2012, siehe oben Anm. 6, S. 330-334. Vgl. neuerdings dazu das Interview mit dem Europarechtler Andreas Ficher-Lescano in der Wiener Zeitung, 06.12.2013, S. 4 („Pure Mindestlohn-Symbolik").

221 Knapp und überzeugend dazu: Herbert Krüger, Allgemeine Staatslehre, Stuttgart 1964, S. 25-30.

zu bedenken. Dazu wiederum ist es nötig zu ermitteln, welche Modifikationen des derzeitigen „politischen Systems" der EU[222] unumgänglich wären.

Schließlich kann man auch der Frage nicht ausweichen, welche Voraussetzungen gegeben sein müssen, wenn diese Modifikationen durchgesetzt werden sollen, und wie das Eintreten dieser Voraussetzungen erforderlichenfalls gefördert werden kann.

Vorschläge und Anläufe dazu hat es schon des Öfteren gegeben. Besonders eingehend wurde das Thema in Verbindung mit der ersten Weichenstellung für eine Wirtschafts- und Währungsunion Anfang der siebziger Jahre diskutiert.

Die damals noch sechs Mitgliedstaaten der EG legten sich damals u.a. auf folgendes fest: Die wichtigsten wirtschaftspolitischen Entscheidungen würden auf Gemeinschaftsebene getroffen werden. Dazu seien entsprechende Kompetenzübertragungen nötig. Kontrolliert würden diese Entscheidungen vom Europäischen Parlament.[223]

Maßgebliche Beteiligte insistierten einerseits auf der supranationalen Autorität des die Politik gestaltenden Organs, als Voraussetzung für das Funktionieren der WWU (so z. B. Hans Tietmeyer[224]), andererseits auf das Erfordernis, die strukturellen

---

222 Vgl. beispielsweise Wolfgang Wessels, Das politische System der Europäischen Union, Wiesbaden 2008.

223 So „die im Rat vereinigten Vertreter der Mitgliedstaaten" unter Berufung auf die „unwiderrufliche" Entscheidung der Staats- und Regierungschefs, eine Wirtschafts- und Währungsunion einzurichten, in einer Erklärung am 09.02.1971 (die eigentümliche Bezeichnung des Autorenkreises der Erklärung beruht darauf, dass sie nicht als „Rat", als Organ der Gemeinschaft sprachen, sondern als Repräsentanten der Staaten, die sich als „Herren der Verträge" betrachten).

224 Tietmeyer war eines der beiden deutschen Mitglieder des Gremiums, das das Konzept für die WWU erarbeitete: er kam aus dem Wirtschaftsministerium, der andere deutsche Verhandler war Staatssekretär Johann Baptist Schöllhorn vom Finanzministerium. Später war Tietmeyer Staatssekretär im Bundesfinanzministerium und dann Präsident der Deutschen Bundesbank; er ist auch Mitglied der Päpstlichen Akademie für Sozialwissenschaften.

Disparitäten zwischen den Mitgliedsländern abzubauen und wirtschafts- und sozialpolitische Disziplin zu praktizieren (so z.B. Raymond Barre).[225]

Diese Auseinandersetzungen gerieten nach dem Scheitern des ersten Anlaufs zur Wirtschafts- und Währungsunion anscheinend in Vergessenheit. Unabhängig davon gab es immer wieder Plädoyers für eine Umgestaltung des politischen Systems (erst der Gemeinschaft, dann der Union) derart, dass die Kommission zur Regierung aufgewertet und der Rat zu einer Art Staatenkammer (also zu einem weiteren, neben dem direkt gewählten Parlament positionierten Organ) gemacht werden sollte.

In neuerer Zeit engagierte sich dafür beispielsweise Wolfgang Schäuble, der deutsche Finanzminister.[226] Er tat das nicht als Erster. Das Leitbild einer Politischen Union oder Föderation mit einem Zweikammernsystem, in der dem direkt gewählten Parlament eine Vertretung der Mitgliedstaaten zur Seite stehen sollte, war schon jahrzehntelang immer wieder ins Spiel gebracht worden.[227]

---

225 Der Franzose Raymond Barre war damals Vizepräsident der Kommission. Nachweise für beide Aussagen bei Heinrich Schneider, a. a. O. 2012, siehe oben Anm. 6, hier: S. 318 -320.

226 Nämlich in seiner Dankrede im Anschluss an die Verleihung des Europäischen Karlspreises 2012 in Aachen; siehe: http://www.karlspreis.de/preistraeger/2012/rede_von_dr_wolfgang_schaeuble.html (abgerufen am 06.07.2014). In einem „Spiegel"-Interview hat er das bekräftigt (siehe Der Spiegel, Ausgabe vom 25.06.2012).

227 Ein parlamentarisches Zweikammernsystem war auch für die „Europäische Politische Gemeinschaft" vorgesehen, die in den 1950er Jahren als politisches Dach für die Montanunion und für die Europäische Verteidigungsgemeinschaft realisiert werden sollte, wobei ausdrücklich zwei alternative Zielkonzepte für diese Gemeinschaft fixiert wurden; entweder eine staatenbündische oder eine bundesstaatliche Struktur – welche schließlich zustande käme, das wurde offen gelassen. Ein Zwei-Kammern-Parlament wurde also auch damals nicht als Merkmal eines Bundesstaates betrachtet (dass die Entwicklung die Alternative zwischen den Typen der „staatsrechtlichen" und der „völkerrechtlichen" Staatenverbindung hinter sich lassen könnte, kam den damaligen Vertragsautoren nicht in den Sinn). Im Herbst 1999 sprach sich der damalige deutsche Bundespräsident Johannes Rau für ein Zweikammernsystem aus, das bisherige Parlament könnte man „Bürgerkammer", die bisherigen Ministerräte „Staatenkammer" nennen (Johannes Rau, Die Quelle

Dann wiederum veröffentlichte im September 2012 eine Gruppe mitgliedstaatlicher Außenminister eine Reihe von Vorschlägen, die insgesamt in dieselbe Richtung gingen:[228]

Erstens sprachen sie sich für die Stärkung der Kommission aus, so dass sie „ihre Rolle als Motor der Gemeinschaftsmethode" wirksam wahrnehmen kann.

Zweitens sollte „das Europäische Parlament sein demokratisches Profil durch die Ernennung eines europäischen Spitzenkandidaten durch jede politische Fraktion für die nächsten EP-Wahlen schärfen", der „auch für den Posten des Kommissionspräsidenten kandidieren könnte."

Auf eine tendenzielle Angleichung an Strukturzüge eines parlamentarischen Regierungssystems läuft auch das Eintreten der Ministergruppe für „eine stärkere Unterscheidung zwischen Mehrheit und Minderheit" im Europäischen Parlament hinaus.

Drittens plädierten einige Mitglieder der Ministergruppe für die Direktwahl des Kommissionspräsidenten, der „die Mitglieder seiner ‚europäischen Regierung' selbst bestimmt",

viertens für die Befugnis des Europäischen Parlaments zur Gesetzgebungs-Initiative,

sowie fünftens für eine zweite Kammer für die Mitgliedstaaten.

Sechstens plädierte eine große Mehrheit der beteiligten Außenminister dafür, dass für Vertragsänderungen eine „beträchtliche Mehrheit der europäischen Mitgliedstaaten und Bürger"

---

der Legitimation deutlich machen – Eine föderale Verfassung für Europa, in: Süddeutsche Zeitung, 04.11.1999; eine französische Fassung erschien am selben Tag in Le Monde).

228 Siehe den Abschluss-Bericht der „Gruppe zur Zukunft Europas", bestehend aus den Außenministern Belgiens, Dänemarks, Deutschlands, Frankreichs, Italiens, Luxemburgs, der Niederlande, Österreichs, Polens, Portugals und Spaniens vom 17.09.2012: Der vollständige Text enthält u. a. auch Ausführungen über die Wirtschafts- und Währungspolitik, sowie über die gemeinsame Außen- und Sicherheitspolitik. Siehe http://www.auswaertiges-amt.de/cae/servlet/contentblob/626324/publicationFile/171784/120918-Abschlussbericht-Zukunftsgruppe-Deutsch.pdf (abgerufen am 06.07.2014).

ausreichen sollte, wobei die Änderungen nur für jene Mitgliedstaaten in Kraft treten sollten, die ihnen zugestimmt haben.

Man kann also davon ausgehen, dass für Reformmaßnahmen, die in diese Richtung gehen, eine nicht nur marginale Koalition politischer Kräfte zustande gebracht werden kann.

Allerdings bleibt im Ganzen der betrachteten Vorschläge vieles unausgesprochen. So müsste z. B. die „Staatenkammer" wohl eine merklich stärkere Rolle erhalten, als der Bundesrat im System des deutschen Grundgesetzes (zu schweigen vom österreichischen Bundesrat). Dennoch würde wohl die Staatenkammer, sozusagen als Nachfolgerin des Ministerrats der EU, in einer solchen Konstruktion eine schwächere Position einnehmen als dieser.

Dass diese Schwächung nicht zu weit gehen darf, ergibt sich schon daraus, dass die Mitgliedstaaten Repräsentanten der Nationen sind, deren politische Identität die Union mitträgt, nicht aber von dieser in eine nur noch „europäische" Identität (im Singular) überführt werden darf. Eben dies gehört zu den Kennzeichen einer Föderation, durch die sie sich von einem unitarischen (unechten) Bundesstaat unterscheidet.

Das europäische Gemeinwohl wird nicht dadurch verwirklicht, dass die nationalen Identitäten kraft der Supranationalität überfahren oder eingeschmolzen werden – Supranationalität setzt, wie erwähnt, die Nationen und ihre politische Identität voraus, und das schließt auch ihre rechtliche Verfasstheit ein, also ihre (allerdings nicht im typisch neuzeitlichen Sinn „souveräne") Staatlichkeit.

Es fragt sich auch, ob eine starke Position der „Staatenkammer" in einem reformierten politischen System die einzige erwägenswerte Vorkehrung zur Anerkennung und Sicherung der nationalen Identitäten bilden sollte.[229]

---

229 Und zwar über die schon erwähnte ausdrückliche Verpflichtung der Union und ihrer Organe hinaus, die nationale Identität der Mitgliedstaaten zu achten. Es spricht z. B.

Es gibt indessen noch eine Reihe weiterer Probleme, die sich im Blick auf die Vorschläge Schäubles und der elf Außenminister und auf ähnliche früher unterbreitete Vorläufer aufdrängen.

Zunächst legt sich die Frage nahe, ob die Mitgliedstaaten die Schwächung ihres bestimmenden Einflusses auf die Politik der Union akzeptieren werden, die mit der Umfunktionierung des Ministerrats zu einer „zweiten Kammer" verbunden ist – auch wenn diese im Vergleich zum Deutschen Bundesrat mehr zu sagen hätte.[230]

---

manches dafür, dass – erstens – die mitgliedstaatlichen Parlamente so, wie das im Vertragswerk von Lissabon vorgesehen wurde, in den demokratischen Entscheidungsprozess einer reformierten Union einbezogen werden (siehe das Protokoll Nr. 1 zum Vertrag von Lissabon über die Rolle der nationalen Parlamente in der Europäischen Union), und dass – zweitens – auch eine angemessene Einbeziehung der (sub-nationalen) Regionen in diesen Prozess in Aussicht genommen werden sollte. Dies könnte zur Überbrückung der Kluft zwischen den Bürgerinnen und Bürgern einerseits, der supranationalen Ebene andererseits beitragen, und damit die Akzeptanzchance der supranationalen Gemeinwohlsorge fördern. Dadurch würde das Institutionensystem der Union jedoch bei weitem komplizierter. Für den Normalbürger wäre es schwierig, die Systemstruktur, den Ablauf der Entscheidungsprozesse, sowie die ihn und das Ergebnis bestimmende reale Machtverteilung zu durchschauen. Der Unionsvertrag sieht in der geltenden Fassung vor, dass der „Ausschuss der Regionen" erstens auf Ersuchen des Parlaments, des Rates oder der Kommission Stellungnahmen abgibt, und dass er zweitens auch von sich aus den Organen Stellungnahmen unterbreitet. Aber inwieweit diese Stellungnahmen von den maßgebenden Unionsorganen ernst genommen werden, ist deren Sache. Das früher häufig, jetzt aber nur noch selten (allenfalls noch von Repräsentanten der Regionen, etwa österreichischen Landeshauptleuten) verwendete Wort vom „Europa der Regionen" erhebt einen Anspruch, der mit der geltenden Rechtsordnung wenig zu tun hat.

230 Zudem drängt sich die Frage auf, welche Auswirkungen es hat, falls die „Staatenkammer" nicht, wie das Vorgängerorgan, in verschiedenen „Formationen" – je nach Politikbereich – zusammentritt. Im Deutschen Bundesrat sind die Länderregierungen durch den sachzuständigen Minister vertreten. Sind die an Sitzungen teilnehmenden Mitglieder der Staatenkammer nicht jeweils tagesordnungsspezifische Regierungsvertreter, dann werden sie Standpunkte vertreten, die für die verschiedenen Beratungs- und Entscheidungsgegenstände in ihren Heimathauptstädten von den dortigen Ministerien erarbeitet wurden. Schon vor 55 Jahren hat Karlheinz Neunreither, Der Bundesrat zwischen Politik und Verwaltung, Heidelberg 1959, festgestellt, dass die Arbeitsweise des Bundesrates zu einer neuen Dimension der

Indessen stellen sich die Dinge etwas anders dar, wenn man zur Kenntnis nimmt, dass der Bundesrat, wie das ein politikwissenschaftliches Standardwerk über das deutsche Regierungssystem darlegt, „weit weniger als zweite Kammer und viel eher als zweite Regierung" fungiert.[231]

Es hinge von der Struktur und der sich herausbildenden Funktionspraxis ab, ob im Rahmen eines gemäß den referierten Vorschlägen eingerichteten Organsystems etwas Vergleichbares zustande käme.

Vor allem würde sich das politische System der Union ganz unterschiedlich darstellen, je nach dem ob es weiterhin auch noch den „Europäischen Rat" einschließen würde, und welche Aufgaben und Befugnisse ihm zukämen.[232]

Die den dargestellten Vorschlägen entsprechende Konstruktion legt ja eine Fortbildung des Institutionengefüges und seiner Funktionsweise in Richtung auf ein parlamentarisches Regierungssystem nahe. Dem durchaus entsprechend, haben sich ja auch Kommission und Parlament immer wieder eine Stärkung und Verknüpfung ihrer Befugnisse gewünscht und sind

---

kontrollierenden Gewaltenteilung geführt habe: die Länderministerialbürokratie kontrolliert die Bundesbürokratie (womöglich auf Grund der Expertise effektiver als es der Bundestag kann). Konrad Hesse hat (a. a. O. 1962, siehe oben Anm. 182) eben dies als ein Element der Rechtfertigung der unitarischen Bundesstaatlichkeit bezeichnet.

231 Joachim Jens Hesse/Thomas Ellwein, Das Regierungssystem der Bundesrepublik Deutschland, Opladen 1992, S. 288ff., das Zitat auf S. 289. Dazu im Anschluss an entsprechende analytische Darlegungen ebd. auch die Aussage: „„Im Zweifel gibt nicht die in der Bundestagswahl erkennbare Mehrheit den Ausschlag, sondern eine Gruppe von Landesministern, die sich weder vor ihrem Landtag noch vor dem Wähler rechtfertigen müssen" (S. 289), sowie die folgende Aussage über die „Volksvertretung im Bund": „Da sie sich nicht immer, aber doch in vielen entscheidenden Fragen dem Bundesrat anpassen oder sogar vor ihm zurückstecken muss, ist ihr Rang geschmälert" (S. 293).

232 Schäuble ist darauf nicht eingegangen; die meisten Beiträge, in denen für die Umformung der Kommission zu einer Regierung und für die des Rates zu einer Zweiten Kammer plädiert wurde, stammen aus einer Zeit, in der es den Europäischen Rat noch nicht gab.

sozusagen in einer gemeinsamen Allianz gegen die Verweigerung solcher Entwicklung seitens des Rates oder einiger Mitgliedstaaten aufgetreten.

Erhielte der „Europäische Rat" als Kollektivorgan in einem reformierten System eine Position, die der des Präsidenten im System der Fünften Republik in Frankreich ähneln würde, dann wäre das ebenso wenig ein „parlamentarisches System" wie das französische seit Charles de Gaulle.[233]

Daran dachte übrigens Wolfgang Schäuble kaum: er ließ – als Alternative zu einem parlamentarischen Regierungssystem – in der Aachener Rede Sympathie für ein „präsidiales Regierungssystem" erkennen, an dessen Spitze ein direkt von den Unionsbürgerinnen und Unionsbürgern zu wählender „europäischer Präsident" zugleich die „politische Spitze einer europäischen Exekutive" bilden würde, „zu der die Kommission weiterentwickelt werden sollte." Im Fall eines parlamentarischen Regierungssystems sei es nämlich fraglich, ob im Europäischen Parlament eine hinreichend große und stabile Mehrheit zustande käme.[234]

Die Realisierung dieser Vorstellungen werde nicht von heute auf morgen möglich sein, aber immerhin könnten schon bei den nächsten Wahlen zum Europäischen Parlament „die Parteien mit Spitzenkandidaten antreten, die im Fall des Wahlerfolgs auch von den Staats- und Regierungschefs als Kommissionspräsident akzeptiert werden." In ähnliche Richtung dachten auch die elf

233 Karl Löwenstein, Verfassungslehre, Tübingen 1959, räumte mit der Vorstellung auf, es gäbe nur zwei Grundtypen rechtsstaatlich-demokratischer Regierungssysteme: das parlamentarische und das präsidentielle. Löwenstein beschreibt sechs Grundtypen, einige (wie v. a. das parlamentarische System) differenziert er noch in, sozusagen, Untertypen. Das vor mehr als einem halben Jahrhundert erschienene alte Buch ist immer noch lesenswert, trotz der (wie er es nennt: „kratologischen") Einengung des Blicks auf die verschiedenen Formen der konstitutionellen Konzentration und der mit Kontrollvorkehrungen verbundenen Aufteilung der Macht.

234 Schäuble erinnerte daran, dass sich die CDU auf ihrem Parteitag Ende 2001 mit großer Mehrheit zu den von ihm vorgetragenen Vorstellungen bekannt habe.

Außenminister. Derartiges entspricht freilich eher einem parlamentarischen System.

Was es bedeuten würde, wenn dieses sozusagen unter der Ägide des Europäischen Rates zu regieren hätte, ist ein Thema für sich. Die Autoren der zuletzt referierten Reformvorschläge sind ihm eher aus dem Weg gegangen.

Selbst wenn man von den zuletzt angesprochenen Umständen und Alternativen gänzlich absehen wollte, müsste man noch immer einigen Fragen nachgehen, die sich auf ein Organsystem aus (bisheriger) Kommission, (bisherigem) Parlament sowie der (den Rat ablösenden) Staatenkammer beziehen.

Einige Züge wären, wie schon gesagt, denen eines parlamentarischen Regierungssystems zumindest ähnlich. Da die meisten im Lauf der Zeit unterbreiteten Vorschläge für ein stärker mit supranationalen Zügen ausgestattetes Regierungssystem der EU, sich am Leitbild des parlamentarischen Systems orientierten, ist es ratsam, sich dessen Eigenheiten vor Augen zu führen.

Das typische Merkmal ist die Abhängigkeit der Regierung vom Vertrauen einer Parlamentsmehrheit, so dass ein Misstrauensvotum des Parlaments den Rücktritt der Regierung auslöst.[235]

---

235 Eine „Minderheitsregierung", die nur das Vertrauen einer Minderheit der Parlamentsabgeordneten genießt, kann trotzdem amtieren, wenn sie von weiteren Parlamentariern, die also die Beteiligung an einem Misstrauensvotum ablehnen, „toleriert" wird. Manche Autoren meinen: zu einem echten parlamentarischen System würden auch noch die folgenden Merkmale gehören: Die Regierungsmitglieder gehören zumeist auch dem Parlament an; dem Recht des Parlaments auf Abberufung der Regierung (durch das Misstrauensvotum) steht korrelativ das Recht der Regierung gegenüber, das Parlament aufzulösen und Neuwahlen auszuschreiben; so z. B. Karl Löwenstein, a. a. O. 1959, siehe oben Anm. 233, S. 81-86. Verfehlt ist also ein Sprachgebrauch, der jede Form von rechtsstaatlicher Demokratie, in der ein Parlament eine wichtige Rolle spielt, als „parlamentarische Demokratie" bezeichnet. Auch die Meinung, es gäbe neben dieser nur noch ein zweites rechtsstaatlich-demokratisches System, nämlich das „Präsidialsystem" (wie etwa in den USA, wo es weder ein parlamentarisches Misstrauensvotum gibt, noch ein Recht des Präsidenten, Neuwahlen auszuschreiben), ist unrichtig. Löwenstein stellt in einem noch heute lesenswerten Buch sechs verschiedene Typen rechtsstaat-

Eine angemessene Vorstellung von der Funktionsweise eines solchen Systems ergibt sich freilich nur, wenn man auch Wesen und Wirken der beiden in ihm aneinander gekoppelter Organe für sich in den Blick nimmt.

Das *Parlament* hielt man in früheren Zeiten für eine Versammlung kluger Männer, die in einer öffentlichen Diskussion über die anstehenden politischen Entscheidungen einander Argumente gegenüberstellen, in der Annahme, dass das zu einer Entscheidung führen würde, die dem Gemeinwohl entspräche – wenn schon nicht in der Sicht aller, so doch in der Sicht der Mehrheit. Deren Votum würde also politisch maßgeblich, als eine zwar nicht unumstritten eindeutige, aber doch am ehesten plausible und Akzeptanz verdienende Bestimmung des Gemeinwohls.[236]

Tatsächlich ist die Zeit über diese Vorstellung längst hinweggegangen. Eher stellt sich das Parlament heute als eine „öffentliche Tribüne“ dar, auf der die Regierung und die sie stützenden Parteien ihre Politik darlegen und begründen, wohingegen die Opposition diese Politik kritisch in Frage stellt und ihre alternativen Konzeptionen vorstellt und begründet – und dies vor dem ganzen Volk, das mithilfe der Massenmedien diese Auseinandersetzung verfolgt, so dass die Wähler imstande sind, bei der nächsten Wahl abermals den regierenden Kräften das Vertrauen zur Fortführung ihrer Politik zu geben – oder aber es ihnen zu entziehen, so dass eine andere Mehrheit die Regierungsverantwortung übernimmt.

Dies besagt natürlich auch, dass im parlamentarischen Regierungssystem von einer „Gewaltenteilung“ zwischen „Legislative“ und „Exekutive“ keine Rede sein kann: Die Mehrheit der

---

licher Demokratie dar, und im Blick auf einige von ihnen unterscheidet er noch unterschiedliche Varianten (so vor allem Sonderformen des parlamentarischen Regierungssystems).

236 Vgl. dazu und zum folgenden statt vieler: Ernst Friesenhahn, Parlament und Regierung im modernen Staat, in: Veröffentlichungen der Vereinigung der Deutschen Staatsrechtslehrer, Heft 16, Berlin 1958, S. 31-64.

Mitglieder des „Legislativorgans“ bildet mit der „Exekutive“ eine kompakte Machtinstanz. Will man von einer „Gewaltenteilung“ im parlamentarischen System sprechen, dann handelt es sich – unbeschadet Unabhängigkeit der Rechtsprechung – um eine die Zeitdimension einschließende dynamische: zwischen der heute regierenden (vielleicht morgen in die Lage der Opposition verwiesenen) und der heute als Opposition die Regierung kritisierenden (und kontrollierenden), vielleicht aber morgen regierenden Kraft. Die Stimmbürger entscheiden über die Macht- und damit auch über die Rollenverteilung.[237]

Will man sich darüber in der Perspektive der traditionellen christlichen Soziallehre ein Urteil bilden, dann könnte das am

237 Diese politische Einheit von Regierung und sie stützender Parlamentsmehrheit kommt in Österreich z. B. dadurch zum Ausdruck, dass die Klubobleute (Fraktionsvorsitzenden) der Regierungsparteien an den Ministerratssitzungen teilnehmen (daran hat kürzlich der SPÖ-Klubobmann Andreas Schieder erinnert; siehe Brigitte Pechar/Walter Hämmerlei, Kein Freund von Wetten, in: Wiener Zeitung, 29.01.2014, S. 9). Im prototypischen parlamentarischen Regierungssystem, dem britischen, behalten die Regierungsmitglieder ihr Abgeordnetenmandat im Unterhaus, ein Regierungsmitglied gilt als *„Leader of the House“* (im Unterschied zum *„Speaker“*, dem Verhandlungsmoderator). Der klassische Text zum britischen System ist das von Walter Bagehot bereits 1867 erstmals, dann in vielen weiteren Auflagen erschienene Werk „The English Constitution“ (siehe Walter Bagehot, Die englische Verfassung, hrsg. von Klaus Streifthau, Neuwied/Berlin 1971). Auch viele andere Einsichten finden sich dort, so die Unterscheidung von „ehrwürdigen“ [dignified] und „leistungsfähigen“ [efficient] politischen Institutionen – einerseits Krone und Oberhaus, andererseits Kabinett und Unterhaus. Oder auch die Analyse der wichtigsten realen Funktionen des Unterhauses, wobei die Reihenfolge die relative Wichtigkeit aufzeigt: (1) die *„elective function“* (die Wahl des Premierministers und der Regierung), (2) die *„informing function“* (die Artikulation von Einzelinteressen und die Erarbeitung von Entscheidungsalternativen), (3) die *„expressive function“* (also die öffentliche Darstellung der in der Gesellschaft vertretenen Auffassungen zu anstehenden Entscheidungen), (4) die *„teaching function“* (die politische Bildung der Bevölkerung durch Aufklärung und Belehrung), und dann erst an fünfter und sechster Stelle die *„legislative“* und die *„financial function“*, die allgemeine Gesetzgebung und die auf das Budget bezogene. (Das wird hier vermerkt, weil der Autor weiter unten noch darauf zurückkommen wird.) – Dass vielen Darstellungen des österreichischen politischen Systems die Apperzeptionsverweigerung der Eigentümlichkeit des parlamentarischen Systems zugrunde liegt, ist ärgerlich.

ehesten wie folgt lauten: Die Idee einer ihre Entscheidungen verlässlich am „objektiven" Gemeinwohl orientierende, sozusagen überparteiliche Regierung ist ein irreales Wunschziel. Angesichts der Pluralität der in der Gesellschaft artikulierten Gemeinwohlvorstellungen treten die Verfechter unterschiedlicher präsumtiver Regierungsprogramme in einen Wettbewerb um die Wählerstimmen ein, mit einer Liste von Vorhaben, die in der Regel als Gemeinwohlkonzepte dargestellt, aber oft von spezifischen Partikularinteressen mitbestimmt werden. Der Wettbewerb führt zur zeitlich begrenzten Betrauung einer politischen Kraft mit der Regierungsverantwortung. Erweist sich ihre Politik in den Augen der Wählermehrheit als unbefriedigend, dann kann das zu einem Kurswechsel führen, der den bisherigen Regierungskurs durch einen anderen ersetzt, also diese Einseitigkeit korrigiert. Die Politik ist also ein dynamischer Prozess, der im Lauf mehrerer Wahlperioden zu einem möglicherweise von Amtszeit zu Amtszeit wechselnden, Einseitigkeiten ausgleichenden Regierungshandeln führen soll, das dem Gemeinwohl entspricht oder zu einer hinreichend gerechten Berücksichtigung auch gegensätzlicher Interessen führen soll.[238] Im „klassischen" parlamentarischen Zweiparteiensystem wird das auch dadurch gefördert, dass beide Parteien sich in ihrer Politik „zur Mitte" hin orientieren, weil sie um die Stimmen der potentiellen Wechselwähler werben. Das kann natürlich einen programmatischen Profilverlust zur Folge haben – die zur Wahl stehende Alternative verliert ihre Konturen. Die Wahl wird dadurch nicht sinnlos: Wenn die Bürger schon nicht zwischen

238 Wenn Neuwahlen zu einem Regierungswechsel führen, weil die bisherige Regierungspolitik in den Augen der Wählermehrheit „unbefriedigend" war, dann kann das entweder heißen, dass diese Politik in den Augen der Wählermehrheit nicht hinreichend am Gemeinwohl orientiert war, oder dass eine große Anzahl von Wählern meinen, diese Politik sei ihren eigenen Interessen nicht hinreichend gerecht geworden, und die Politik einer anderen Regierung entspräche dieses Interessen besser. Die erste beruht wohl auf einer kaum realitätsgerechten Idealisierung der Wähler.

alternativen Regierungsprogrammen zu entscheiden haben, so doch zwischen alternativen Regierungsmannschaften und ihren Spitzenkandidaten, oder zwischen verschiedenen Kandidaten ihres Wahlkreises.[239] Dies setzt voraus, dass die Wähler sich über die Kriterien der Qualität der Kandidaten und über ihre Eignung für das Amt ein möglichst unverfälschtes Bild machen können.

Aus dem eben Angedeuteten ergibt sich, dass auch die zuletzt sehr vereinfachend skizzierte Beschreibung des Zusammenspiels von Parlament, Regierung sowie Öffentlichkeit und Wählerschaft in parlamentarisch-demokratisch verfassten Staaten eher eine idealtypische Stilisierung darstellt.

Nimmt man die Realität in den Blick, dann fallen mindestens folgende den Idealtyp modifizierende Umstände ins Auge:

In der Mehrzahl der in Europa parlamentarisch regierten Länder gibt es keineswegs ein Zweiparteiensystem – sogar im Vereinigten Königreich amtiert derzeit eine Koalitionsregierung aus Konservativen und Liberaldemokraten. Die Entscheidung über die Regierung und über ihr Programm liegt also nicht bei den Wählern; sie ergibt sich aus Koalitionsverhandlungen. Vor allem dann, wenn sich Parteien verschiedene Koalitionschancen offen halten, wissen die Wähler nicht, wie sich ihre Stimmabgabe auswirken wird, auch weil die an Koalitionsverhandlungen

239 „Wahl" ist ja von Haus aus die Auswahl von Personen für ein Amt oder Mandat aus einer Mehrheit von Kandidaten. Ursprünglich ist es der Sinn politischer Wahlen, den in der Sicht der Wähler für ein Amt bestgeeigneten Kandidaten zu bestimmen. (Deswegen war die Ämterbesetzung durch Wahl für die antiken politischen Denker ein der Aristokratie zuzuordnendes Verfahren der Ämterbestellung – das „demokratische" Verfahren war in ihren Augen die Auslosung (weil es da die „demokratische" Chancengleichheit aller Wählbaren gibt). Das Votum über Sachfragen, also auch über Programm-Alternativen, ist die „Abstimmung". Es gehört gerade zur Funktionslogik des parlamentarischen Regierungssystems, dass die Parlamentswahl auch über die künftige Regierungspolitik entscheidet – allerdings gilt das nur in Verbindung mit einem Zweiparteiensystem, oder, in Verbindung mit einem Mehrparteiensystem nur dann, wenn die Parteien sich vor der Wahl auf allfällige Koalitionen festgelegt haben.

teilnehmenden Parteiführungen in der Regel nicht einfach auf die Durchsetzung möglichst vieler Elemente des eigenen Wahlprogramms ausgehen, sondern auch „machttaktisch" kalkulieren.

Die Wahlwerbung der Parteien verliert an inhaltlicher Substanz. Die Wähler wissen in vielerlei Hinsicht oft nicht, was jede Partei im Fall ihrer Beteiligung an der Koalitionsregierung vorhat, für welche von den proklamierten Forderungen sie mit welchem Grad der Entschlossenheit als Bestandteile des Regierungsprogramms eintreten wird.[240] Das geht zu Lasten des Sachentscheidungsgehalts der Parlamentswahlen.

Aber auch die Wahl – die Entscheidung zwischen für ein Amt oder Mandat vorgeschlagenen Personen – funktioniert nicht mehr so wie das von Haus aus verstanden wurde: Unter dem Einfluss der Werbestrategie der Parteien, ihrer *„Spin doctors"* und Kommunikationsexperten, wird die Präsentation und die Selbstdarstellung der Kandidaten zur Sache gekonnter Inszenierung.[241] Man wählt nicht den, der kraft seiner (früher hätte man

240 Dabei ist noch nicht davon die Rede, dass Parteien bestimmte, der Sachlage nach, also für die Bewältigung unumgängliche inhaltliche Auseinandersetzungen vor Parlamentswahlen nicht zur Sprache bringen (so wie das im Jahr 2013 u. a. in Deutschland beobachtet und kritisiert wurde).

241 Experten meinen, dass in der Mediengesellschaft Rückkoppelungsschleifen zwischen den Medien und dem politischen System dieses selbst verändern – nicht nur seine Darstellung nach außen, sondern „die Substanz der Politik", wobei „der mediale Schein Vorrang vor dem Tun" erhalte und „der Auftritt" wichtiger werde „als die Handlung" – so Thomas Meyer/Rüdiger Ondrup, Das ‚Theater des Politischen', in: Herbert Willems/Martin Jurga (Hrsg.), Inszenierungsgesellschaft, Opladen/Wiesbaden 1998, S. 523-541, hier S. 533. Schon vor Jahrzehnten interpretierte Murray Edelman Wahlen als rituelle Aktionen, wobei konkrete politische Streitfragen für die Entscheidung des Durchschnittswählers kaum ausschlaggebend seien, weil sie zumeist weder wissen, was die kontroversen Inhalte des Wahlkampfs sind noch welche Partei welchen Standpunkt vertritt: Murray Edelman, Politik als Ritual, dt. Frankfurt/M 1976 (engl. erstmals in: The Symbolic Uses of Politics, Urbana, Ill. [USA] 1964). Die zuletzt erwähnte These Edelmans bezog sich auf den Durchschnittswähler in den USA. Aber als anlässlich der deutschen Bundestagswahl 1961 das angesehene „EMNID-Institut" erstmals Intensivuntersuchungen der Wählermotivation mit sogenannten halbstrukturierten Interviews durchführte (also

gesagt: „staatsmännischen“) Kompetenzen und Qualitäten für das Amt den Konkurrenten überlegen ist, sondern den (oder die), der (oder die) so dargestellt wird, dass ein attraktives „Image“ vermittelt wird.

Das alles ändert nichts daran, dass das gewählte Parlament erstens als eine öffentlich wahrgenommene Arena für die Auseinandersetzung um die „richtige Politik“ (also um die dem Gemeinwohl bestmöglich dienenden Maßnahmen) fungieren kann und soll, dass es zweitens auch Entscheidungen trifft, die diese Politik auf den Weg der Realisierung bringen (nämlich durch die Einsetzung oder Bestätigung der damit betrauten Regierung), und dass es drittens die Aufgabe zu erfüllen hat, die Regierungspolitik in Verantwortung zu nehmen (und sie auch zu kontrollieren[242]).

Ob dies alles auch in einem supranationalen Regierungssystem der Europäischen Union so gestaltet sein und funktionieren kann, das lässt sich erst dann beurteilen, wenn über die Aufgaben und die Funktionsweise der hierfür in Frage kommenden Unionsorgane im institutionellen Zusammenhang Klarheit besteht.

Wie kann man sich eine supranationale *Regierung* der Europäischen Union vorstellen? Ist der Gedanke realistisch, die Europäische Kommission könnte, gegebenenfalls auf Grund

---

unter Anwendung einer Methode, die in die Nähe von „Tiefeninterviews“ ging), ergab sich, dass die Wahlentscheidung weit eher von „unpolitischen“ Motivkräften bestimmt wurde, als von Einstellungen gegenüber Wahlkampfthemen. So erklärt ein österreichischer Politikwissenschaftler: Die erste Hauptfunktion von Wahlen sei „die Herstellung von Legitimität“, nämlich des jeweiligen politischen Systems (gemeint ist natürlich die Stärkung von subjektiven Legitimitätsüberzeugungen; wer zur Wahl geht, bekundet damit die eigene zumeist affirmative Integration in das politische Gemeinwesen); erst die zweitwichtigste Hauptfunktion sei es, „eine verfassungsrechtlich bestimmte Allokation und Redistribution von politischer Macht“ zustande zu bringen (Christian Haerpfer, Wahlverhalten, in: Herbert Dachs, Peter Gerlich u. a. (Hrsg.), Handbuch des politischen Systems Österreichs, Wien [2]1992, S. 475-492).

242 Der Funktionslogik dieses Systems entspräche es, dass Kontrollaktivitäten auch auf Verlangen einer Minderheit (der Opposition) eingeleitet werden, wie z. B. die Einsetzung von parlamentarischen Untersuchungsausschüssen.

vernünftiger und durchsetzbarer Modifikationen ihrer Aufgaben und Befugnisse, sowie ihrer Verknüpfung mit den anderen Unionsorganen, mit dieser Funktion betraut werden?

Die Aufgabe einer Regierung ist die für den Bestand und das Gedeihen eines politischen Gemeinwesens richtungweisende (Probleme wahrnehmende, Projekte initiierende, deren Umsetzung planende und lenkende) Tätigkeit. Traditionell bedeutet „Regieren": die zur Wahrung des Gemeinwohls erforderlichen Maßnahmen zu identifizieren und ins Werk zu setzen. Dazu gehört u.a. auch die Einschätzung der mutmaßlichen Folgen der in Betracht gezogenen Maßnahmen, die Überwindung von Hemmnissen und Widerständen (das Krisenmanagement eingeschlossen), sowie die Gewinnung der notwendigen Akzeptanz in der Gesellschaft einerseits, das Krisenmanagement andererseits. Für diese Aufgaben der Regierung wäre die Bezeichnung „Gubernative" – die verbreitete Gleichsetzung von „Regierung" mit „Exekutive" missverständlich, u. U. sogar irreführend[243]. Der Ausdruck „Exekutive" (vollziehende Gewalt) bezeichnet die (weniger „politische", stärker „technische") Umsetzung der gubernativen Entscheidungen – man könnte auch sagen: die „Durchführung" im Unterschied zur gubernativen „Führung".

243 Im deutschen Sprachbereich hat sich der Begriff „Gubernative" kaum durchgesetzt (vgl. aber immerhin z. B. Günther Küchenhoff/Erich Küchenhoff, Allgemeine Staatslehre, Stuttgart ³1957, S. 96). Stattdessen wird im Anschluss an Montesquieus Gewaltenteilungslehre (die schon zu ihrer Zeit fragwürdig war und für parlamentarische Regierungssysteme, wie dargestellt, ohnehin nicht gilt) die Unterscheidung von Legislative, Exekutive und Judikative (oder „Jurisdiktion") zwar immer wieder zitiert, und daher „Regierung" mit „Exekutive" gleichgesetzt. Das ist indessen verfehlt. Es war das Anliegen des neuzeitlichen Bürgertums, die (vom Monarchen eingesetzte) Regierung an Rechtsnormen zu binden, die ihr von der Volksvertretung vorgegeben waren, also das „Regieren" auf die Umsetzung der von der „Legislative" verabschiedeten Normen einzuengen. Anders stellt sich die Sache freilich dar, wenn man – wie das Vertreter der traditionellen Soziallehre tun – Politik schlichtweg als „Umsetzung" des Naturrechts versteht; dann lässt sie sich als „Exekution" vorgegebener Normen betrachten, aber das führt nur zu leicht zu einer Unterschätzung der kreativen Dimension der Politik.

In den meisten rechtsstaatlich-demokratischen Regierungssystemen fungiert das Gubernativorgan allerdings zugleich als Spitze der Exekutive: Regierungsmitglieder sind zugleich Chefs von Exekutivbehörden (Fachministerien).

Anders ist das im derzeitigen Organsystem der EU; die Kommissionsmitglieder sind zwar jeweils für bestimmte Ressorts („Generaldirektionen", im Anschluss an die Amtsbezeichnung der Spitzenbeamten) zuständig. Die „Gubernative" liegt vor allem in den Händen des Europäischen Rates, vor allem seitdem er im Zug der Krise der letzten Jahre die Rolle des Krisenmanagers in Anspruch genommen hat und die Unionspolitik in vielen Bereichen aktiv mitgestaltet (nicht nur Initiativen setzt und Gestaltungsrichtlinien vorgibt). Seine Entscheidungen können erst seit dem Vertrag von Lissabon rechtlich bindenden Charakter haben; vorher kam ihm eher *„auctoritas"* als *„potestas"* zu). Ein ausdrückliches Weisungsrecht gegenüber der Kommission hat er nicht.

Auch dem „Rat" sind (neben der Mitwirkung an der Gesetzgebung und an der Gestaltung des Haushalts) die „Festlegung der Politik und die Koordinierung nach Maßgabe der Verträge" aufgegeben.[244]

Dessen ungeachtet gilt die Kommission als „das Exekutiv- und Regierungsorgan der Union".[245]

Die Aussage im Vertrag, ihre Hauptaufgabe sei es, die „allgemeinen Interessen der Union" zu fördern und dazu geeignete Initiativen zu setzen, stellt die direkte Ausrichtung ihrer Tätigkeit

244 Artikel 16 Absatz 1 des EU-Vertrags. Gemeint ist von allem die „operative" Umsetzung der Vorgaben des Europäischen Rats (das erscheint als eine Art Zwischenbereich zwischen Gubernative und Exekutive). Die Koordinierungsaufgabe bezieht sich insbesondere auf die Wirtschafts-, die Beschäftigungs- und die Sozialpolitik (da es keine supranationale Wirtschaftsregierung der Union gibt, sind diese Politiken im Prinzip Sache der Mitgliedstaaten).

245 So Bernd Martenczuk, Kommentar zu Artikel 17 des EU-Vertrags, in: Grabitz/Hilf/Nettesheim (Hrsg.), a. a. O., siehe Anm. 195 (hier Ergänzungslieferung 2010, Rdnr. 1); Hinweis auf entsprechende Aussagen anderer Autoren bei Rdnr. 9, Anm. 5.

auf das Gemeinwohl klar.[246] Daraus scheint sich ihre Eignung zur Übernahme der supranationalen Regierungsverantwortung zu ergeben.

Damit sie dem nachkommen kann, ohne dem Druck der Vertreter von mitgliedstaatlichen oder anderen Partikularinteressen ausgesetzt zu sein, wurde sie in einen Status der Unabhängigkeit versetzt. Daraus ergibt sich indessen eine gewisse Unvereinbarkeit mit der Funktionslogik eines parlamentarischen Regierungssystems: In einem solchen ist die Regierung eben nicht – durch die Gewährleistung ihrer Unabhängigkeit – aus dem politischen Kräftespiel herausgelöst, sondern vom Vertrauen einer parlamentarischen Mehrheit abhängig.

Die derzeitige Willensbildungs- und Entscheidungsstruktur ist mithin in sich widersprüchlich: Einerseits ist die Kommission ausdrücklich dem Gemeinwohl (den „allgemeinen Interessen der Union") sozusagen „ohne Wenn und Aber" verpflichtet, was bedeutet, dass sie „überparteilich" agieren muss. Andererseits schwebt über ihr die Möglichkeit eines mehrheitlich beschlossenen Misstrauensvotums des Europäischen Parlaments, und dies nötigt sie, ihre Politik an den Vorstellungen der Parlamentsmehrheit auszurichten, so wie das die Regierung eines parlamentarischen Systems tun muss. Die Orientierung an den Vorstellungen und Intentionen der Parlamentsmehrheit muss nicht auf das inhaltlich gleiche „Regierungsprogramm" hinauslaufen wie die in voller

246 Siehe ebd., Rdnr. 16ff. Dabei hat sich die Kommission v. a. an den Vertragsbestimmungen über die Werte und die Ziele der Union (Artikel 2 und Artikel 3 des Unionsvertrags) zu orientieren. (In jener Frühzeit der Integration, in der die Europäische Wirtschaftsgemeinschaft als „Zweckverband" zur Zusammenführung der Volkswirtschaften der Mitgliedstaaten agierte, ging es um jene Teilelemente des umfassenden Gemeinwohls, der die Gemeinschaft bildenden Völker, die der Gemeinschaft durch die entsprechenden Ziel- und Zweckbestimmungen überantwortet worden waren. In der heutigen Europäischen Union ist diese Einengung weitgehend überholt, wie sich aus den eben erwähnten Vertragsartikeln ergibt.)

Unabhängigkeit unternommene Entscheidung über die gemeinwohldienlichen Maßnahmen.

Der Wahl des Kommissionspräsidenten durch das Parlament und dessen Recht, der vom Präsidenten beabsichtigten Zusammensetzung der Kommission zuzustimmen oder sie abzulehnen, würde den Widerspruch auflösen und die Kommission in eine politische Willensbildungsstruktur eingliedern, die stark an die eines parlamentarischen Regierungssystems erinnert.

Nochmals: Ein reformiertes EU-Regierungssystem stellt sich je nachdem unterschiedlich dar, ob der Europäische Rat weiterhin eine bestimmende gubernative Rolle spielt oder nicht, und wie gegebenenfalls diese Rolle rechtlich definiert ist und faktisch ausgefüllt wird. Die Unklarheit darüber macht es schwierig, sich über die Funktionsweise eines solchen Systems eine schlüssige Vorstellung zu machen. Daraufhin zwei alternative Funktionsmodelle zu konstruieren – das würde den Rahmen dieses Beitrags sprengen. So stehen die nachfolgenden Bemerkungen gewissermaßen unter Vorbehalt.

Zuletzt war nur von Überlegungen zur Veränderung der strukturellen und funktionalen Beziehung zwischen einer zur Regierung aufgewerteten Kommission und dem Parlament (das gegebenenfalls zu einem Zweikammernparlament umgestaltet würde) die Rede. Ein modernes parlamentarisches Regierungssystem funktioniert jedoch, wie früher vermerkt, auf Grund des Zusammenspiels von Regierung, Parlament und Öffentlichkeit (Wählerschaft).

Wie würde sich dieses Zusammenspiel im Rahmen der reformierten Europäischen Union entwickeln? Bisher hat das Europäische Parlament die europaweite Öffentlichkeit kaum hinreichend darüber ins Bild setzen können, worum es jeweils in der Europapolitik geht – es wird der *„teaching function“* im Sinne Bagehots nicht gerecht.[247]

Das hängt mit mehreren Umständen zusammen.

Erstens informieren sich die Bürgerinnen und Bürger, wenn überhaupt, über die aktuellen Themen und die Entscheidungsalternativen kaum dadurch, dass sie die Debatten des Europäischen Parlaments mitverfolgen. Sie beziehen ihr Wissen in der Regel allenfalls durch Berichte aus zweiter Hand, die häufig von einer einseitigen Sichtweise geprägt sind, nämlich entlang einer nationalen Perspektive, oder durch eine parteipolitisch eingefärbte Brille (wenn die Medien Politiker interviewen, die der Öffentlichkeit bekannt sind, oder wenn sie über deren Aussagen berichten). Es bleibt den Bürgerinnen und Bürgern im Grunde auch kaum etwas anderes übrig: Fernsehübertragungen der Plenarsitzungen des Europäischen Parlaments (wobei die Redebeiträge jeweils in die dem Zuschauer vertraute Sprache übersetzt werden) gibt es nicht.

Zweitens: In nicht wenigen Sitzungen geht es um komplizierte, hochgradig technische Spezialthemen, die dem Verständnis des „Normalbürgers“ Schwierigkeiten bereiten, was die Lust sie zu verfolgen stark reduzieren würde.

Drittens: Anders als in den für ein parlamentarisches Regierungssystem typischen Plenardebatten des Parlaments findet

---

247 Siehe oben Anm. 237. Man wird auch kaum sagen können, dass die *„informing“* und die *„expressive function“* zum Nutzen der Gubernative, besonders wichtige Aufgaben sind (die Kommission hat, vor allem seitdem es in der Integrationspolitik nicht mehr um die „exekutive“ Umsetzung vertraglich vorab fixierter Projekte geht, ein sehr differenziertes System der Früherkennung von Problemen entwickelt, die auf die Union zukommen, und darüber hinaus ein System der informativen und konsultativen Kommunikation mit vielerlei gesellschaftlichen Kräften (von wirtschaftlichen Interessengruppen bis zu den Kirchen), und die Mitglieder des Europäischen Rates und des Rates bringen in der Regel klare (wenn auch keineswegs einhellige) Vorstellungen über das, was ansteht und not tut, aus ihren Heimatstaaten nach Brüssel mit. Übrigens sind die genannten von Bagehot definierten Funktionen auch in den Mitliedstaaten kaum mehr (wie das zu Bagehots Zeiten der Fall gewesen sein mag) solche des Parlaments.

im Europäischen Parlament oft nicht so sehr der spannende Schlagabtausch zwischen Sprechern der Regierungskoalition (oder Regierungspartei) und der Opposition statt; vielmehr geht es häufig um Interessen des Gesamtparlaments (oder der großen Mehrheit der in ihm vertretenen Kräfte), die den Mitgliedstaaten und dem Europäischen Rat und seiner Politik entgegengehalten werden. Das Tauziehen zwischen Unionsorganen muss nicht ohne weiteres das Interesse der Bürgerinnen und Bürger finden, vor allem wenn es nicht wirklich in der parlamentarischen Arena stattfindet (weil die „Gegenseite" an der Auseinandersetzung nicht aktiv teilnimmt).[248]

Das alles hat auch natürlich Konsequenzen im Hinblick darauf, ob die Verfolgung der parlamentarischen Auseinandersetzung die Bürger instand setzen kann, aus dem Austausch der Argumente Folgerungen für das eigene Wahlverhalten bei den nächsten Parlamentswahlen abzuleiten.

Dazu kommt noch der Umstand, dass die Konsequenzen aus dem eigenen Wahlverhalten für die Wählerinnen und Wähler weithin unklar bleiben – übrigens nicht nur deshalb, weil ähnlich wie in Staaten mit Mehrparteiensystemen im Anschluss an Parlamentswahlen womöglich Koalitionsverhandlungen stattfinden müssen.[249]

So ist keineswegs gesichert, dass eine Umgestaltung der Befugnis- und Verknüpfungsregelungen, die das Zusammenspiel von

---

248 Sollten die im Mai 2014 stattfindenden Wahlen zum Europäischen Parlament zur Formierung einer starken Fraktion von Gegnern der Supranationalität führen, die die Union zu einem „Europa der Staaten" zurückbilden wollen, könnte das eine neue Polarisierung mit sich bringen, und damit eine für die Bürgerinnen und Bürger interessanten Frontbildung, die inhaltlich einleuchten würde und ob ihrer Dramatik mit Erlebniswert ausgestattet wäre.

249 Das ist im Rahmen der EU umso mehr auch deswegen so, weil wenigstens nach derzeitiger in Deutschland maßgeblicher Rechtsauffassung, das Ergebnis von Wahlen zum Europäischen Parlament politisch keine wirklich wichtigen Folgen haben darf (siehe oben bei Anm. 204).

Kommission und Parlament so regelt, wie das von den erwähnten Reformbefürwortern vorgeschlagen wurde, zu einem parlamentarischen Regierungssystem führen würde, das so funktioniert, wie das in parlamentarischen Demokratien der Fall zu sein pflegt.[250]

Vielleicht haben also Wolfgang Schäubles Bedenken gegenüber der Einführung eines parlamentarischen Regierungssystems[251] mehr für sich als man auf den ersten Blick meinen möchte.

Welche Funktionsdynamik käme aber mutmaßlich zustande, würde das von Schäuble vorgezogene „präsidiale System" eingeführt? Seiner Meinung nach hätte es vor allem den Vorteil, dass auch für die EU ein Effekt zu erwarten wäre, der seit Jahren zu beobachten ist: bei Wahlkämpfen ist „allenthalben eine Fokussierung auf die jeweiligen Spitzenkandidaten" zu sehen. Entsprechendes würde Wähler mobilisieren, wenn es darum geht, „einen europäischen Präsidenten in direkter Volkswahl in der ganzen Europäischen Union zu wählen"[252], der dann eine europäische Regierung bildet, zu der die Kommission weiterentwickelt werden müsste; ihre Mitglieder würden dann nicht mehr auf Grund „nationaler Entsenderechte" in ihr Amt berufen werden.

Das leitende Gestaltungsprinzip des präsidialen Regierungssystems ist, wie sich prägnant am Beispiel der USA zeigt, die Trennung der Gewalten, die allerdings mit deren gegenseitiger Abhängigkeit verknüpft ist; weder Legislative noch Gubernative (in der US-Terminologie: Exekutive) – und auch nicht die Recht-

250 Die Autoren der im Jahr 2012 präsentierten Vorschläge (weniger vielleicht Wolfgang Schäuble, wohl aber die elf Außenminister) haben das anscheinend für wenig bedenkenswert gehalten.

251 Siehe oben bei Anm. 226ff., insbesondere Anm. 234.

252 „Die politische Einheit Europas muss ein Gesicht bekommen und dieses Gesicht muss eine wirkliche Macht repräsentieren." Dem „europäischen Präsidenten" wird also kaum ein Konkurrent in Gestalt eines Präsidenten des Europäischen Rates gegenüber stehen. An anderer Stelle spricht Schäuble von „Europäischen Räten" im Plural, womit wohl die Ratsformationen gemeint sind.

sprechung – sollen gegenüber den beiden anderen Institutionen Übermacht besitzen.

Präsident und Abgeordnetenhäuser werden vom Volk gewählt. Kein Mitglied der Regierung darf auch dem Parlament angehören. Die Regierung (deren Chef zugleich Staatsoberhaupt ist) kann vom Parlament nicht abberufen werden, und sie kann das Parlament nicht auflösen. Zudem ist im Präsidialsystem die parlamentarische Fraktionsdisziplin in der Regel eher schwach, und die Partei, der der Präsident angehört, folgt keineswegs immer seinen Wünschen. Gegenseitige Blockierungen sollen durch Koordinierungserfordernisse in bestimmten „Berührungssphären" vermieden werden. Das soll zu einem kompromissbereiten Miteinander führen, zuweilen löst es jedoch eher Schwierigkeiten aus.[253] Für (fast) alle wichtigen Entscheidungen braucht der Präsident die Mehrheit des Kongresses. Das präsidiale System, wie es sich in den USA exemplarisch darstellt, gilt allgemein als das „schwierigste" demokratische Regierungssystem.[254] Die Schwierigkeiten des derzeitigen Präsidenten Barack Obama illustrieren das markant. Ein präsidialdemokratisches Regierungssystem der Europäischen Union wäre auf Grund der starken Stellung der Mitgliedstaaten wahrscheinlich mit zusätzlichen Komplikationsfaktoren ausgestattet. So hätte wohl nur ein, sozusagen, hybrides System Erfolgschancen, dessen Präsident zwar von den Unionsbürgerinnen und Bürgern gewählt wird, aber in der

253 In den USA kann der Präsident u. a. das Inkrafttreten von Gesetzen verhindern, sein Veto kann aber durch eine parlamentarische Zweidrittelmehrheit überspielt werden. Der Senat muss internationalen Verträgen, sowie der Berufung wichtiger Beamter zustimmen. Da der Kongress dem Budget zuzustimmen hat, übt er starken Einfluss auf die Politik des Präsidenten aus.

254 So Karl Löwenstein, a. a. O. 1959 (siehe oben Anm. 233), S. 118. „Dass das System überhaupt arbeitsfähig war, ist nahezu ein Wunder" (ebd.).

politischen Praxis ähnlich agiert wie der Regierungschef eines parlamentarischen Systems.[255]

Wenn es um Reformen des Regierungssystems der EU zum Zweck der Stärkung seiner supranationalen Züge geht, ist noch ein weiterer Hinweis bedeutsam:

Ein institutionelles Arrangement kann in unterschiedlichen politischen Kräftefeldern sehr unterschiedlich funktionieren – das ist altbekannt. Man kann aber auch ein bestimmtes Arrangement „an sich" unterschiedlich verstehen. Das gilt auch für die traditionelle Verknüpfung von Kommission und Rat in Gestalt des „Tandems", wie sie in einem früheren Abschnitt mit dem Hinweis auf ihre ursprüngliche Funktion und auf die Gründe ihrer Einfügung in das Organsystem erläutert wurde, als es darum ging, das Vetorecht von Mitgliedstaaten im vorgesehenen Entscheidungsorgan, dem Ministerrat, zu vermeiden (wie weiter oben erwähnt, war das in den Augen von Papst Pius XII. ein bedauerlicher Rückschritt, auf Grund des von ihm missbilligten Verzichts auf die Supranationalität[256]).

Man kann aber eben diese Konstruktion auch anders interpretieren: Wenn man nämlich davon ausgeht, dass die Kommission von Anfang an mit Unabhängigkeit ausgestattet und mit der Aufgabe betraut wurde, die Rolle des „Motors der Integration" und des Sachwalters und Förderers des Gesamtinteresses zu spielen.[257]

Aus gutem Grund wird ihr demgemäß Supranationalität zugesprochen. Sie erhielt die dreifache Aufgabe,

erstens, auf der Basis der vertraglich fixierten Zielvorgaben, Programme für die Integrationspolitik zu erarbeiten,

255 Löwenstein betont, dass Versuche, anderswo ein Präsidialsystem einzuführen, zumeist schlecht funktionierten oder scheiterten, sofern nicht der Präsident „die durch die parlamentarische Dynamik geschaffenen Tatsachen" akzeptierte (ebd., S. 118 – 120).

256 Siehe oben bei Anm. 201. Dazu aber auch weiter unten Anm. 260.

257 Siehe oben bei Anm. 236.

zweitens, die einzelnen Programmpunkte auf ausgewogene und zumutbare Weise sukzessiv zu entscheidungsreifen Vorhaben zu konkretisieren,

und schließlich drittens deren Durchführung in die Wege zu leiten und zu kontrollieren. Das alles schließt sowohl gubernative wie insbesondere exekutive Funktionen ein.

Allerdings wurde in diesen Ablauf, zwischen der zweiten und der dritten Phase, die Vorlage der Entscheidungsentwürfe an den Rat „zwischengeschaltet" und ihm die Inkraftsetzungsbefugnis zugesprochen. Hierfür wurde eine Regelung vorgesehen, die das Ja des Rates zum Vorschlag der Kommission begünstigt, wenn möglich „ohne Wenn und Aber".[258]

Die inhaltliche Ausrichtung der Integrationspolitik wurde weitgehend Sache der Kommission,[259] aber die Rechtswirksamkeit an die Zustimmung des Rats gebunden. Dies war – auch in den Augen von Advokaten der Supranationalität – notwendig, weil sonst das Regierungssystem an einem verhängnisvollen Mangel gelitten hätte: Der auf das supranationale Gemeinwohl ausgerichteten Politik hätte eine gesicherte eigene Legitimitätsbasis gefehlt. Eben diese wurde der Politik der Kommission durch die Zustimmung des dazwischengeschalteten Rats verschafft, sie unterfütterte die Integrationspolitik mit der Legitimierungskraft der Mitgliedstaaten. Das Parlament bemühte sich von Anfang an, für sich selbst eine zusätzliche per se „supranationale" Legitimati-

258 Dies, wie weiter oben erwähnt, dadurch, dass nach einer Anfangsphase für die Annahme nur eine mehrheitliche Zustimmung erforderlich sein sollte, für inhaltliche Abweichungen jedoch Einstimmigkeit.

259 Eine zusätzliche Legitimierung der von der Kommission entwickelten Integrationspolitik, etwa durch das Parlament, war, wie weiter oben vermerkt, nicht vorgesehen. Der schon erwähnte in der Frühzeit der EWG einflussreiche Jurist Hans-Peter Ipsen meinte damals: da die wesentlichen Aufgaben des „Zweckverbands" im Gründungsvertrag festgelegt wurden, dem die mitgliedstaatlichen Parlamente zugestimmt hatten, sei eine zusätzliche demokratische Legitimation nicht nötig (siehe Hans-Peter Ipsen 1972, siehe oben Anm. 189).

onskraft zu reklamieren; insbesondere dank des entsprechenden Engagements derjenigen Kräfte (mitgliedstaatliche Regierungen eingeschlossen), die prinzipiell die Supranationalität stärken wollten, konnte es seine Mitbestimmungsbefugnisse immer wieder ausweiten. Eben diese funktionale und prozedurale Zuordnung von Kommission und Rat, sowie zusätzlich des mit wachsenden Befugnissen ausgestatteten Parlaments wird seit langem als „die Gemeinschaftsmethode" bezeichnet.[260]

Die soeben angestellten Überlegungen führen zu einer wichtigen Einsicht: Eine supranational entworfene Politik europäischer Gemeinwohlsicherung hat, wie gut sie auch inhaltlich begründet sein mag, nur dann eine Realisierungschance, wenn sie von den politischen Kräften des Gemeinwesens, nicht zuletzt von den Bürgerinnen und Bürgern, als „anerkennungswürdig" betrachtet und bejaht wird. Dies gilt auch und erst recht für das Regierungssystem, das diese Politik inhaltlich bestimmen und durchsetzen soll.[261]

260 Dieses in den voranstehenden Textabsätzen (nach Anm. 245) die Supranationalität der Kommission akzentuierende Verständnis der „Gemeinschaftsmethode" haben offenbar jene Europapolitiker und Kommentatoren im Sinn, die die Supranationalität für produktiv, unverzichtbar und stärkenswert halten und sich gegen ihren Abbau zugunsten des intergouvernementalen Tauziehens aussprechen (siehe dazu auch weiter unten in Abschnitt 14, im Text bei Anm. 316f. die kritischen Hinweise auf die der Gemeinschaftsmethode gegenübergestellte sog. „Unionsmethode"). Zur erwähnten päpstlichen Kritik am Verzicht auf die Entscheidungshoheit der supranationalen „Hohen Behörde" der Montanunion (vgl. dazu oben Anm. 101) ist es anzumerken, dass sich das Entscheidungsverfahren der Montanunion nach wenigen Jahren de facto in Richtung auf die soeben erläuterte „Gemeinschaftsmethode" weiterentwickelt hatte. Während Jean Monnet in seiner Amtszeit als erster Präsident der Hohen Behörde den Ministerrat eher links liegen ließ, wurde das anders, als die Hohe Behörde mit Situationen zu tun bekam, die in den Vertragsverhandlungen nicht vorhergesehen waren (z. B. Kohlehalden statt Kohlemangel…), weswegen der Vertrag dafür keine Rezepte enthielt; unter diesen Umständen musste sich die Hohe Behörde zunehmend an den Rat anlehnen, d. h. sich seiner Rückendeckung versichern. Das hatte Pius XII. 1957 anscheinend nicht vor Augen.

261 Zur Unterscheidung zwischen faktischer Akzeptanz und Legitimität („Anerkennungswürdigkeit einer politischen Ordnung") siehe z. B. Jürgen Habermas, Legitimationsprobleme im modernen Staat, in: Peter Graf Kielmannsegg (Hrsg.), Legitimationsprobleme politischer Systeme (Sonderheft 7 der Politischen Vierteljah-

Weil nicht davon ausgegangen werden kann, dass die Bürger von der Legitimität supranationaler, von der Kommission entworfener und durchzuführender Politikgestaltung ohne weiteres überzeugt sind,[262] führt die essentielle Mitwirkung des Rates der supranational konzipierten Politik gewissermaßen die Legitimitätspotenz zu, die Bürger ihren die Staaten zugesprochen haben.

Supranationale Politik wird – wenn man sich der Demokratie verschreibt – nur dann effektiv betrieben werden können, wenn die Betroffenen (die Bürgerinnen und Bürger) das richtig finden und bejahen. Diese Zustimmung darf auch dann nicht in Frage gestellt oder gar aufgekündigt werden, die Politik den Bürgern – etwa im Namen der nationenübergreifenden Solidarität – Lasten auferlegt.

Nochmals anders formuliert: Das die Nationen und die Interessengruppen übergreifende Gemeinwohl lässt sich nur durchsetzen, wenn sein Vorrang in der Gesellschaft erkannt und bejaht wird. Die Berufung auf supranationale Rechtsnormen und auf ihnen zugrunde liegende sozialethische Gebote reicht nicht aus, wenn diese an der Bewusstseinslage der Bürger- und Völkergemeinschaft vorbei beschlossen, proklamiert und gepre-

---

resschrift), Opladen 1976, S. 39-61. Zum europapolitischen Problemzusammenhang siehe auch Heinrich Schneider, Die Legitimitätskrise der europäischen Integration, in: Robert K. Furtak (Hrsg.), Politik und Bildung als Zukunftsgestaltung (Landauer Universitätsschriften/Politikwissenschaft, Bd. 1) Landau 1994, S. 221-279. Schlichtes Sich-Abfinden mit politischen Ordnungen und Entscheidungen kann auf permissiver Indifferenz beruhen (das wäre nicht einmal faktische Akzeptanz). Bewusste Akzeptanz kann in einer Interessenperzeption begründet sein (diese kann durch Vorteilserfahrungen oder -erwartungen beeinflusst werden, bis hin zu Wahlgeschenken oder -versprechungen, oder durch Stillstellung von Widerstand durch Repressionsdrohungen). Legitimität als objektive Anerkennungswürdigkeit meinen z. B. Philosophen oder Theologen schlüssig begründen zu können. In der politischen Realität kommt es auf die Verbreitung und die Motivationskraft von Legitimitätsüberzeugungen in der Gesellschaft an

262 Ein Symptom dieser fehlenden Legitimitätsüberzeugung ist die gängige Rede von der „Brüsseler Eurokratie“ als einer technokratischen oder bürokratischen Herrschaftsinstanz, die auf die eigene Machtmehrung fixiert ist und sich über gerechtfertigte Interessen der Betroffenen rücksichtslos hinwegsetzt.

digt werden, sei es von Politikern, Rechtsgelehrten, Geistlichen, angesehenen Intellektuellen, oder sonst wem auch immer.

Viele Diskussionsbeiträge zur Unionsreform, insbesondere zu ihrer institutionellen Dimension, gehen darüber allem Anschein nach hinweg; das kann damit zusammenhängen, dass die Europapolitik jahrzehntelang eine Sache der Eliten war, die mit dem sogenannten *„permissive consensus“* der Bürgerinnen und Bürger rechneten, also mit der eher unkritischen, passiven Hinnahme.

Man kann das Problem sehr handfest formulieren. Wenn es eine supranationale Regierung der Union gibt, dann wird diese manchen Ländern und ihren Völkern vermutlich Reformmaßnahmen zumuten, die dort als unerquicklich empfunden werden; wie wird sich das auf die Einstellung zu dieser Regierung auswirken?

Bisher wurden dafür bestimmte im Europäischen Rat maßgebliche Schlüsselfiguren verantwortlich gemacht und in den Massenmedien „geprügelt“, etwa Angela Merkel (in den griechischen Medien und von Silvio Berlusconi in Italien). Der Zorn traf sie als eine „nationale“ Regierungschefin. Würden die unerquicklichen Zumutungen der Reformpolitik einer supranationalen Regierung zugeschrieben, dann würde das deren Reputation massiv vermindern und die Akzeptanz des supranationalen Gemeinwohlvorrangs in Frage stellen. Die supranationale europäische Regierung müsste die Rolle des Prügelknaben übernehmen. Sie würde extrem unpopulär werden, und das würde sich auf die generelle Einschätzung der EU und der europäischen Einigungspolitik auswirken.

Die Aussicht eben darauf brächte die Regierung in die Versuchung, um ihrer eigenen Akzeptanz willen, und zugunsten der Akzeptanz der Union im Ganzen, eine Politik zu betreiben, die dem Gemeinwohl, so wie sie es eigentlich versteht, nicht mehr voll gerecht wird, und statt dessen populären Stimmungen nachzugeben.[263]

Das Engagement für die konkrete Umsetzung europapolitischer Wegweisungen der christlichen Soziallehre kann und darf also nicht nur darin bestehen, dass institutionelle Reformkonzepte entwickelt und in die politische Diskussion eingebracht werden.

Mindestens ebenso wichtig und eine unumgängliche Voraussetzung für das Gelingen von Systemreformen ist das Bemühen darum, dass die Akzeptanzbereitschaft für solche Reformen in der Gesellschaft geweckt und gestärkt wird.

263 Derartiges gibt es bekanntlich auch in Staaten, aber deren stabile Existenz und Funktionsfähigkeit wird dadurch weit weniger beeinträchtigt.

12. Als Zwischenbilanz ein dreifacher Blick auf „Zeichen der Zeit"

Vielleicht muten die Ausführungen des vorangehenden Abschnitts übermäßig ausführlich an. Schließlich ist es nicht Sache der Soziallehre, der Politik Detailregelungen vorzuschlagen. Papst Franziskus hat in seinem 2013 veröffentlichen Apostolischen Schreiben dennoch betont: die Stellungnahme der Kirche zu säkularen Angelegenheiten müsse konkret sein – andernfalls hätte die Betonung der großen Prinzipien nur den Charakter „allgemeiner Hinweise"; man dürfe sich nicht scheuen, praktische Konsequenzen zu ziehen – auch wenn die Kirche für viele Detailfragen keine Lösungen vorgeben kann.[264]

Selbstverständlich meint der Autor dieser Schrift nicht, die verschiedenen zur Erwägung gestellten Ideen zur Unionsreform kämen als Empfehlungen „der Kirche" in Frage. Das ist schon aus dem Grund ausgeschlossen, dass unterschiedliche Alternativen vorgestellt und dass auch deren Schwächen und Risiken erwähnt wurden.[265]

Sache der kirchlichen Lehre ist jedenfalls nicht der Entwurf oder die Propagierung von Verfassungsprojekten (sei es für einen Staat, sei es für ein Gebilde wie die Europäische Union). Außerdem kann niemand für irgendein konkretes politisches Projekt absolute Alleinrichtigkeit beanspruchen.[266] Gleichwohl ist die

264 *„Evangelii Gaudium"* (24.11.2013), Nr. 82, Nr. 241.

265 Umgekehrt darf die Soziallehre freilich für bestimmte Einsichten nicht nur dann eintreten, wenn diese eine große Akzeptanzchance haben – das wäre blanker Opportunismus.

266 Das wusste schon Aristoteles, und das betonte auch das Zweite Vaticanum. Aristoteles betont schon im ersten Kapitel der Nikomachischen Ethik, dass das auf die Politik als ein Gebiet der Praxis bezogene Erkenntnisstreben nicht den gleichen Grad von Akribie und Eindeutigkeit (Exaktheit) erreichen kann, wie das in anderen Wissenschaftsbereichen möglich ist und erstrebt werden muss (ebd., 1094b). Die

Aufzeigung von Möglichkeiten der Konkretisierung sozialethischer Wegweisungen angebracht, schon damit diese nicht in der Sphäre gut gemeinter allgemeiner Ideen bleiben[267] – und vielleicht auch, weil das weitere Überlegungen zur konkreten Realisierung anregen kann, vor allem in der Politik selbst.

Ein halbes Jahrhundert nach dem letzten Konzil hat Papst Franziskus erneut dazu aufgefordert, den „Zeichen der Zeit" Aufmerksamkeit zu widmen.[268]

Solche zeigen sich – was weiter oben schon ausgeführt wurde – nicht nur im engen Rahmen einzelner Nationen und im weiten Rahmen der globalen Situation, sondern auch in einer dazwischen liegenden Sphäre – der europäischen. Ausführlich wurde das bereits belegt, auch mit Hinweisen auf namhafte christliche Denker und kirchliche Amtsträger. Dass diese europäischen Zeichen der Zeit auch und gerade heute dringlichen Anlass zu politischem Handeln geben, sollte in diesem Beitrag plausibel gemacht werden.

Wachen Geistern hat sich die Notwendigkeit der Einigung Europas unter Überwindung nationaler Souveränitäten und Rivalitäten in mehrfacher Weise als Forderung der Zeit aufgedrängt; das wurde schon vermerkt. Eben diese Forderungen sollen nochmals in den Blick genommen werden, auch weil sich die Nötigungen und Umstände mittlerweile anders darstellen als seinerzeit.

Konzilsväter betonten, dass in zu politischen Fragen auftretende Meinungsverschiedenheiten (auch unter Christen) legitim sein können (siehe etwa *„Gaudium et Spes"*, Nr. 43 und Nr. 75). Dann ist ein offener Dialog geboten – ähnlich wie im politischen Gemeinwesen über die Erfordernisse des Gemeinwohls (siehe oben Anm. 13).

267 Siehe dazu *„Evangelii Gaudium"*, Nr. 232 über die Möglichkeit von Ideen, unfruchtbar zu bleiben, sowie ebd., Nr. 50 über den „diagnostischen Überhang" der Lehre, die nicht immer von wirklich anwendbaren Lösungsvorschlägen begleitet wird.

268 Ebd., Nr. 51.

I. „Europa" als Projekt der Friedenssicherung

Schon die Erfahrung des Ersten Weltkriegs – der ja als europäischer Krieg begann – hat Anstoß zu politischen Bemühungen um eine Europäische Union gegeben, die über die bislang unternommenen Anregungen und Forderungen hinausgingen.[269]

Bei weitem größere Motivationskraft lösten die erschütternden Erfahrungen des Zweiten Weltkriegs aus.[270] Es wurden politische Entschlüsse gefordert die die Wiederkehr von „europäischen Bruderkriegen" ein für alle Mal ausschließen sollten. Die Einigung sollte nicht nur dem innereuropäischen Frieden zugute kommen. Die zu schaffende föderale Gemeinschaft wurde als ein „notwendiger und wesentlicher Bestandteil jeder wirklichen Weltunion" verstanden und darauf verwiesen, dass die Charta der Vereinten Nationen ausdrücklich die Schaffung regionaler Institutionen und deren konstruktive Mitwirkung an der Friedenssicherungsaufgabe der UNO vorsieht.[271]

Bis heute, und gerade in den letzten Jahren, als andere Rechtfertigungen der Integration an Motivationskraft verloren, ist die

269 Schon während des Ersten Weltkriegs haben weitsichtige Persönlichkeiten (wie z. B. Jules Romains) gehofft, es würde sich dabei sozusagen um die Geburtswehen einer neuen post-nationalistischen Ordnung handeln (vgl. Walter Lipgebns, Die Anfänge der Europäischen Einigungspolitik Bd. 1, Stuttgart 1977, S. 34ff.). Am bekanntesten wurden die „Paneuropa"-Initiative des Grafen Nikolaus Coudenhove-Kalergi (1923) und Aristide Briands, des damaligen französischen Außenministers, Initiative zur Schaffung einer „Europäischen Union" (1929). Siehe dazu die Texte (auch einiger anderer, weniger in Erinnerung gebliebener Vorstöße) in: Europa: Dokumente zur Frage der europäischen Einigung, hrsg. i. A. des Auswärtigen Amtes vom Forschungsinstitut der Deutschen Gesellschaft für Auswärtige Politik. 1. Teilband (von 3), München 1962; im selben Teilband auch Dokumente zur Entwicklung des Einigungsprojekts in den Jahren nach 1945 bis zu den Initiativen, die zur ersten supranationalen Europäischen Gemeinschaft führten.

270 Vgl. die Ausführungen über Forderungen kirchlicher und anderer, zivilgesellschaftlicher Gruppierungen oben in den Abschnitten 6 und 7.

271 So beispielsweise das „Herstensteiner Programm" der europäischen Föderalisten vom September 1946, Text in „Europa – Dokumente...", siehe oben Anm. 257, S. 115-116.

Formel vom „Friedensprojekt Europa" von den Politikern immer wieder verwendet worden, zuweilen nahezu gebetsmühlenartig; oft verband sich damit der Hinweis, die jüngere Generation wüsste das nicht zu schätzen, weil sie die Zeit der „europäischen Bruderkriege" nicht mehr miterlebt habe.

Inzwischen hat das „Friedensprojekt Europa" neue Dimensionen bekommen, die hier nur stichwortartig angedeutet werden können.

„Kriege" werden heute nicht mehr im antagonistischen Einsatz staatlicher Streitkräfte geführt, sondern unter Mitwirkung sehr unterschiedlicher gewalttätiger Akteure, bis hin zu terroristischen Netzwerken, man spricht von „asymmetrischen Kriegen". Europa hatte in den vergangenen Jahrzehnten das Glück, davon weniger betroffen zu werden als andere Weltregionen, aus welchen Gründen immer.[272] Außerdem gibt es inzwischen eine neue Qualität von „Wirtschaftskriegen", längst nicht mehr beschränkt auf „Handelskriege" mit Blockaden, Embargos, Dumping-Aktionen u. dgl. Politische Mächte und mit ihnen verbundene wirtschaftliche, sind nicht mehr darauf aus, andere Länder militärisch zu erobern, sie versuchen, sie unter ihre wirtschaftliche Kontrolle zu bringen, in das eigene Dominanzsystem einzubeziehen, oft unter Anwendung verschiedener Druckmittel. Dagegen kann man sich zum Beispiel durch die Akkumulation von „Gegenmacht" zu wehren suchen, oder durch Vorkehrungen

272 Dass sich Europa – auch im Zuge seiner Integration – zu einem Gebiet entwickelt hat, das solchen Kräften eher geringe Chancen gibt, sich zu formieren und der Sympathie größerer Bevölkerungsteile zu versichern, mag dabei mitgespielt haben. Ob das so bleiben wird, ist angesichts mannigfacher Krisensymptome eine andere Frage. Beim diesjährigen Weltwirtschaftsforum in Davos wurde ein Memorandum „Global Risks 2014" vorgelegt, dem zufolge die hohe Arbeitslosigkeit, vor allem unter Jugendlichen, und die Klüfte zwischen Arm und Reich weltweit die größte Gefahrenquelle darstellt. Das gelte auch für Europa und seine Krisenländer; siehe dazu Die Presse, 18.01.2014, S. 16 („Aufstand gegen Reiche größtes Risiko der nächsten zehn Jahre").

zu einer „friedlichen", partnerschaftlich arrangierten gegenseitigen Öffnung. Insofern ist „Integration" auch eine Gegenstrategie zum Wirtschaftskrieg.[273]

Neuerdings hat eine besondere Form der „unfriedlichen", geradezu als räuberisch betrachteten Aneignung wirtschaftlicher Vorteile Aufregung aufgelöst, im Anschluss v.a. an die Enthüllungen von Edward Snowden: die Wirtschaftsspionage – ein Teilbereich des Wirkens von Geheimdiensten, die sich über die Rechtsordnung der „ausgehorchten" Ländern hinweg setzen, etwa über die Grundrechte auf Privatsphäre, auf Informationsintegrität u. a. m, und erst recht über gemeinsame Bündnispartnerschaften.[274] Die Justizkommissarin der Europäischen Kommission Viviane Reding hat erklärt: europäische Firmen werden in großem Stil ausspioniert, von Geheimdiensten mehrerer Länder. Außer den USA vor allem auch von Russland, China, aber auch Großbritannien und anderen europäischen Ländern. Der Schaden allein deutscher Firmen liegt nach Mitteilung des Bundesverbands der Deutschen Industrie bei 50 Milliarden Euro pro Jahr.[275]

Von einem Daten-„Krieg" als einer Dimension friedenswidrigen Verhaltens zu sprechen wäre wohl nicht ganz richtig, wiewohl es sich um deine Art von „*Cyberwar*" zur rechtswidrigen Aneignung wertvoller Daten handelt. Der Gedanke an eine gemeinsame europäische Abwehrstrategie drängt sich auf. Ein kompetenter diplomatisch erfahrener Sicherheitsspezialist hält das Berliner

---

273 Zuweilen wurde die EG/EU dafür kritisiert, dass sie sich gegenüber anderen Erdteilen und ihren Bewohnern zur „Festung" gemacht habe, mit der Folge unfairer Regeln und Praktiken der wirtschaftlichen Interaktion.

274 Siehe Heribert Prantl, Unterirdisch: Die US-Spionage in Deutschland untergräbt das Fundament, auf dem die Bundesrepublik steht, in: Süddeutsche Zeitung, 20.07.2013, S. V2/1.

275 Siehe Süddeutsche Zeitung, 23.01.2014, S. 27 („Europas Firmen werden ausspioniert"). Sowie Markus Balser, Lauschangriff, in: ebd., 01.02.2014, S. 19. Der russische Abhördienst soll 130.000 Mitarbeiter haben, der der USA 55.000. Auch kleine und mittelständische Firmen würden ausspioniert.

Projekt eines deutsch-amerikanischen „No-Spy-Abkommens" für aussichtlos, eine europäische Geheimdienstkonvention mit Regeln für die Einhaltung rechtsstaatlicher Standards und des Prinzips der Verhältnismäßigkeit hingegen für dringend nötig.[276]

Es gibt eine weitere Sphäre der europäischen Friedenspolitik: Versuche der Wahrnehmung ihrer Friedensaufgabe jenseits der eigenen Grenzen. Im grundlegenden Vertragsartikel über ihr „auswärtiges Handeln" wird die Union auf jene Grundsätze verpflichtet, die „für ihre eigene Entstehung, Entwicklung und Erweiterung maßgebend waren"; dazu gehört es auch, „den Frieden zu erhalten, Konflikte zu verhüten und die internationale Sicherheit zu stärken."[277] Da über die entsprechenden Ziele und Interessen der Europäische Rat entscheidet, und zwar einstimmig,[278] wird sie nur insoweit und derart aktiv, wie das der bequemste gemeinsame Nenner der Regierungen zulässt. Die Substanz einer wirklich gemeinsamen, womöglich supranational – von einer Regierung, der auch ein Außenminister angehört – definierten Friedenspolitik ist daher dürftig.[279]

Immerhin hat sich die Europäische Union entschlossen, dem verheerenden gegenseitigen Morden von Christen und Muslimen

---

276 Siehe Hans-Dieter Heumann, Dem großen Bruder Grenzen zeigen, in: Süddeutsche Zeitung 23.01.2014, S. 2. Der Verfasser ist Präsident der deutschen Bundesakademie für Sicherheitspolitik in Berlin, vorher amtierte er als Diplomat in Paris, Washington und beim Europarat. Bundeskanzlerin Angela Merkel hat in ihrer Regierungserklärung am 29.01.2014 vor dem Bundestag zugegeben, dass die Aussicht auf ein bilaterales Abkommen eher unrealistisch ist; siehe die Debattendokumentation, Beilage zum Parlament, 03.02.2014.

277 EU-Vertrag in der Fassung von Lissabon, Artikel 21 Absatz 1. Und Abs. 2 lit. c.

278 Ebd., Artikel 22 Absatz 1.

279 In Wirklichkeit betrachten die Mitgliedstaaten die Außenpolitik als ihre höchsteigene Sache; das ist jüngst wieder deutlich geworden, als bei der 50. Münchener Sicherheitskonferenz gerade deutsche Sprecher, wie Bundespräsident Joachim Gauck und Außenminister Frank-Walter Steinmeier, den Akzent auf die deutschen Interessen legten, nicht etwa auf gemeinsame europäische Interessen und Aktionen: siehe Christoph Prantner, Deutschland will nicht mehr bloß Zuschauer sein, in: Der Standard, 01.02.2014, S. 3.

in der Zentralafrikanischen Republik ein Ende zu setzen oder zumindest aktiv dazu beizutragen, auf Grund eines Mandats des UNO-Sicherheitsrats, unter französischer Führung, zeitlich begrenzt (bis zur vorgesehenen Übernahme der Aufgabe durch die Afrikanische Union oder die UNO selbst.)[280] Ob diesem Engagement weitere folgen werden, in welcher Frequenz, mit welchen konkreten Aktionen, und mit welchen Resultaten, ist noch nicht abzusehen.

Anmerkung zum Schlagwort „Europa als Friedensprojekt" ist angebracht. Inwiefern die Europapolitik, welthistorisch gesehen, eine friedenspolitische Pionierleistung ist wird deutlich, wenn man die These des amerikanischen Historikers Ian Morris bedenkt, dass der gesellschaftliche Fortschritt in aller Regel durch den Zusammenschluss kleinerer Sozial- und Herrschaftsverbände zu größeren zustande kam, in aller Regel durch Kriege. Ein berühmtes Beispiel ist die Errichtung des Römischen Reiches, mit der Folge der Durchsetzung der *„Pax Romana"*. Die Integration bislang nebeneinander koexistierender Gesellschaften zu einem größeren Ganzen ist seiner These zufolge nicht, wie etwa Herbert Spencer in der vom zivilisierten Fortschritt überzeugten Vor-Weltkriegszeit meinte, ein Resultat zumeist friedlicher Evolution; sie wird vielmehr gewaltsam durchgesetzt.[281] Das aber kommt letztlich dem Wohl der Menschen zugute: die Integration

280 Der Sicherheitsrat hat die EU dazu in seiner Resolution 2134 ermächtigt. Siehe Daniel Brössler, Europa zieht in den Krieg, in: Süddeutsche Zeitung, 31.01.2014, S. 7. Zu einer früheren militärischen Befriedungsaktion der EU und den Lehren daraus vgl. Hans-Georg Ehrhart, Friedensmacht in Aktion? Der Militäreinsatz der EU in der Demokratischen Republik Kongo zwischen Symbolik, Realpolitik und kosmopolitischem Engagement, in: Hans-Georg Ehrhart/Sabine Jaberg/Bernhard Rinke/Jörg Waldmann (Hrsg.), Die Europäische Union im 21. Jahrhundert, Wiesbaden 2007, S. 148-161.

281 Siehe Ian Morris, Krieg: Wozu er gut ist, Frankfurt a. M./New York 2013. Kriege sind also zivilisations- und humanitätsförderlich, insoweit sie zu einer integrierten, die Gewalt eindämmenden Zivilordnung führen. (Zur der die kriegerische Gewalt ausblendenden Sicht Herbert Spencers siehe: Ders., A System of Synthetic

führt zur signifikanten Abnahme der tödlichen Gewalt, dank der Effektivität der Friedenssicherung im neuen größeren System: Der Anteil der gewaltsamen Todesfälle lag in der Steinzeit bei 20 Prozent, heute liege er weltweit bei nur noch 0,7 Prozent. Gewaltabbau, wachsende „Zivilisierung“, sei also *„grosso modo“* das Resultat von Kriegen. Vor diesem historischen Hintergrund stellt sich die europäische Einigung als ein menschheitsgeschichtlich neuartiges Pionierwerk zur friedenschaffenden „Integration“ auf friedlichem Wege dar, anders z. B. als die vorangehenden Versuche kriegerischer Vereinigung Europas, von Karl dem Großen über Napoleon bis zu Hitler.[282]

Damit könnte sie auch der weltweiten Politik des Gewaltabbaus und der Zusammenführung von Gesellschafts- und Herrschaftsverbänden ein Vorbild sein. Erst wenn man all dies zusammen sieht, kann man verstehen, warum die Europäische Union 2012 den Friedens-Nobelpreis verliehen bekam.

II. „Europa“ als Projekt der Freiheits- und Demokratiesicherung

Lange Zeit war den Politikern und der Öffentlichkeit kaum mehr bewusst, dass das Engagement der Vordenker und Initiatoren der Integrationspolitik während des Zweiten Weltkriegs und danach eben so sehr von der Wahrnehmung eines weiteren „Zeichens der Zeit“ bestimmt war wie vom Friedensgedanken.

Nicht nur die Exzesse der kriegerischen Gewalt (vor allem im „totalen Krieg“) begriffen sie als ein zur Umkehr rufendes Menetekel, sondern auch die menschenverachtenden und massenhaft

---

Philosophy, 10 Bde., London/New York 1862-1893, vgl. dazu Heinrich Schneider, Leitbilder der Europapolitik, Bonn 1977, S. 83ff.)

282 Vorschläge und Aufrufe zu einem solchen Friedenswerk gab es seit dem Mittelalter immer wieder, aber es blieb beim Wünschen und Werben; vgl. aus der älteren Literatur z. B. Kurt von Raumer, Ewiger Friede, Freiburg/Br.- München 1953. Rolf Hellmut Foerster, Europa – Geschichte einer politischen Idee, München 1967.

menschenvernichtenden Gewaltexzesse der totalitären Herrschaftssysteme des 20. Jahrhunderts. Europa war als ein Kontinent betrachtet worden, in dem eine spezifische Idee der Humanität nicht zu Bewusstsein gekommen, sondern vermeintlich auch zum Lebensgesetz geworden war, geprägt von den antiken, den jüdischen und christlichen sowie den aufklärerisch-humanistischen Traditionen. Dass gerade in europäischen Staaten Ideologien und Bewegungen die politische Macht in Besitz bringen konnten, die eben diese Traditionen verachteten und zu liquidieren trachteten, war eine verstörende Erfahrung.

Auch das wurde als ein verpflichtender Anstoß zur Umkehr wahrgenommen.[283] Man sah es als gemeinsame Pflicht der europäischen Staaten und Völker, für alle Zukunft die „Machtergreifung" totalitärer Bewegungen zu verhindern und die Achtung der Menschenrechte, sowie die rechtsstaatlich-demokratische Verfassung als ein Rechtsgut der Bürger eines jeden europäischen Staates zu betrachten, das gemeinsam und solidarisch verteidigt werden muss.

Das schloss eine Absage an das Prinzip der Nichteinmischung in innere Angelegenheiten anderer Staaten, und damit an das herkömmliche Souveränitätsverständnis ein. Um des Ausschlusses willkürlicher (vom eigenen Machtinteresse motivierter) Interventionen willen, sah man eine supranationale Rechtsordnung – eine Verfassung – als notwendig an.

Dieser Beweggrund zur Einigung schien jahrzehntelang an politischer Aktualität verloren zu haben. Erst nach Jahrzehnten wurde in dem Unionsvertrag der jetzige Artikel 7 eingefügt, der Interventionen im Fall schwerwiegender Verletzungen der Grundwerte der Union (Achtung der Menschenwürde, Freiheit, Demokratie, Gleichheit, Rechtsstaatlichkeit, Wahrung der Menschenrechte) vorsieht. Für die Verhängung von Sanktionen sieht

283 Das wurde schon oben in Abschnitt 7 angesprochen.

die Bestimmung allerdings keine leichten Hürden vor; keine der in manchen Mitgliedstaaten aufgetretenen Irregularitäten hat bisher zur Einleitung eines entsprechenden Verfahrens geführt.

Das Thema ist nicht nur deshalb erinnerungswürdig, weil die rechtsstaatlich-demokratische Ordnung neuerdings da und dort wieder Anfechtungen ausgesetzt zu werden scheint (in den letzten Jahren ist darüber u.a. im Blick auf Ungarn, auf Italien und auf Bulgarien diskutiert worden – die Stichhaltigkeit der Bedenken kann hier nicht erörtert werden); auch nicht nur, weil es eine von Anfang an wichtige Rechtfertigung der supranationalen Einigung Europas darbietet, sondern auch aus weiteren Gründen.

Ein zusätzlicher Aspekt des europäischen Demokratiesicherungsprojekts ist erst im Lauf der Zeit in Erscheinung getreten, zunehmend in den letzten Jahren. Die Vordenker und Gründerväter ließen sich ihn nicht träumen; für sie war es selbstverständlich, dass das europäische politische Gemeinwesen nicht nur die mitgliedstaatliche Demokratie fördert und stabilisiert, sondern selbst eine demokratische Struktur hat. Die Rede von einem „Demokratiedefizit" kam zwar schon relativ bald auf, aber das entsprach zunächst spezifischen Interessen mancher Akteure.[284] Inzwischen aber hat sich ein unionales „Regierungssystem" entwickelt, das von genuin demokratischen Willensbildungs- und Kontrollprozessen abgekoppelt ist: Die Machtverteilungsstruktur der Union entspricht nicht mehr dem auf die Verträge gegründeten System der Organe und Prozeduren, auf Kosten der Demokra-

284 Siehe schon oben in Anm. 194. Ein früher Beitrag: Karl-Heinz Naßmancher, Demokratisierung der Europäischen Gemeinschaften, Bonn 1972 (wo „Demokratisierung" zum Thema wird, herrscht ein entsprechendes Defizit). Oft hat man dabei an die Schwäche des Europäischen Parlaments gedacht, manchmal auch an die (noch) fehlende Konstituierung eines *„dêmos"*, also an die Schwäche des Wir-Bewusstseins und der Solidarisierungsbereitschaft. Integrationsfreundliche Betrachter hofften auf den Abbau dieser Schwächen; Kritiker meinten, eine Demokratisierung der EU sei unmöglich, und deswegen müsse sie schwach gehalten oder zu einem System der Zusammenarbeit „souveräner" Staaten zurückentwickelt werden.

tie.[285] Dann aber schließt das „Demokratiesicherungsprojekt Europa" auch eine demokratisierende Verfassungsreform der Union selbst ein.

„Europa als Demokratiesicherungsprojekt" weist noch einen weiteren Aspekt auf. Auch zugunsten der Demokratie hat sich die Union in ihrem schon erwähnten Vertragsartikel 21 zum Engagement über die eigenen Grenzen hinaus verpflichtet.[286] Sie nimmt sich vor, Demokratie, Rechtsstaatlichkeit, die Gültigkeit der Menschenrechte und Grundfreiheiten, sowie die Grundsätze der Gleichheit und der Solidarität auch weltweit zu fördern. Das kann zum Beispiel dadurch geschehen, dass sie darauf ausgeht, in internationalen Übereinkünften das eigene Entgegenkommen von der Bereitschaft des jeweiligen Vertragspartners zu rechtsstaats- und demokratiepolitischen Zusagen abhängig zu machen.[287]

Noch ein letzter mit „Europa als Demokratiesicherungsprojekt" verknüpfter Gedanke verdient einen Hinweis; wenn das Thema (selten genug!) überhaupt bedacht wird, spielt er kaum eine Rolle, weil die Aussagen dazu andere Assoziationen nahelegen.

Die meisten Europa-Aufrufe der frühen Nachkriegszeit kamen zu allererst auf den Niedergang Europas zu sprechen:[288]

---

285 Vgl. statt vieler die Aussage von Martin Nettesheim oben bei Anm. 11, sowie die These von Anthony Giddens, Turbulent and Mighty Continent – What Future for Europe?, London 2013: Neben dem im EU-Vertrag begründeten Organsystem habe sich außerhalb der Verfassung eine informelle, aber tatsächlich die Macht ausübende Nebenregierung etabliert, bestehend aus einigen Mitgliedern des Europäischen Rates sowie dem EZB-Präsidenten.

286 Siehe oben bei Anm. 277.

287 Hiervon abgesehen gilt aber auch für diese Dimension des „auswärtigen Handelns", dass über entsprechende Strategien der Europäische Rat einstimmig entscheiden muss; vgl. oben im Text bei Anm. 278 und 279.

288 Die Völker und Staaten litten unter den Kriegsfolgen, waren unter die Botmäßigkeit einer der beiden neuen Weltmächte (USA und Sowjetunion) geraten. Vorher hatten sie die Welt dominiert, zu erheblichen Teilen in je eigene Einflusssphären aufgeteilt. Nun hatten sie Macht und Einfluss verloren. Es gab eine zweistellige Millionenzahl von Kriegstoten, die in Hitlers Vernichtungslagern Umgekommenen nicht mitgerechnet. Die landwirtschaftliche und die industrielle Produktion waren

Europa war „ein zersplittertes power vacuum", anscheinend verurteilt, als ein „balkanisch zersplitterter Zwischenraum" im Kraftfeld der Supermächte zu existieren.[289] In der Nachkriegszeit hatten Staaten Europas ihre politische Gestaltungskraft verloren, sie waren statt dessen der Macht der Supermächte und deren Willen ausgesetzt, die eigenen Interessen durchzusetzen. So war das primäre Argument zugunsten des Zusammenschlusses die Überwindung der Ohnmacht. Das klang so, als gelte es, so viel wie möglich von der alten Weltstellung wiederzugewinnen, zwar nicht für jede der ehemaligen Großmächte, aber für den Staatenverbund doch wieder Weltgeltung. Man kann das aber auch anders verstehen. Oft hieß es: Europa stehe vor der Wahl „zwischen Balkanisierung und Helvetisierung".[290] Der Zusammenschluss zu einer unverbrüchlichen föderalen Eidgenossenschaft, die Helvetisierung, bedeutete klarerweise nicht den Erwerb einer weltpolitischen Machtstellung, aber die Gründung eines Gemeinwesens, in dem man selbst die eigene Gegenwart und Zukunft gestalten kann. „Balkanisierung" – das hieß: einer weitgehenden Fremdbestimmung ausgesetzt zu sein, dem Kräftespiel von außen einwirkender Mächte. In einer solchen Lage funktioniert Demokratie nicht wirklich. Sie setzt voraus, dass „zuhause" über die Alternativen der Schicksalsgestaltung entschieden werden kann. Nur wenn dies der Fall ist, kann es darum gehen, ob dies in den Händen der Bürgerinnen und Bürger (des Volkes) liegt, oder in denen anderer einheimischer

---

rapid zurückgegangen, Hunger und Verarmung waren verbreitet. Das Atomzeitalter hatte begonnen; dass dabei auch einer der darnieder liegenden europäischen Staaten eine aktive Rolle spielen könnte, schien kaum vorstellbar.

289 So Walter Lipgens, Die Anfänge der Europäischen Einigungspolitik I, Stuttgart 1977, S. 16-17, unter Berufung auf Arnold Tonybee (1955).

290 Die Formel wurde dem 1946 in Basel lebenden Philosophen Karl Jaspers zugeschrieben, war aber schon 1942 von Adolf Gasser geprägt worden; siehe Heinrich Schneider, Die Eidgenossenschaft – Vorbild und Leitbild für die Einigung Europas?, in: Thomas Cottier/Rachel Liechti-McKee (Hrsg.), Die Schweiz und Europa, Zürich 2010, S. 107-162, hier S. 198, Anm. 2.

Machthaber. Steht ein Gemeinwesen so sehr unter dem Druck von auswärtigen Kräften, dass die Regierenden gleichsam fast alle Hände voll zu tun haben, darauf zu reagieren, statt ihre eigenen Vorstellungen über das, was das Gemeinwohl eigentlich erfordern würde, in die Tat umzusetzen,[291] dann ist der Spielraum der Selbstbestimmung so eingeengt, dass auch Demokratie nicht das ist, was sie sein sollte. Heute haben sich die Konstellationen seit der Blütezeit des Slogans „Helvetisierung oder Balkanisierung" geändert. Aber das Problem ist nicht gegenstandslos geworden. Nichts anderes meint z. B. Jürgen Habermas, wenn er meint, der europäische Einzelstaat sei außerstande, die Probleme von heute zu lösen; er sei dem „Steuerungsbedarf" immer weniger gewachsen, und dies mache ein demokratisches Regieren jenseits des Nationalstaats nötig.[292]

Auch deswegen ist die supranationale Einigung eine Bedingung demokratischer Selbstbestimmung; allerdings müssen die

291 Legendär ist der (hier sinngemäß wiedergegebene) Ausspruch des früheren deutschen Bundeskanzlers Helmut Schmidt: 80 Prozent seiner Zeit und Kraft brauche er, um auf von außen kommende Herausforderungen mit Feuerwehraktionen zu reagieren; der Rest bleibe ihm für die eigentlichen Regierungsaufgaben...

292 Zitiert nach Christoph Hickmann, Mehr Demokratie wagen, in: Süddeutsche Zeitung, 03.02.2014, S. 3. – Habermas wird in diesem Beitrag noch mehrmals zitiert. Vielleicht wird man den angesehensten Angehörigen der zweiten Generation der „Frankfurter Schule" als politisch einseitig betrachten. Seine europapolitische Zentralbotschaft ist aber ebenso markant von einem der profiliertesten christlich-konservativen Politiker vertreten worden. Der langjährige CSU-Chef Franz Josef Strauß hat immer wieder, schon vor mehr als einem Menschenalter betont, „dass die nationale Souveränität [...] in Wirklichkeit längst zu einer Scheinsouveränität geworden" ist. Der Nationalstaat könnte weder eigenständig Konjunktur- und Wirtschaftspolitik noch Währungspolitik betreiben (Strauß schrieb das lange Zeit vor dem Anfang der Wirtschafts- und Währungsunion!). Man müsse fragen, „ob demokratische Staaten nicht [...] immer schwieriger zu regieren sind, weil viele der anstehenden Probleme längst den einzelstaatlichen Rahmen gesprengt haben". „Die großen und lebensentscheidenden Aufgaben, die vor uns Europäern stehen, sind auf nationale Ebene nicht mehr zu lösen" – so Franz Josef Strauß, Gebote der Freiheit, 1980 (zit. nach: Paneuropa Deutschland, 36. Jg. 2013, Nr. 3/4, S. 10–11. Eine bloße Zusammenarbeit souverän bleibender Staaten hielt er für unzureichend; siehe weiter unten Anm. 369.

Bürger erst begreifen, dass sie die Chance dazu nur gemeinsam haben.[293]

III. „Europa" als Projekt der Rettung der Menschenwürde

Das dritte als Aufruf und Antrieb zur Einigung Europas wahrgenommene „Zeichen der Zeit" ist erst im Lauf der letzten Jahre wahrgenommen – und bereits weiter oben, in Abschnitt 5 dieses Beitrags, angesprochen – worden: Es stellt sich auch als eine Zuspitzung des im vorigen Absatz dargestellten Dilemmas dar: Die Übermächtigung der Politik durch die Dynamik wirtschaftlicher Kräfte überfordert die europäischen Einzelstaaten. Sie verlangt nach einer Zusammenführung der politischen Kräfte, und nach einem nicht vom Tauziehen der Einzelinteressen bestimmten Einsatz.

Papst Franziskus spricht im Apostolischen Schreiben *„Evangelii Gaudium"* von der Gefahr der „Entmenschlichung". „Heute spielt sich alles nach den Kriterien der Konkurrenzfähigkeit und nach dem Gesetz des Stärkeren ab."[294] Menschen leiden unter einer „Vergötterung des Geldes" und unter der „Diktatur einer Wirtschaft ohne Gesicht". „Es entsteht eine neue unsichtbare,

293 Wie wenig das bisher in Österreich begriffen wird, zeigt sich an den herrschenden Meinungen über das Europäische Parlament: nur jeder Zweite hält es für wichtig, mehr als 25 Prozent halten es für schlichtweg verzichtbar; siehe Conrad Seidl, Jeder Vierte hält EU-Parlament für verzichtbar, in: Der Standard, 03.02.2014, S. 7. Sowie ebd., den „Aufmacher" auf S. 1 („Nur jeder Zweite hält EU-Parlament für wichtig").

294 *„Evangelii Gaudium"*, Nr. 51 und Nr. 53. Die Hoffnung, dass in einem System völlig entfesselter Märkte das Wirtschaftswachstum sukzessiv auch dem Wohlstand der Armen und Ausgeschlossenen zugute kommen würde, sei trügerisch (ebd., Nr. 54). Wie viele Aussagen des jetzigen Papstes, die Aufsehen erregt haben, steht auch diese in einer etablierten Lehrtradition; siehe etwa die Erklärung der Römischen Bischofssynode (1971) *„De iustitia in mundo"*, Nr. 10: „Die in den letzten 25 Jahren weltweit verbreitete Erwartung, das Wirtschaftswachstum werde zu einer solchen Güterfülle führen, dass die von den Tischen der Reichen fallenden Brotsamen für die Armen ausreichen würden, um davon zu leben, hat sich […] als trügerischer Wahn enthüllt."

manchmal virtuelle Tyrannei, die einseitig und unerbittlich ihre Gesetze und ihre Regeln aufzwingt."

Das „Kontrollrecht der Staaten, die beauftragt sind, über den Schutz des Gemeinwohls zu wachen" wird von Ideologien, die dieses System verteidigen, bestritten.[295]

Das sind nicht die einzigen starken Worte, die der Papst den Lesern des Schreibens zumutet.[296] So manche Aussage regt zur Kommentierung an, wie auch die zuletzt zitierte: Nicht überall wird die Emanzipation der Marktkräfte aus der „Kontrolle der Staaten" bejaht. Gerade in Europa ist es eher die herrschende Überzeugung, dass der Markt – so wie das die katholische Soziallehre seit langem vertreten hat – nicht schlichtweg von Übel ist, dass er indessen erstens einen ordnungspolitischen Rahmen braucht,[297] und dass es zweitens Formen und Wirkweisen des „Marktversagens" gibt, die um des Gemeinwohls willen Ausgleichsmaßnahmen erforderlich machen.[298] In jüngster Zeit haben

---

295 Ebd., Nr. 55 und 56. In Nr. 51 warnt Franziskus vor „Prozessen einer Entmenschlichung". Abermals mag ein Zitat belegen, dass damit keine radikal „neuen" Lehren vorgetragen werden: „Die übermäßige Labilität der Wirtschaftslage und der ganzen Wirtschaftsverfassung fordert vom wirtschaftenden Menschen dauernd die höchste Anspannung seiner Kräfte. Dadurch sind viele Gewissen so abgestumpft, dass ihnen zum Geldverdienen jedes Mittel gut genug ist [...]. Die Leichtigkeit [...] im ungeregelten Markt Gewinne zu machen, lockt viele zum Handel [...] [mit dem Ziel, HS] möglichst mühelos und bequem zu gewinnen, und zu diesem Ende [...] die Preise durch wilde Spekulation ruhelos nach oben und wieder nach unten zu treiben [...]" – so *„Quadragesimo anno"* (1931), Nr. 132.

296 Einige Aussagen klingen missverständlich, so z. B. das „Nein" zur „Disparität der Einkommen" (Nr. 53). Die Frage, ob man das wirklich als ein Plädoyer für die völlige Gleichheit aller Erwerbseinkommen (und womöglich auch noch der Alters- oder Invaliditätsrenteneinkommen) verstehen soll, oder nicht doch eher als Verurteilung exorbitanter Einkommensunterschiede, hat der Papst inzwischen beantwortet: In seiner Botschaft zum Weltfriedenstag 2014 wandte er sich gegen die „übertriebene Unausgeglichenheit bei den Einkommen" (nach: Kathpress-Tagesdienst Nr. 291 (12.12.2013), S. 11-12, hier S. 12).

297 Vgl. oben in Anm. 146 den Hinweis auf die eigentliche Bedeutung des Begriffs „Neoliberalismus".

298 Der EU-Vertrag verpflichtet die Union in Artikel 3 Absatz 3 auf eine „in hohem Maße wettbewerbsfähige soziale Marktwirtschaft, die auf Vollbeschäftigung und

jedoch schockierende Vorgänge, die auf eine völlig unzureichende, vielleicht gar nicht hinreichend lückenlos mögliche Kontrolle des Agierens von Banken möglich wurden, nicht nur das Vertrauen in die Banken schwer erschüttert,[299] sondern auch das Vertrauen in das Wirtschaftssystem.[300]

Bedenklicher als die von Papst Franziskus getadelten Ideologien, die die „Kontrolle der Staaten" über die Marktkräfte ablehnen, ist das Faktum, dass die einzelnen europäischen Staaten zu dieser

---

sozialen Fortschritt abzielt". Das gibt ihr den Auftrag, den von Papst Franziskus so entschieden verurteilten Tendenzen entgegenzuwirken. Europäische Politiker verweisen gern darauf, dass hier nur 7 Prozent der Weltbevölkerung leben, aber zwischen 20 und 25 Prozent der weltweiten Wirtschaftsleistung produziert wird, dass jedoch fast die Hälfte aller Sozialleistungen der Welt in Europa aufgebracht werden (so z. B. Angela Merkel in einem Interview im Spiegel, 23/2013, 03.06.2013, S. 29, auch schon im Spiegel 50/2012, S. 24) – der größte Teil geht natürlich an europäische Empfänger. Eine andere Frage ist es, ob das europäische Wirtschaftssystem in seiner derzeitigen Verfassung auch jetzt noch, seit dem stürmischen Vordringen des „Ökonomismus", den Erwartungen an sozialer Gerechtigkeit hinreichend entsprechen kann, und wieder eine andere: ob man darauf ohne Bedenken stolz sein darf, oder eher besorgt sein muss, angesichts der härter werdenden asiatischen Konkurrenz.

299 „Die Hälfte aller Deutschen hat nach der Finanzkrise kein Vertrauen mehr in die Banken, die andere Hälfte hatte schon vor der Krise kein Vertrauen" – so Die Welt, 10.03.2010, zitiert nach Wolfgang Fach, Exzessiver Egoismus, in: Merkur Nr. 773/774 (Oktober/November 2013), S. 1075-1083, hier S. 1083, Anm. 17.

300 Die Berichte darüber bestätigen auf bestürzende Weise die Aussage von Papst Franziskus über den „gesellschaftlichen Krebs" der „Korruption" („*Evangelii Gaudium*", Nr. 60): Im Dezember 2013 wurden gegen eine Reihe von namhaften Bankern Bußgelder von mehr als 1,7 Milliarden Euro wegen eigensüchtiger Manipulationen von Zinssätzen verhängt; Millionen von Verbrauchern erlitten Verluste. Im Anschluss daran gab der Verdacht der Manipulation von Währungskursen zu Lasten der Kunden Anlass zu weiteren Ermittlungen; siehe etwa: Andrea Rexer, Schwerer Verdacht gegen Großbanken, in: Süddeutsche Zeitung, 04.12.2013, S. 1. Björn Funke/Andrea Rexer/Markus Zydra, Unter uns, ebd., S. 20-21. Claus Hulverscheidt/Markus Zydra u. a., Verzocktes Vertrauen. Immer wieder erschüttern neue Skandale die Finanzbrache, in: ebd., 05.12.2013, S. 7. Marc Beise, Die Totengräber, ebd., S. 4 („Diese Zocker bringen die ganze Marktwirtschaft in Verruf"). Vgl. dazu abermals „*Quadragesimo anno*", (1931), Nr. 132: „Die schlimmsten Ungerechtigkeiten und Betrügereien spielen sich ab im Halbdunkel der Anonymität hinter der Fassade einer neutralen Firma. Verwaltungen von Erwerbsgesellschaften gehen in ihrer Pflichtvergessenheit bis zur Untreue denen gegenüber, deren Ersparnisse sie zu verwalten haben […]".

Kontrolle – auch bei gutem Willen der Regierenden – außerstande sind. Darauf hat, wie viele andere Autoren, schon seit langem Jürgen Habermas hingewiesen:[301] Er bezeichnet das, was Papst Franziskus kritisiert, als die im Zug der Globalisierung stattfindende „Verdrängung der Politik durch den Markt". Die autonome Handlungsfähigkeit der Staaten nimmt ab. Eine Ursache dafür ist in seinen Augen bereits die Standortkonkurrenz (das Bestreben, Investoren durch die Einräumung möglichst weitgehender Vergünstigungen anzulocken), die bereits vor dem Ausbruch der seit 2008 das Geschehen bestimmenden Krise üblich geworden war. Damit schwächen die Staaten ihre eigene Finanzkraft, und so auch die Fähigkeit, den volkswirtschaftlichen Gesamtprozess nach Maßgabe von Gemeinwohlerfordernissen zu steuern und auf die sozialen Verhältnisse – orientiert an Gerechtigkeitserfordernissen – gestaltend Einfluss zu nehmen.[302] Habermas leitet daraus die Forderung ab, die EU zu einer echten Föderation weiter

301 Jürgen Habermas, Der europäische Nationalstaat unter dem Druck der Globalisierung, in: Blätter für deutsche und internationale Politik, 4/1999, S. 425ff. Siehe auch: Ders., Die postnationale Konstellation und die Zukunft der Demokratie, ebd., 7/1998, S. 804ff. Vgl. auch oben Anm. 280.

302 Habermas ebd., (1999), S. 433. Siehe auch ebd., S. 435: Es gelte „die Regierungsfähigkeit der Union zu stärken, damit europaweit Politiken und Regelungen durchgesetzt werden können, die [...] Umverteilungen zur Folge haben." Das liefe auf Transferregelungen hinaus, die mit dem Widerstreben derer rechnen müssten, die dafür aufzukommen haben. Ohne eine die Nationen übergreifende Solidarisierungsbereitschaft, wie sie bislang normalerweise nur Mitbürgern des eigenen Staates zugute kommt, wird das kaum möglich sein. (In Krisenzeiten ist sogar die „intranationale" Solidarität nicht mehr selbstverständlich, wie die Kritik der besser gestellten deutschen Länder am „Finanzausgleich" sichtbar werden ließ (siehe etwa: Frank Müller/Mikl Szymanski, Bayern klagt gegen Finanzausgleich, in: Süddeutsche Zeitung 17.07.2012, S. 1; Karl Gaulhofer, Bayern klagt gegen Finanzausgleich, in: Die Presse, 18.07.2012, S. 17). Vergleichbare Konflikte – mit politischen Konsequenzen – gibt es (von Positionen wie jener der „Lega Nord" in Italien nicht zu reden) auch zwischen reichen und armen Regionen, sowie zwischen den für beide zuständigen staatlichen Institutionen in anderen Ländern (siehe z. B. Fiona Ehlers/Hans Hoyng/Christoph Schulz/Helge Zuber, Die Stunde der Egoisten, in: Der Spiegel, 41/2012 (08.10.2012), S. 98-100).

zu entwickeln – nur dann gewänne sie die politische Kraft, die Marktdynamik unter Kontrolle zu bringen, der einzelne Staat wäre dazu außerstande. Habermas meint, fast so als ob er die Aussagen von Papst Franziskus vorhergesehen hätte: die Wiederherstellung der Gemeinwohlgerechtigkeit schließe Vorsorge für annähernd vergleichbare Mindestlöhne ein, und das liefe auf die Angleichung der materiellen Lebensbedingungen hinaus.[303]

Die Folgerung für die hier behandelte Problematik ist klar, und im Argumentationsgang dieses Beitrags nicht neu: Will man die wirtschafts- und finanzpolitische Botschaft von *„Evangelii Gaudium"* und vor allem ihre sozialethische Grundlage im Blick auf die Europäische Union ernst nehmen, dann nötigt dies zur Forderung, die EU in ein stärker von Supranationalität bestimmtes Gemeinwesen umzugestalten.

Dass das nicht ohne eine nachhaltige Stärkung der europaweiten Solidarisierungsbereitschaft möglich sein wird, die auch den Neigungen zum Egoismus und politischen Anfechtungen standhalten muss, ist eine besonders dringliche Herausforderung an die christliche Sozialethik – und man darf vielleicht sogar sagen: auch an die kirchliche Verkündigung.

Papst Franziskus beklagt und verurteilt in *„Evangelii Gaudium"*, wie dargelegt, das derzeitige „gesellschaftliche und wirtschaftliche System"; es sei „an der Wurzel ungerecht". Er warnt davor, dass „das in den ungerechten Gesellschaftsstrukturen kristallisierte Böse" zur Gewaltsamkeit führen werde, wenn es nicht gelingt, „eine menschlichere Gesellschaftsordnung zu schaffen."[304]

303 Ein deutscher Spitzenpolitiker hat vor 12 Jahren gemeint: Eben das mache den Unterschied zwischen einem bundesstaatlichen und einem staatenbündischen System aus: So der damalige niedersächsische Regierungschef und derzeitige Vizekanzler und SPD-Vorsitzende Sigmar Gabriel in einem Interview mit der Süddeutschen Zeitung, 12.02.2001, S. 1 („Integration funktioniert nicht nach dem Wolfsprinzip").

304 Papst Franziskus, *„Evangelii Gaudium"*, Nr. 59 und Nr. 57.

Anstelle von konkreten Hinweisen, wie das mit Aussicht auf Erfolg (also auch mit der wirksamen Unterstützung von nicht nur marginalen gesellschaftlichen und politischen Kräften) ins Werk gesetzt werden kann, wendet er sich mit einem Aufruf „an die Finanzexperten und die Regierenden der verschiedenen Länder", sie mögen die Mahnung „eines Weisen des Altertums" – nämlich des heiligen Johannes Chrysostomos (*350, +407) bedenken, dass man die eigenen Besitztümer mit den Armen teilen soll.[305]

Welche Resonanz auf diese Mahnung mag er in den Zirkeln der Mächtigen wohl erwartet haben? (Zumal wenn sie in demselben Schreiben lesen: die Lehren der Kirche müssten konkret sein, auf dass die Grundsätze nicht bloße allgemeine Hinweise bleiben…[306]) Hofft er auf ein Wunder – darauf, dass Blinde sehend, Taube hörbereit werden? Die Regierenden und die in der Wirtschafts- und Finanzwelt über die Schaltstellen der Macht Verfügenden verdienen gewiss mahnenden Zuspruch. Doch wäre auch ein Aufruf zum Engagement an all jene angebracht, die in Kirche und Gesellschaft die Botschaft hören.[307] Papst Franziskus weiß, dass es da noch an konkretem Handeln mangelt: Er beklagt, dass der Einsatz der Laien (die „die riesige Mehrheit des Gottesvolkes bilden, und in deren Dienst die Minderheit der geweihten Amtsträger steht"), zu wenig auf das „Eindringen christlicher Werte in die soziale, politische und wirtschaftliche Welt" ausgeht, zur „Verwandlung der Gesellschaft".[308] Dabei

---

305 Ebd., Nr. 57 und dort Anm. 55.

306 Ebd., Nr. 182.

307 Pius XI. schrieb, auf die Aufgabe der Reform wie er sie damals sah Bezug nehmend: Ohne eine entsprechende „Gesinnungseinheit" sind „die weisesten Anordnungen" nutzlos („*Quadragesimo anno*", Nr. 137), und „Christenart ist es, sich dahin zu stellen, wo der Kampf am heißesten ist" – „schwere Mühen" sind unvermeidlich (ebd., Nr. 138). Eine besonders wichtige Aufgabe habe das Laienapostolat; der Klerus müsse für seine Heranbildung sorgen, und „darum muss der ganze priesterliche Nachwuchs durch ein angestrengtes Studium der Gesellschaftswissenschaften eine gediegene Ausbildung dazu erhalten" (ebd., Nr. 142).

308 „*Evangelii Gaudium*", Nr. 102.

denkt der Papst dann sicher an das Ganze der Probleme und der anstehenden Reformen in Gesellschaft, Politik und Wirtschaft in der Welt von heute. Dennoch sind die Voraussetzungen für Wendungen zum Besseren in den verschiedenen Weltregionen nicht dieselben.

Gerade deshalb bietet es sich an, Anstrengungen zum Wandel vielleicht vor allem dort zu unternehmen, wo die Realisierungschancen etwas größer sind als anderwärts.

Eben dies spricht für die Dringlichkeit des europapolitischen Reformprojekts.

Zwar ist die nationenübergreifende Solidaritätsbereitschaft in den Jahren seit dem Ausbruch der Krise erheblich zurückgegangen: Anlässlich des Ringens um Rettungs- und Hilfsmaßnahmen beklagen sich die Geber darüber, dass sie auf Teile ihres Wohlstands zugunsten unsolid und bequem lebender Länder verzichten sollen, während die Empfänger sich nicht nur „im Stich gelassen", sondern auch unzumutbar massiv unter Druck gesetzt fühlen.

Dem steht die Tatsache gegenüber, dass sich die übergroße Mehrzahl der Sachkundigen einig ist: Ohne engeres Zusammenstehen und ohne eine Politik, die zielstrebig auf die Überbrückung der Kluft ausgeht, gibt es weder für die einen, noch für die anderen Aussicht auf stabile Besserung, schon auf Grund der gegenseitigen Abhängigkeiten, aus denen herauszulösen für alle Beteiligten verhängnisvolle Folgen hätte.

Die Übereinstimmung einer Vielzahl von Fachleuten ist ein gewichtiges Argument zugunsten jener der Reformprojekte, die die christliche Soziallehre als Antwort auf die dargestellten „Zeichen der Zeit" nahe legt.

Sie sollte die engagierten Christen in ihrer Bereitschaft zum Engagement bestärken.

13. Eideshelfer und Zeugen aus der Fachwelt

Es würde nicht ausreichen, die soeben angesprochene auffällige Konvergenz der Sichtweisen und der politischen Folgerungen in der Fachwelt und mit den Aussagen der Soziallehre nur zu behaupten.

Sie soll daher im Folgenden belegt werden, im Zug einer „Umschau" auf Zeugnisse hellsichtiger Politiker, Wirtschaftsexperten und anderer kompetenter Zeitgenossen (Gelehrte und Publizisten).[309] Manche der Voten stammen aus der Zeit vor dem Ausbruch der Krise, beruhen also auf Überlegungen, die noch nicht von der alarmierenden Entwicklung der letzten Jahre veranlasst wurden.

Dass *Politiker,* die sich seit langem für die politische Einigung Europas eingesetzt haben, ihren Überzeugungen treu blieben, ist nicht erstaunlich.

309 Ausführliche Zitierungen könnten auf Grund der weitgehenden inhaltlichen Konvergenz womöglich langweilen. So wird im Folgenden nur eine Liste von sachkundigen „Eideshelfern" präsentiert, ohne dass deren Aussagen in extenso wiedergegeben werden; einige davon werden z. T. in Anmerkungen, sinngetreu zusammengefasst. Manche Zeugen und Zeugnisse kamen bereits zur Sprache, etwa (wie u. a. im Fall von Wolfgang Schäuble) im Zusammenhang mit den Vorschlägen zur Fortentwicklung des Regierungssystems der Union.

Für deutsche *Christdemokraten* mag das selbstverständlich sein,[310] und wohl auch für Gesinnungsgenossen aus anderen Ländern, wie Luxemburg[311] oder Spanien.[312]

Bemerkenswert ist jedoch die Vielfalt der nationalen und der politischen Heimaten. Sie spricht gegen die Behauptung, nur

---

310 Vgl. statt vieler anderer Aussagen die Ansprache des damaligen Bundespräsidenten (1994-1999) Roman Herzog vor dem Europäischen Parlament in Straßburg am 10.10.1995; Text in: Paneuropa Deutschland 4/1995, S. 9-16. Vgl. auch Süddeutsche Zeitung, 11.10.1995, S. 1 („Herzog setzt sich vehement für die Währungsunion ein – Kritik an Aufgabe der Idee des Bundesstaates") und S. 4 („Herzogs europäisches Glaubensbekenntnis"). Auch Herzogs aus der SPD kommender Nachfolger Johannes Rau (amtierend von 1999-2004) trat unmissverständlich für eine europäische Föderation ein, mit einer kurzen und verständlichen Verfassung, die auch die Kompetenzaufteilung zwischen der supranationalen und der mitgliedstaatlichen Ebene klarstellt. Die Ministerräte sollten zu einer zweiten Kammer („Staatenkammer"), das bisherige Europäische Parlament sollte zu einer „Bürgerkammer" werden. Einen „bürokratischen Superstaat" wolle niemand; siehe: Bundespräsident Johannes Rau, Die Quelle der Legitimation deutlich machen – Eine föderale Verfassung für Europa, in: Frankfurter Allgemeine Zeitung, 04.11.1999 (in französischer Sprache auch in Le Monde). Vgl. auch ebd., 05.11.1999 („Kein europäischer Einheitsstaat nach französischem Muster" – Rau ruft in Paris zu einer Föderation der EU-Mitgliedstaaten auf...). Dass es im Verlauf der Kanzlerschaft von Angela Merkel gewichtige Akzentverschiebungen der deutschen Politik gegeben hat (die zum Teil in offenem Widerspruch zum Programm der CDU stehen), wird noch zur Sprache kommen.

311 Zu den christdemokratischen Matadoren der supranationalen Einigung gehört – wie weithin bekannt – auch der langjährige Regierungschef Luxemburgs, Jean-Claude Juncker; schon 2002 warnte er vor dem Abgleiten der Unionspolitik in den Intergouvernementalismus (siehe Süddeutsche Zeitung, 01.06.2002, S. 10: „Eine EU-Außenpolitik gehört in die Kommission"). Im Juli 2012 sprach er sich – ähnlich wie Wolfgang Schäuble – für die Wahl eines „Präsidenten der Europäischen Union" durch die Unionsbürger aus; inzwischen könnten, ohne dass dies eine Vertragsänderung erfordern würde, die Präsidentenämter des Europäischen Rates und der Kommission zusammengelegt werden; diese Personalunion erfordere keine Vertragsänderung; siehe Die Presse, 16.07.2012, S. 5 („Juncker für Direktwahl von EU-Präsident"). Vgl. auch seine Aussage im Spiegel-Interview (Ausgabe 29/2012 vom 16.07.2012, S. 28-30. „Gemeinsam gewinnen"): wir sollten „jetzt mit Hochdruck daran arbeiten, die Währungsunion durch eine politische Union zu ergänzen".

312 Der spanische Ministerpräsident Mariano Rajoy (von der dortigen „Volkspartei" PP, die zur christdemokratischen „Europäischen Volkspartei" gehört) hat erst jüngst über die Wirtschaftsunion hinaus die „Politische Union" als notwendig bezeichnet; siehe Süddeutsche Zeitung, 09.12.2013, S. 6 („Uns muss niemand belehren").

in einigen Mitgliedstaaten und „Parteifamilien“ wäre man sich einig; im Folgenden nur einige knappe Hinweise.

Auch *Liberale*, wie der frühere belgische Regierungschef (1999–2007) und der derzeitige Fraktionsvorsitzende der Liberalen im Europäischen Parlament, Guy Verhofstadt[313] und der britische Europa-Parlamentarier Andrew Duff gehören zu den Parteigängern der weitergehenden politischen Integration.[314]

Aus dem *sozialdemokratischen* Lager gehören zu den Verfechtern der supranationalen Einigung beispielsweise der frühere deutsche Bundeskanzler Gerhard Schröder – der ohne Hemmungen geradewegs für die Gründung von „Vereinigten Staaten von Europa“ eintrat.[315] Andere eher der moderaten Linken zuzurechnende Politiker gingen nicht unbedingt so weit, machten sich jedoch für dieselbe Reformrichtung stark, wie die europapolitischen Profis Jacques Delors und Romano Prodi.[316] Bemerkenswert eindeutig haben sich jüngst der dem sozialistischen Parteimilieu entstammende ehemalige italienische Regierungschef Giuliano Amato

313 Guy Verhofstadt, The United States of Europe (2005), dt.: Die vereinigten Staaten von Europa – Manifest für ein neues Europa, Eupen 2006. Vgl. auch: Der Standard, 27.03.2010 („Wir brauchen eine gemeinsame Regierung“).

314 Andrew Duff, Federal Union Now, London 2001; ders., On Governing Europe, London 2012.

315 So in einem Spiegel-Interview in der Ausgabe vom 05.09.2011. Siehe auch Die Presse, 05.12.2011, S. 5 („Schröder wirbt für Vereinigte Staaten von Europa“). Siehe auch oben in Anm. 310 die Hinweise auf Bundespräsident Johannes Rau.

316 Siehe Guy Verhofstadt/Jacques Delors/Romano Prodi, Europe must plan a reform, not a pact, in: Financial Times, 02.03.2001. Jacques Delors hatte als Kommissionspräsident die Gemeinschaft aus einer jahrelangen Phase der Stagnation herausgeführt und sich stets für eine föderale Finalität ausgesprochen. Romano Prodi war an der Spitze des linken Wahlbündnisses „Ulivo“ italienischer Regierungschef und dann 1999-2004 Präsident der Europäischen Kommission. Die Hauptthese der drei unterschiedlichen Autoren besagte: Das intergouvernementale Tauziehen funktioniert nicht, es verführt zum Augen-Zudrücken einerseits, zur Erpressung andererseits. Ganz arg ist es, wenn einige Länder eine „Kungelei“ (im englischen Text „*cabal*“ = Kabale) unternehmen, um den übrigen eine Entscheidung aufzunötigen. Logisch wäre es, die Steuerungsaufgabe der Kommission zu übertragen (also sie zur supranationalen Regierung zu machen).

und die letzte (in der Regierung Letta amtierende) italienische Außenministerin Emma Bonino für einen Kurs „nach vorn in Richtung mehr Europa“ und für einen Abbau der nationalen Souveränität ausgesprochen.[317]

Erst recht haben sich Politiker unterschiedlicher nationaler Herkunft aus dem *„grünen“ Lager* für die Stärkung der Supranationalität im politischen System der Union stark gemacht.[318]

Der der moderat konservativen „Bürgerplattform“ (PO) angehörende polnische Außenminister *Radislaw Sikorski* sprach sich nicht nur dafür aus, dass die Kommission schlagkräftiger gemacht, die Ämter des Kommissionspräsidenten und des Präsidenten des Europäischen Rates zusammengelegt und das Parlament gestärkt wird; sondern sogar für die Weiterentwicklung der Union zu einer Föderation nach dem Vorbild der USA und der Schweiz; Deutschland sollte die Führungsrolle bei dieser Reform übernehmen.[319]

---

317 Giuliano Amato, von Haus aus Verfassungsrechtsprofessor, war mehrmals Minister und Regierungschef; seinerzeit auch Vizepräsident des „Zukunftskonvents“, der den EU-Verfassungsvertrag entworfen hatte; siehe Susanna Bastaroli, „Ich bin mit diesem Europa unglücklich“, in: Die Presse, 22.10.2013, S. 5. Interview von Stefan Ulrich mit Emma Bonino in der Süddeutschen Zeitung, 06.02.2014, S. 7 („Die Kritik an Berlin ist ziemlich kleinlich“), mit einem klaren Bekenntnis zu einem europäischen Bundesstaat, aber unter Beachtung des Subsidiaritätsprinzips.

318 Aus Deutschland v. a. Joschka Fischer, Vom Staatenverbund zur Föderation – Gedanken zur Finalität der europäischen Integration, in: Integration 3/2000, S. 149-156. Ders., Das europäische Haus steht in Flammen, in: Süddeutsche Zeitung, 04.06.2012, S. 2.
Aus Frankreich: Daniel Cohn Bendit, Vielfalt und Zusammenhalt: Eröffnungsvortrag zum 46. Kongress der Deutschen Gesellschaft für Soziologie (Bochum 2012); siehe dazu Volker Breidecker, Das Leben entlang der A 40, in: Süddeutsche Zeitung, 08.10.2012, S. 13.
Aus Österreich: Alexander Van der Bellen, Europa, Vaterländer und die Bankenkrise, in: Wiener Zeitung, 04.11.2008, S. 2. Ders., Vereinigte Europäische Staaten..., in: Wiener Zeitung, 12.06.2012, S. 11. Die Europa-Abgeordnete Ulrike Lunacek (siehe Der Standard, 07.06.2013, S. 4. „‚Bremser' in den nationalen Regierungen“). Vgl. auch: Daniel Cohn-Bendit/Joschka Fischer, Für Europa!, München 2012.

319 „Wenn die Renationalisierung oder der Zerfall inakzeptabel sind, bleibt nur ein Weg: Europa [...] regierbar zu machen“; siehe Mr. R. Sikorski, Minister of Foreign

Soweit einige namhafte Exponenten der Politik aus verschiedenen Ländern und „Lagern".

Aktiven Politikern mag unterstellt werden, dass ihre Aussagen von der Prägung ihrer Sichtweise durch spezifische institutionelle Interessen mitbestimmt werden.[320] Aussagen des EZB-Präsidenten Mario Draghi (obschon es Aussagen gleichen oder ähnlichen Inhalts auch von vielen anderen kompetenten Zeitgenossen gibt): „Wenn wir das Vertrauen in die Euro-Zone wiederherstellen wollen,

---

Affairs of the Republic of Poland: Poland and the Future of the European Union, Speech at the German Council of Foreign Relations, Berlin 28.11.2011, http://www.msz.gov.pl/pl/ (abgerufen am 23.07.2014). Vgl. auch Oliver Grimm, Polnischer Appell: Deutschland soll Europa aus der Krise führen, in: Die Presse, 30.11.2011, S. 7.

320 Das gilt wohl u. a. für derzeitige oder ehemalige Kommissionsmitglieder, denen man ohne weiteres das eigene Interesse an einer Positions- und Machtstärkung der Kommission unterstellen kann. Siehe als neueres Beispiel etwa den Beitrag der dem christdemokratischen Lager zuzuordnenden Kommissions-Vizepräsidentin Viviane Reding in der Frankfurter Allgemeinen Zeitung vom 09.03.2012, S. 10 („Mit einer Vision aus der Krise finden"). Dort wird u. a. folgendes vorgeschlagen: Zum ersten sollte im Vorfeld der Wahlen zum Europäischen Parlament diskutiert werden, ob der Weg zu einer „umfassenden politischen Union" beschritten werden soll, und ob nur die Euro-Länder oder alle Mitgliedstaaten diesen Weg gehen sollten. Zum zweiten sollten sich die Staats- und Regierungschefs noch vor den Parlamentswahlen darauf einigen, dass der vom Parlament zum Präsidenten der Kommission Gewählte gleichzeitig Präsident des Europäischen Rates werden sollte. Zum dritten sollte der neue Präsident mit der Rückendeckung der Staats- und Regierungschefs, einen Konvent zur Ausarbeitung eines Vertrags zur Politischen Union einberufen. Dieser sollte u. a. das Recht des Parlaments zur Gesetzesinitiative enthalten, so dass es „zum eigentlichen EU-Gesetzgeber" wird. Zudem sollte das Parlament das Recht zur Wahl der Kommission erhalten, der Kommissionspräsident andererseits die Befugnis, das Parlament gegebenenfalls aufzulösen. Zum vierten sollte der Vertrag in Kraft treten, sobald er in mindestens zwei Drittel der Mitgliedstaaten im Weg von Volksabstimmungen Zustimmung erhält; die Unionsbürger sollten darüber abstimmen, ob ihr Staat dem Vertrag beitritt oder künftig nur noch dem Binnenmarkt angehören wird. Redings Ideen gehen also den Weg zum parlamentarischen Regierungssystem weiter als die schon erwähnten ähnlichen Vorschläge anderer Politiker. Über die Zukunft des „Europäischen Rates" schwieg sich die Autorin aus. Vorstellbar wäre es, dass sie ihm die Aufgabe einer Legitimitätsstärkung zuspricht, ohne dass die Inhalte der Politikgestaltung in seiner Hand liegen – ähnlich wie das weiter oben im Text (bei Anm. 250f.) für die „Gemeinschaftsmethode" skizziert wurde.

müssen die Länder einen Teil ihrer Souveränität an die europäische Ebene abtreten [...]. Viele Regierungen haben noch nicht verstanden, dass sie ihre nationale Souveränität längst verloren haben. Weil sie in der Vergangenheit zu hohe Schulden aufgetürmt haben, sind sie nun vom Wohlwollen der Finanzmärkte abhängig. Es ist paradox, aber es ist dennoch richtig: Erst wenn die Euro-Länder bereit sind, ihre Souveränität auf europäischer Ebene zu teilen, werden sie an Souveränität gewinnen."[321]

Eine andere Bewandtnis und ein besonderes argumentatives Gewicht hat es hingegen, wenn ausgerechnet *Jean-Claude Piris*, der langjährige aus Frankreich stammende Chefjurist des Rates, also gewissermaßen des intergouvernementalem Gegenspielers der supranationalen Kommission, für eine weitere Übertragung von Hoheitsrechten auf die supranationale Ebene plädiert, wiewohl er zugibt, dass nationale Parlamente dafür zur Zeit nicht zu haben seien), und wenn er erklärt: „Wir brauchen eine dynamischere Kommission, die unabhängiger ist von den Regierungen", weil die intergouvernementale Methode nicht funktioniert, weil sie Einstimmigkeit erfordert.[322]

Jedenfalls ist es aufschlussreich, auch Stellungnahmen einiger anderer, außerhalb des politischen Machtspiels stehender *Wirtschaftsexperten* zur Kenntnis zu nehmen.

Der für seine Theorie optimaler Währungsräume 1999 mit dem Nobelpreis ausgezeichnete aus Kanada stammende, jahrzehntelang an der Columbia University in New York forschende und lehrende Ökonom *Robert Alexander Mundell* sprach sich schon 2004 für eine Reform der EU aus, die eine für die Wirt-

321 Mario Draghi, Der Spiegel, 44/2012 (29.12.2012), S. 74-78, hier S. 76-77 („Wir mussten handeln").

322 Siehe das Interview mit Oliver Grimm, „Wir müssen Europa neu gründen...", in: Die Presse 09.12.2011, S. 2-3. Piris war von 1988 bis 2010 Chef des Juristischen Dienstes im Generalsekretariats des Rates.

schafts- und Finanzpolitik zuständige Regierung sowie das Recht zur Steuereinhebung vorsieht.[323]

Der ehemalige Präsident der Europäischen Zentralbank *Jean Claude Trichet* (vorher Gouverneur der französischen Notenbank) plädierte für die Einführung eines parlamentarischen Regierungssystems, in dem der Europäische Rat zu einer Art „Senat" würde (also zu einer Zweiten Parlamentskammer), das Europäische Parlament zu einem „Unterhaus", und die Kommission zur „Exekutive".[324]

Der frühere „Chefökonom" der Europäischen Zentralbank *Otmar Issing* (zuvor Direktoriumsmitglied der Deutschen Bundesbank, lange Jahre Mitglied des „Sachverständigenrates", also des Gremiums der deutschen „Wirtschaftsweisen") hält eine Übertragung der Entscheidungskompetenz, die im Kontext der „Fiskalunion" sachnotwendig ist, auf eine europäische Institution für nötig, was aber auch die Schaffung einer „Politischen Union" erforderlich mache.[325]

Zu denken gibt es, dass Hans-Werner Sinn, deutscher „Spitzenökonom", der in seiner Kritik der derzeitigen Währungsunion so weit geht, dass er für die „vorübergehende" Schrumpfung der Euro-Zone eintritt, unmissverständlich erklärt: „Grundlegende Voraussetzung für das Funktionieren von Geld- und Fiskalunion in Europa ist die Gründung der Vereinigten Staaten von Europa, mit einem realen Parlament, zusammen mit einem

323 Siehe das Interview von Nikolaus Piper, Süddeutsche Zeitung, 06.09.2004, S. 20 („Europa braucht ein Wirtschaftskabinett"). Die Verwendung des Ausdrucks „Kabinett" – am ehesten zu übersetzen mit „Regierungsmannschaft" – deutet darauf hin, dass damit kaum ein Gremium wie der Europäische Rat gemeint sein kann).

324 Zitiert nach Thomas Kirchlechner, Die Neuerfindung Europas, in: Süddeutsche Zeitung, 12.11.2011, S. 2 (im Französischen schließt „Exekutive" die „gubernative" Aufgabe sinngemäß ein).

325 Siehe Süddeutsche Zeitung, 22.11.2013, S. 21: „Ex-EZB-Volkswirt Issing lobt Euro und kritisiert Eurobonds". Zur Realisierungschance für die Schaffung der Politischen Union äußerte er sich skeptisch.

europäischen Rechtssystem (eine „echte, langfristige Union" sei noch nicht geschaffen). Da Frankreich noch nicht bereit sei, dabei mitzumachen, sei ein stabilisierendes „Zwischenstadium" nötig.[326]

Schließlich dürfen auch noch einige angesehene österreichische Wirtschaftswissenschaftler als Zeugen benannt werden:

Der Direktor des Österreichischen Instituts für Wirtschaftsforschung (WIFO), *Karl Aiginger* (auch Honorarprofessor an der Universität Linz), kritisierte den „Kompetenzwirrwarr" in der EU und plädierte für die Stärkung der Kommission zu Lasten des Rates und für die Direktwahl des Kommissionspräsidenten.[327]

Der langjährige Jean-Monnet-Professor an der Wirtschaftsuniversität Wien, *Fritz Breuss*, hält eine Stärkung der EU bis hin zur Schaffung von „Vereinigten Staaten von Europa" für die wünschenswerteste Entwicklung der Union.[328]

Vielleicht sind viele Politiker und Ökonomen derart intensiv von den aktuellen Kontroversen in Anspruch genommen, dass ihnen eine distanzierte, unabhängige Urteilsbildung schwer fällt. So mag es angebracht sein, auch „Eideshelfer" in die Umschau einzubeziehen, die dieser Gefahr weniger ausgesetzt sind.

Auch hierfür nur einige wenige Beispiele:

Der angesehene Historiker *Heinrich August Winkler* (langjähriger Ordinarius in Freiburg im Breisgau und Berlin) hält den derzeitigen Zustand des „Staatenverbundes" für nicht auf Dauer stabilisierbar; eine Stärkung der Supranationalität ist in

326 So Hans-Werner Sinn, der Präsident des deutschen „Ifo-Instituts für Wirtschaftsforschung", in: Die Presse, 09.01.2014, S. 26 („Europa erneuern – und zwar von Grund auf").

327 Siehe: „Neue Regierung soll Kassasturz machen", in: Wiener Zeitung, 30.08.2013, S. 12-13.

328 Da die Wählerinnen und Wähler dafür nicht so einfach zu gewinnen seien, sei dieser Weg kurz- und auch mittelfristig nicht aussichtsreich; die Alternativen wären indessen entweder das „Weiterwursteln wie bisher" – die teuerste und auf Dauer untragbare Vorgangsweise, oder die „Schrumpfung" der Euro-Zone, was massive Wachstumseinbußen zur Folge hätte. Siehe Fritz Breuss, Trojanische Pferde füttern, in: Der Standard, 06.07.2012, S. 31.

seinen Augen unerlässlich: Das Europäische Parlament muss mehr Kompetenzen bekommen, und seine Debatten müssen so geführt werden, dass sich in allen nationalen Öffentlichkeiten ein Gefühl „*nostra res agitur*“ (es geht um unsere Sache, unser Schicksal) einstellt.[329] Angesichts dessen hält Winkler „die Umwandlung des Staatenverbundes in eine Föderation“ für einen „qualitativen Sprung“, aber „wenn Europa in der multipolaren Welt eine Rolle spielen will, muss es diesen Weg beschreiten“ – dann wäre „das Europäische Parlament das demokratisch legitimierte Organ, vor dem sich die Exekutive in Gestalt der Europäischen Kommission zu verantworten hätte.“[330]

Winkler hält das nicht nur für erstrebenswert, sondern auch für realisierbar: Die proeuropäischen Parteien würden für eine entsprechende Verfassungsrevision nicht nur in Deutschland dann eine Mehrheit bekommen, wenn den Wählern klar gemacht würde, dass die Alternative das Ausscheiden aus der Eurozone und der Rückfall in die alte Nationalstaatlichkeit wäre.[331]

Man mag einwenden, dass die europäische Einigung in Deutschland seit langem populärer war als anderswo, etwa in Großbritannien. Aber auch ein so renommierter Historiker wie der in Oxford und Stanford/California lehrende Historiker *Timothy Garton Ash* hält, da es nun schon eine Währungsunion gibt, eine „politische Union“ für nötig – „wenn wir nicht vorwärts gehen, dann können wir nur zurück.“[332]

---

329 Heinrich August Winkler, „Hochgefährlich für den europäischen Gedanken“, in: Der Standard, 17.04.2012, S. 14.

330 Heinrich August Winkler, Was den Westen zusammenhält, in: Süddeutsche Zeitung, 23.02.2012, S. 11.

331 Dann würde man „eine überzeugende Mehrheit für die Politische Union oder, wie ich formulieren würde, für die Europäische Föderation, bekommen“, bzw. in den meisten Mitgliedstaaten demokratische Aufträge in Richtung mehr Europa“, so ders., a. a. O.

332 „Weil wir eine Währungs-, aber keine politische Union haben, werden Entscheidungen, die langfristige europäische Interessen über kurzfristige nationale stellen zwar dringender gebraucht, aber weniger belohnt.“ – „Die Kräfte von Integration

Schon weiter oben ist in diesem Beitrag auf die zum Teil beschwörend klingenden Appelle des Sozialwissenschaftlers und Philosophen *Jürgen Habermas* zu der, um des Gemeinwohls willen nötigen Stärkung der Supranationalität der Europäischen Union verwiesen worden.[333]

Weniger gelehrt als Habermas, aber ebenso leidenschaftlich hat sich in Österreich *Robert Menasse* die gängigen Vorurteile und Irrlehren über die aktuelle Europapolitik kritisch aufgreifend, für eine entsprechende Politik ausgesprochen, nämlich für eine supranationale europäische Demokratie.[334]

---

und Desintegration, der Solidarität mit Europa und des nationalen Egoismus sind in einem sehr labilen Gleichgewicht" – „Klar ist, dass wir nicht dort stehen bleiben können, wo wir sind" – so Timothy Garton Ash, Der Spielraum, über den wir mitentscheiden, in: Der Standard, 28.02.2009, S. 3.

333 Siehe oben bei den Anm. 271 und 272. Vgl. auch: Jürgen Habermas, Braucht Europa eine Verfassung? (1995), in: Ders., Die Einbeziehung des Anderen, Frankfurt/M. ^{2}1997, S. 185-191. Ders., Warum braucht Europa eine Verfassung?, in: Die Zeit, 28.06.2001, S. 7. Ders., Zur Verfassung Europas, Berlin 2011. Ders., Ein Pakt für oder gegen Europa?, in: Süddeutsche Zeitung 08.04.2010, S. 11. Ders., Heraus aus dem Teufelskreis, in: Süddeutsche Zeitung, 22.09.2012, S. 13. Ders., Im Sog der Technokratie – Kleine politische Schriften XII, Berlin 2013. Zusammen mit dem „Wirtschaftsweisen" Peter Bofinger und dem Philosophen Julian Nida-Rümelin kritisierte er – im Einklang mit seinen früheren Plädoyers für eine supranationale Demokratie – heftig den durch die Art der europapolitischen Entscheidungsprozeduren verursachten demokratischen Substanzverlust der Demokratie in Europa; „kopflos inkrementalistische Behandlungsversuche" hätten die Krise nicht bewältigt, sondern nur verschärft. Die gemeinsame Währung lasse sich nur „mit einer deutlichen Vertiefung der Integration" aufrecht erhalten, eine Abfolge von Hilfsmaßnahmen würde die Staatsvölker langfristig überfordern (sowohl die der Geber- wie die der Nehmerländer). Eine „Souveränitätsübertragung auf europäische Institutionen ist [...] unvermeidlich, um Fiskaldisziplin durchzusetzen. Nötig seien „klare verfassungspolitische Vorstellungen von einer supranationalen Demokratie, die ein gemeinsames Regieren erlaubt, ohne die Gestalt eines Bundestaates anzunehmen" – der Bundesstaat würde die Solidaritätsbereitschaft der historisch eigenständigen europäischen Völker überfordern. Siehe Peter Bofinger/Jürgen Habermas/Julian Nida-Rümelin, Einspruch gegen die Fassadendemokratie, in: Frankfurter Allgemeine Zeitung, 03.08.2012.

334 Robert Menasse, Der europäische Landbote – Die Wut der Bürger und der Friede Europas, Wien 2012.

Hingegen ist Anthony Giddens einer der namhaftesten britischen Soziologen; auch er plädiert für die möglichst rasche Politische Union supranationalen Charakters, also nicht für einen zentralisierten „Superstaat", sondern für ein föderales Gemeinwesen, in dem auch Kompetenzverlagerung in größere Bürgernähe (auf die Mitgliedsstaaten und deren Regionen, etwa Bundesländer) – offenbar gemäß dem Subsidiaritätsprinzip – möglich sein sollten.[335]

Juristisch kompetente „Eideshelfer" könnten in großer Zahl in den Zeugenstand gerufen werden, vor allem natürlich Koryphäen des Europarechts. Stattdessen möge das ausführliche Zitat eines besonders angesehenen Verfassungsjuristen (und deutschen Verfassungsrichters) genügen. *Ernst-Wolfgang Böckenförde* hält es – wie die Päpste – für nötig, dass das heutige Wirtschaftssystem „umorientiert und umgebaut werden muss."[336] Dazu bedürfe es einer „handlungs- und entscheidungsfähigen Staatsgewalt, die über eine bloße Gewährleistungsfunktion für die Entfaltung des Wirtschaftssystems und ein Ausmitteln des Parallelogramms der Kräfte hinausgeht", sondern vielmehr „wirksam Gemeinwohlverantwortung wahrnimmt". Böckenförde setzt fort: „Wo aber ist solche Staatlichkeit zu finden? Die Kraft des Nationalstaates reicht angesichts der globalen wirtschaftlichen Verflechtung nicht mehr aus, sie kann von den weltweit agierenden Wirtschaftskräften immer wieder unterlaufen werden. Andererseits lässt sich Staatlichkeit nicht Weltmaßstab, als Weltstaat, organisieren, sondern nur für und in begrenzten Räumen, die miteinander in Beziehung

335 Anthony Giddens, a. a. O. 2013, siehe oben Anm. 285. Die derzeitige vertragswidrige Verfassungswirklichkeit der Union erfordere dringend eine Reform in Richtung auf eine supranationale Demokratie.

336 Und zwar weil es, mit seinen Worten, der Natur und der Bestimmung des Menschen widerspricht; die statt dessen Anerkennung verdienenden Leitprinzipien findet er, im Kontrast zum heute maßgebenden „Besitzindividualismus" (siehe dazu Anm. 159!) bei Thomas von Aquin; siehe Ernst Wolfgang Böckenförde, Woran der Kapitalismus krankt, in: Süddeutsche Zeitung, 24.09.2009, S. 8.

stehen und kooperieren. Der Aufruf geht also zunächst an Europa. Aber wird es den Willen und die Kraft dazu haben?"

Sicher nicht, wenn die Politik nicht auch von den Bürgern dazu ermutigt wird. Vor allem Christen sollten dies als ihre Aufgabe sehen. Ob das Ziel der Reform freilich „Staatlichkeit" im bisher geläufigen neuzeitlichen Sinn bedeuten muss, ist eine andere Frage.

Gewiss gibt es Andersdenkende. Die Auseinandersetzung mit ihren Thesen würde sich lohnen. Um diesen Beitrag nicht noch mehr ausufern zu lassen, soll auch das nur knapp und exemplarisch geschehen, im Blick auf eine Argumentation, die erstens von einem sehr renommierten Autor stammt und, zweitens als stellvertretend für viele andere Aussagen genommen werden kann (bis zu solchen des deutschen Bundesverfassungsgerichts).

Die Botschaft von *Hermann Lübbe* lautet: Vereinigte Staaten von Europa werde es nicht geben.[337] Sieht man sich seine Argumentation genauer an, dann wird klar: was er zurückweist, ist eine europäische Kopie der „Vereinigten Staaten von Amerika", eines „Staates traditionellen Musters"; „ungeteilt souverän".[338] Einen Staat kann sich Lübbe nur als politische Organisation einer „Nation", vorstellen, die ihre Identität schon hat, bevor sie eine staatliche Verfassung erhält.[339] Die Europäische Union wird die Staatsqualität ihrer Mitgliedstaaten „nicht in sich aufsaugen."[340] Weil es ein „europäisches Staatsvolk" im Singular nicht gibt, kann es auch keine Zentralstellung des Parlaments im politischen Sys-

337 Hermann Lübbe, Abschied vom Superstaat: Vereinigte Staaten von Europa wird es nicht geben, Berlin 1994.

338 Ebd., S. 16, S. 27, 28, 130. S.132, 141.

339 Ebd., S. 38. Dass das eine im Blick auf die historischen Realitäten fragwürdige Vorstellung ist, kommt Lübbe nicht in den Sinn; vgl. dazu Heinrich Schneider, Die Europäische Union als Staatenverbund oder als multinationale „Civitas Europea"?, in: Albrecht Randelzhofer/Rupert Scholz/Dieter Wilke (Hrsg.), Gedächtnisschrift für Eberhard Grabitz, München 1995, S. 677-723.

340 Hermann Lübbe, ebd., S. 132.

tem der Union geben;[341] so muss die Gesetzgebungshoheit „beim Europäischen Rat verbleiben, in welchem die Regierungen der souveränen Mitgliedstaaten der Gemeinschaft vertreten sind."[342] Zwar ist, zum einen, die Verfassungsentwicklung der Union inzwischen darüber hinausgegangen, vor allem im Zug des Reformvertrags von Lissabon.[343] Zum anderen plädiert heutzutage kaum irgendwer für eine Unionsverfassung, die jener der USA entspricht.[344]

Die Hauptschwäche von Lübbes Thesen ist es, dass sie in einem fragwürdigen Verständnis von staatlicher und staatenübergreifender politischer Ordnung befangen bleiben – „Staatlichkeit" (und „Souveränität") versteht er im Zeichen des in diesem Beitrag schon früher angesprochenen „westfälischen Systems",[345] und er ignoriert, dass die Geschichte und die politische Realität über dieses System mittlerweile hinausgegangen ist. Mehrmals spricht er die „militärpolitische Souveränität" der Mitgliedstaaten an;[346]

341 Ebd., S. 147.

342 Ebd., S. 148. Der Autor scheint da das überkommene Gesetzgebungsorgan, den Rat (der die entsprechende Befugnis inzwischen mit dem Europäischen Parlament teilen muss) mit dem „Europäischen Rat" zu verwechseln.

343 Die Gesetzgebungsbefugnis liegt in den Händen des Europäischen Parlaments und des Rates.

344 Helmut Kohl, sein politisches Leben lang entschiedener Verfechter der supranationalen „Politischen Union", distanzierte sich längst vor dem Erscheinen von Lübbes Buch von seiner jahrelangen Neigung, den Ausdruck „Vereinigte Staaten von Europa" zu verwenden: „Ich habe diese Formel jahrzehntelang gebraucht, aber ich habe lernen müssen, dass die Formel in die Irre führt, weil jeder [...] sofort [...] an die Vereinigten Staaten von Amerika denkt". Die Bürger der USA seien zu einer einzigen Nation geworden, aber das solle in Europa gerade nicht geschehen: Helmut Kohl, Die einigende Kraft des kulturellen Erbes im zusammenwachsenden Europa, in: Bulletin des Presse- und Informationsamtes der Bundesregierung, 39/1993, S. 341ff., hier S. 343.

345 Siehe oben die Hinweise in Abschnitt 8, u. a. in den Darlegungen nach Anm. 147. Sowie in den mit den Anmerkungen 149 und 163-170 versehenen Passagen. Auch was Lübbe über den Föderalismus schreibt ist in diesem Verständnis befangen. Siehe Lübbe, a. a. O. 1994 (siehe Anm. 302), S. 126f., 129, 132f.

346 Lübbe, ebd., S. 130, 131, 143.

das erinnert an das für jenes System charakteristische „ius ad bellum". Dass das geltende Völkerrecht ein Gewaltverbot einschließt und damit dieses *„ius ad bellum"* als den Kern militärpolitischer Souveränität abgeschafft hat (auch wenn im Fall des Versagens des Friedenssicherungssystems der UNO militärische Verteidigung sozusagen als Nothilfe zulässig ist),[347] ficht ihn nicht an.

Die exemplarische „Gegenprobe" zu der von so vielen hochkompetenten Zeitgenossen übereinstimmend geteilten Sicht des Reformbedarfs führt also nicht zur Entkräftung dieser Sicht, sondern entbehrt der Überzeugungskraft. Dennoch erweist sie sich als nützlich: sie zeigt auf, dass auch das europapolitische Denken sehr angesehener Zeitgenossen überholten Vorstellungen verhaftet sein kann. Daraus ergibt sich Diskussionsbedarf. Ob die der Soziallehre widersprechenden Vorstellungen im Dialog mit ihr als fragwürdig erkennbar gemacht werden können?

Es käme auf den Versuch an.

---

347 Siehe oben in Abschnitt 8, v. a. Anm. 163 und 164.

14. Sehen – Urteilen – Handeln? Die Kluft zwischen Einsicht und Realpolitik am deutschen Beispiel

Schon seit langem scheint die Europapolitik nicht mehr auf jene Ziele auszugehen, die die Gründerväter im Auge hatten, und die auch heute – wie zuletzt belegt werden sollte – von so vielen kompetenten und vertrauenswürdigen Sachkennern unterschiedlicher nationaler und politischer Zugehörigkeit bejaht werden, dass sich die Realisierung als sachgerecht oder sogar als geboten aufdrängt.

Die Realpolitik tickt anders.

Erstaunlich werden das nur politisch naive Zeitgenossen finden. Politik ist in demokratischen Gemeinwesen nicht die Herrschaft der Weisen (wie in Platons idealer Polis), oder Sache derer, die sich von solchen ihr Handeln vorschreiben lassen.

Die Entscheidungsträger agieren inmitten komplexer Kräftefelder, sind vielfältigen Versuchen der Druckausübung und der Einflussnahme (auch der intellektuellen) ausgesetzt, nehmen oft darauf Rücksicht (nicht selten bleibt ihnen nichts anderes übrig), und dabei müssen sie Kompromisse eingehen. Gern wird Jean-Claude Juncker zitiert: „Wir wissen natürlich, was wir zu tun hätten. Aber wir wissen nicht, wie wir dann wiedergewählt werden können."[348]

Das enthält zugleich eine Zuspitzung und eine Vereinfachung; zwei Überlegungen zeigen das:

Erstens erinnert die gängige abwertende Kritik des „Populismus" (der Neigung von Politikern, sich populären Vorurteilen

348 Wiedergegeben u. a. von Cerstin Gammelin, Wirtschaftsreformen bleiben freiwillig, in: Süddeutsche Zeitung, 18.12.2013; singgemäß auch schon von Reinhard Göweil in seinem Leitartikel in der Wiener Zeitung vom 15.07.2010, S. 2 („Europas Gelassenheit").

und Stimmungen zu überlassen) daran, dass gerade solche Politiker, die sich herrschenden Sentiments nicht gebeugt, sondern gegen sie angekämpft haben, als „große" in die Geschichtsbücher eingegangen sind. Die Erfolgschancen eines solchen Kampfes sind freilich je nach der Lage der Dinge recht unterschiedlich. Im Fall des Einsatzes für die institutionelle Sicherung des europäischen Gemeinwohls wären Mut und Geduld unerlässlich (das wird noch deutlich werden).

Zweitens ändern auch noch so auffällige Übereinstimmungen durchaus unterschiedlicher Akteure und Betrachter nichts daran, dass dennoch ganz unterschiedliche Meinungen darüber im Schwange sind, was man als Träger politischer Verantwortung eigentlich zu tun hätte.

Der Streit über Ziele und Wege der Politik ist in demokratischen Gemeinwesen normal. Schlüsselrollen spielen dabei die jeweiligen Politikverständnisse der maßgebenden Akteure (was betrachten sie als das Wesentliche ihrer Aufgabe, und welches Verständnis von Menschsein, von Gesellschaft und Geschichte liegt dem zugrunde...), aber auch ihre Wahrnehmung der aktuellen Situation, und überdies auch das Kräfteverhältnis der Streitparteien.

Dass das stets „subjektive", zugleich oft auch „intersubjektive" (also in einem bestimmten Milieu herrschende) Politikverständnis von „Vorurteilen" bestimmt sein kann, die der aktuellen Problemlage nicht mehr entsprechen, wurde bereits zur Sprache gebracht. Wenn sich sogar Repräsentanten der christlichen Soziallehre dem Bann eines fragwürdigen aber dennoch dominanten Grundverständnisses der politischen Realität nicht entziehen können,[349] ist die Fixierung des politischen Bewusstseins von Inhabern staatlicher Regierungsämter an das Leitbild des „westfälischen Systems" umso eher erwartbar. Nicht nur auf Grund ihrer Einbettung in ein real-

349 Vgl. die entsprechenden Hinweise oben in Abschnitt 8, siehe vor allem Anm. 143.

politisches Kräftefeld, in dem nationale Interessen-, Einfluss- und Machtkonstellationen eine bestimmende Rolle spielen; sie haben sich ja auch durch ihren Amtseid verpflichtet, nach Maßgabe des Wohls ihrer Nation zu entscheiden.

Dass dieses nationale Wohl nur noch als Element eines umfassenderen europäischen Gemeinwohls gesichert werden kann, ist eine keineswegs selbstverständliche Einsicht. Mühsam haben sich die Begründer der europäischen Integration zu ihr durchgerungen, und heute droht sie vergessen zu werden.

Das ist nicht von ungefähr der Fall. Um das zu verstehen, muss man sich die gegebene europapolitische Interessen- und Kräftekonstellation vergegenwärtigen. Das fördert Klarheit darüber, mit welchen Chancen und Schwierigkeiten eine, den Wegweisungen der Soziallehre folgende, Reformpolitik zu rechnen hat.

Wie dargelegt, geht es dabei insbesondere um die Supranationalität als unabdingbares strukturelles Erfordernis des Gemeinwohlvorrangs.

Schon früher wurde vermerkt, dass die Supranationalität inzwischen von vielen Bürgern und Politikern kritischer gesehen wird als noch vor einigen Jahrzehnten.

Im populären Verständnis wird sie heute oft mit einer undemokratischen Euro-Bürokratie verwechselt, zuweilen auch mit einem Institutionen gleichgesetzt, die im Dienst der ökonomisch Mächtigen agieren, mit der Tendenz zu einem allmächtigen Superstaat assoziiert.[350] (Dass zur Ausräumung dieser Missver-

350 Der Ausdruck ist nicht erst von den Gegnern eines Bundesstaates geprägt worden, die damit suggerieren, Anhänger einer Stärkung supranationaler Elemente der EU würden eigentlich auf einen zentralistischen Einheitsstaat ausgehen; der 1943 bis 1945 in den Konzentrationslagern Buchenwald und Dachau einsitzende französische Sozialist Léon Blum (1933/1937, 1938 und 1946/47 Ministerpräsident) plädierte in einer 1941 verfassten, im französischen Widerstand weit verbreiteten Schrift für die Schaffung eines starken „Super-État“, in den sich die Nationalstaaten integrieren sollten – ein Staat über den nationalen Souveränitäten; siehe Walter

ständnisse viel zu wenig unternommen wird, ist schlimm und könnte sich als verhängnisvoll erweisen). „Profis" wissen, dass die Entscheidungsmacht im „Europäischen Rat" konzentriert ist, also in den Händen der Staats- und Regierungschefs, und dass dort ein sehr eigentümliches Machtspiel stattfindet (auch das wurde schon vermerkt).

Die Hauptrolle ist dort bekanntlich schon seit geraumer Zeit der deutschen Bundeskanzlerin Angela Merkel zugefallen. Der Bundesrepublik wird allgemein eine europäische „Führungsrolle" zugeschrieben. Von ihr und namentlich von ihrer Regierungschefin hängt es ab, in welche Richtung sich die Union entwickelt.

Eine Betrachtung ihrer Politik ist auch deswegen aufschlussreich, weil sich dabei exemplarisch zeigt, wie integrationsbezogene „Realpolitik" tatsächlich abläuft.

In den letzten Jahren sandte Angela Merkel durchaus gegensätzliche Signale aus. Das mögen zunächst einige Zitate belegen.

(I) In einer vielbeachteten Rede zu Beginn des Studienjahres 2010/2011 im Europa-Kolleg Brügge sprach sie sich, was weitere Kompetenzübertragungen an die Union betrifft, skeptisch aus. Außerdem lobte sie in dieser Rede die, im Vergleich zur hergebrachten „Gemeinschaftsmethode", eher intergouvernementale „Unionsmethode".[351]

Lipgens, 45 Jahre Ringen um die Europäische Verfassung, Bonn 1986, S. 64-66. Die Ausdruckweise lässt sich vielleicht mit dem Hinweis erklären, dass „Föderalismus" in Frankreich schon im Lauf der 1789 ausgebrochenen Revolution einen abwertenden Unterton bekam, und dass damals das einschlägige Begriffsfeld noch nicht so ausdifferenziert war, wie es mittlerweile nach intensiven europapolitischen und juristischen Diskussionen, geworden ist.

351 Rede der Bundeskanzlerin Angela Merkel am 02.11.2010 in Brügge, abrufbar unter https://www.coleurope.eu/system/files_force/speech-files/rede_merkel_europakolleg_bruegge.pdf (abgerufen am 06.07.2014). Dazu Antonio Missiroli, Eine kleine Abhandlung über Methoden und ihre Formen in der EU-Praxis, in: Integration 3/2011, S. 247-256. Manuel Sarrazin/Sven-Christian Kindler, „Brügge sehen und sterben" – Gemeinschaftsmethode versus Unionsmethode, in: ebd., 3/2012, S. 213-222.

Die Eigenart der „Gemeinschaftsmethode“ wurde weiter oben dargestellt;[352] die „Unionsmethode“ unterscheidet sich von ihr vor allem durch die Schwächung oder die völlige Ausblendung supranationaler Züge; erkennbar wird das u.a. im Blick auf die reduzierte (oder gar ganz eliminierte) Rolle der Kommission und des Parlaments, und auf die geringere oder mangelnde Transparenz der, die Entscheidung selbst bestimmenden Konstellation von Machteinsatz und Motivlage.

Es wäre verfehlt, das Aufkommen und die zunehmende Bedeutung der „Unionsmethode“ einfach auf eine Abneigung der deutschen Kanzlerin oder ihrer Kollegen gegenüber der Supranationalität zurückzuführen.

Ein Blick auf die Rechtslage macht das deutlich: Die Verträge sehen die „Gemeinschaftsmethode“ nur für die Union in ihrer Gesamtheit vor, also für das alle Mitgliedstaaten umfassende Gemeinwesen. Es gibt aber seit der Einführung der Währungsunion einen engeren Mitgliederkreis in Gestalt der „Euro-Gruppe“ – und für deren Entscheidungsprozesse steht derzeit nur die „Unionsmethode“ zur Verfügung.[353]

---

352 Siehe oben in Abschnitt 11 die Ausführungen in den der Anm. 256 folgenden Absätzen (bis einschließlich Anm. 260).

353 Rechtsvorschriften für die Euro-Gruppe gibt es bislang nur in Form des Protokolls Nr. 14 zum Vertrag von Lissabon. Es legt in seinem Artikel 1 fest, dass die Minister der Euro-Staaten „bei Bedarf“ zu „informellen Sitzungen“ zusammentreten, „um Fragen im Zusammenhang mit ihrer gemeinsamen spezifischen Verantwortung zu erörtern“. Vorbereitet werden diese Sitzungen „von den Vertretern der betreffenden Finanzminister und der Kommission“, diese „nimmt“ auch an den Sitzungen selbst „teil“ (d. h. jemand der sie vertritt, sitzt mit am Tisch). Im Artikel 2 wird festgelegt, dass die Minister „mit Mehrheit einen Präsidenten für zweieinhalb Jahre“ wählen (wie bekannt, wurde Jean-Claude Juncker als Erster in dieses Amt berufen, später wurde Jeroen Dijsselbloem zu seinem Nachfolger gewählt). Inzwischen wurde über einen „hauptamtlichen“ Präsidenten des Gremiums und über ein eigenes Budget diskutiert. Mit der wachsenden Bedeutung der Euro-Gruppe im Gesamtzusammenhang der Integrationspolitik wächst logischerweise auch die Bedeutung der „Unionsmethode“.

(II) Mehr als eineinhalb Jahre später – im Juni 2012 – erregte die Kanzlerin mit einer ganz anders klingenden Aussage Aufsehen: „Wir brauchen vor allen Dingen [...] eine politische Union. Das heißt: wir müssen Schritt für Schritt auch Kompetenzen nach Europa abgeben."[354]

(III) Wieder ein Jahr später, Anfang Juni 2013, hörte sich Merkels europapolitische Botschaft abermals deutlich anders an: Einer Aufwertung der Kommission zu einer Art europäischer Regierung und überhaupt einer Übertragung von weiteren Befugnissen an die Kommission konnte sie eben so wenig etwas abgewinnen, wie dem Gedanken einer Direktwahl des Kommissionspräsidenten durch die Unionsbürgerinnen und -bürger („[...] obwohl ich weiß, dass es dazu einen Parteitagsbeschluss der CDU gibt"). Dies würde dem Kommissionspräsidenten eine weit größere „Machtfülle" geben; „das brächte das ganze Gefüge der EU aus der Balance". Dem Kommissionspräsidenten sollte „eine koordinierende Funktion über die Politik der nationalen Regierungen zukommen", und deswegen müssten die Staats- und Regierungschefs bei seiner Berufung mitreden.[355]

Die Umschreibung der Rolle des Kommissionspräsidenten als die eines Vermittlers und Maklers inmitten des Tauziehens der Staats- und Regierungschefs bedeutet, was nach allem dazu Dargelegten nicht mehr begründet werden muss, eine eindeutige Zurückweisung der „Gemeinschaftsmethode"; die Kommission soll, sozusagen, nur noch die assistierende Funktion eines Mediators im Rahmen der Unionsmethode wahrnehmen.[356]

---

354 Zit. nach Konstantin von Hammerstein/Christoph Pauly/Christoph Schult, Dame mit Unterleib, in: Der Spiegel, Ausgabe 24/2012, 11.06.2012, S. 18-20. (Die seltsame Überschrift des Beitrags nimmt darauf Bezug, dass die Kanzlerin die Währungsunion in ihrer derzeitigen Struktur als „Dame ohne Unterleib" bezeichnet hatte).

355 So im Spiegel-Interview in Nr. 23/2013 (03.06.2013), S. 29-31 („Wir sitzen alle in einem Boot").

356 Das bezieht sich, wohlgemerkt, nicht auf jenen engeren Kreis der Euro-Gruppe, für den, wie gesagt, die Vertragsregeln nur die Unionsmethode vorsehen, sondern

Der Kanzlerin selbst dürfte die Zick-Zack-Bewegung ihrer Aussagen kaum entgangen sein. Wie ist ein so „flexibler" Kurs zu erklären? Die Antwort ergibt sich, wenn man ihre Interessenlage im Kontext des Gangs der Dinge rekonstruiert.[357]. Ein entsprechender Versuch könnte womöglich beispielhaft verdeutlichen, wie das realpolitische Kräftespiel in der EU abläuft.

Von Anfang an hatte Frau Merkel eine Politik betrieben, die die schwächeren Mitgliedstaaten dazu bringen sollte, ihren Rückstand an „Wettbewerbsfähigkeit" zu überwinden. Das entsprach nicht nur, wie schon angedeutet, dem Grundkonzept der WWU, sondern – neben weiteren Beweggründen, die noch genannt werden – auch Frau Merkels Überzeugung, ohne Stärkung der gemeinsamen Wettbewerbsfähigkeit wäre Europa außerstande, in dem erwartbaren weltweiten Ringen – etwa mit China und mit stärker werdenden außereuropäischen Schwellenländern – seine Position zu wahren.[358]

So versuchte sie 2010 (unterstützt vom damaligen französischen Präsidenten Nicholas Sarkozy) einen „Pakt für Wettbewerbsfähigkeit" durchzusetzen.[359] Damit kam sie nicht durch, das Ersatzkonzept „Euro-plus-Pakt" verwässerte das Vorhaben erheblich. Daraufhin lancierte sie um die Jahresmitte 2012 ein neues Reformprojekt: Die Staaten sollten zu einer Politik der Steigerung ihrer Wettbewerbsfähigkeit nicht direkt genötigt werden. Vielmehr sollte jeder von ihnen einen Vertrag über entsprechende eigene Reformmaßnahmen mit der Kommission abschließen. Der

---

auf die EU als Ganze, für die die „Gemeinschaftsmethode" entwickelt wurde.

357 Die nachfolgenden Bemerkungen sind natürlich Interpretationshypothesen; vielleicht lassen sie sich irgendwann in Zukunft auf Grund von Quellen und Befragungen belegen oder widerlegen.

358 Vgl. Konstantin von Hammerstein/René Pfister, „Kein Wunder", in: Der Spiegel, Nr. 50/2012 (10.12.2012), S. 21-26, hier S. 24.

359 Das Konzept sah u. a. die Flexibilisierung der Arbeitsmärkte (etwa durch die Lockerung des Kündigungsschutzes), sowie die Koppelung der Lohnentwicklung an die Produktivität vor.

Bereitschaft dazu sollte dadurch nachgeholfen werden, dass zur Abfederung von Härten Zuwendungen aus einem eigenen „Finanzmitteltopf" vergeben werden. Die vertraglichen Verpflichtungen der Mitgliedstaaten und die Modalitäten der Umsetzung sollten von ihnen selbst ausgearbeitet werden, unter Einbeziehung der nationalen Parlamente und der Sozialpartner – so dass nicht der Eindruck von „Fremdbestimmung" oder eines Diktats aufkommt. Verbindlich sollte die Pflicht zur Durchführung der Maßnahmen nur dann werden, wenn das betreffende Land Mittel aus dem erwähnten Unterstützungsfonds in Anspruch nehmen will. Auch dieser Vorstoß stieß auf breite Kritik; diese ging u.a. dahin, dass bislang nur Mitgliedstaaten, die Nothilfe bekamen, zu Reformen gedrängt wurden, während nun entsprechende Zumutungen alle Mitgliedstaaten träfen.[360] Trotzdem gab Frau Merkel die Sache nicht auf; sie hoffte zunächst auf eine Vereinbarung noch 2013, inzwischen wurde die Sache bis zum Oktober 2014 vertagt.

Bringt man diese Entwicklungen mit den drei zitierten, kaum miteinander zu vereinbarenden Aussagen der Kanzlerin zusammen, dann bietet sich die folgende Erklärungshypothese an:

Die Bemühungen um eine „Fiskal-Union", die Obergrenzen für die Staatsverschuldung und massivere Sanktionen bei Verstößen dagegen mit sich bringen sollte, hatte im März 2012 zum sogenannten „Europäischen Fiskalpakt" geführt, tatsächlich einer von Deutschland und Frankreich durchgesetzten Serie außerhalb des Unionsrechts geschlossener, bilateraler Verträge (gegen eine unionsrechtliche Fixierung hatte sich Großbritannien quer gelegt). Dies konnte nur als eine vorläufige Ersatzlösung gelten. So forderte der im Juni 2012 vorgelegte gemeinsame Bericht der „Quadriga" (der Präsidenten des Europäischen Rates, der Kom-

360 Siehe Cerstin Gammelin, Wirtschaftsreformen bleiben freiwillig, in: Süddeutsche Zeitung, 18.12.2013; Dies., Ein Thema, das alle Geduld aufzehrt, in: ebd., 21.12.2013, S. 7.

mission, der Euro-Gruppe und der EZB) eine „Fiskalunion" als zusätzlichen Bestandteil der WWU. Innerhalb von fünf Jahren sollten die Bestimmungen des „Fiskalpakts" in die Unionsverträge überführt werden.[361] Dass sich angesichts dessen Frau Merkel für die Fiskalunion und, zu deren Sicherung, für die Politische Union aussprach, war nicht verwunderlich.

Aber dann brachte ihr das Treffen des Europäischen Rates Ende Juni 2012 eine massive Enttäuschung: Das deutsche Votum gegen Vorhaben, die den Reformdruck auf die verschuldeten Staaten reduzieren würden (gemeinsame Haftung für deren Schulden, „Euro-Bonds"), kam bei den meisten Partnern schlecht an, und die Kanzlerin wurde von den Regierungschefs Italiens und Spaniens (die massiv auf schnelle Hilfe drängten und von Francois Hollande Rückendeckung bekamen) massiv unter Druck gesetzt (Originalton Mario Monti: gäbe sie, Frau Merkel, nicht nach, würde „der Euro zu Hölle fahren").[362] Der Schluss lag nahe: Wenn es wirklich zu einer supranationalen WWU-Regierung käme, würde deren Politik auf Grund der Interessenkonstellation kaum den deutschen Vorstellungen entsprechen. Ob das wirklich eine Distanzierung vom Vorhaben der Politischen Union nahelegt?[363] Die deutsche Position kann im Europäischen Rat

361 Eine Art probeweises Vorspiel war die erstmalige Verhängung von Sanktionen durch den Rat auf Grund massiver Verstöße Ungarns gegen den Stabilitätspakt. Siehe Werner Weidenfeld, Die Bilanz der Europäischen Integration 2012, in: Werner Weidenfeld/Wolfgang Wessels, Jahrbuch der Europäischen Integration 2012, Baden-Baden 2012, S. 13-26, hier: S. 20-21. Gesa-Stefanie Brincker/Wolfgang Wessels, Europäischer Rat, in: ebd., S. 65-80, hier S. 73. Ole Funke/Jan Seifgert, Haushaltspolitik, in: ebd., S. 183-192, hier S. 189.

362 Siehe Cerstin Gammelin/Daniel Brössler, Die Nacht der Füchse, in: Süddeutsche Zeitung, 30.06.2012, S. 2. Gerda Falkner, Gipfelnacht mit Quantensprung, in: Der Standard, 30.06.2012, S. 34.

363 Eine vergleichbare Lage hatte es schon einmal gegeben; Während beim ersten Anlauf zur Wirtschafts- und Währungsunion um 1970, noch im Kreis der sechs Gründerstaaten der Gemeinschaft, gerade Bonn massiv für die „Politische Union" eintrat, war beim zweiten Anlauf, der dann zum Maastrichter Vertragswerk führte, auf Grund der Erweiterungen kaum mehr erwartbar, dass eine supranationale

nicht gegen Widerspruch durchgesetzt werden, aber auch eine Gegenposition nur in Ausnahmelagen gegen Deutschland – es gibt im Europäischen Rat keine Mehrheitsentscheidungen, sondern allenfalls ein Kräftespiel von Nötigungsversuchen (auch derart, dass sich jemand sein „Nein" teuer abkaufen lässt). Das erschwert naturgemäß eine widerspruchsfreie und effektive Politik der Union, aber Frau Merkel traut sich zu, ihre Auffassungen schließlich doch durchzusetzen.[364]

Darauf muss sie von einer ganzen Reihe von Gründen ausgehen, von denen einige noch nicht zur Sprache kamen. Sie muss Positionen vertreten, die in den Augen der Wählerinnen und Wähler Zustimmung und Rückendeckung verdienen. So gerät sie in die Rolle der Beschützerin der deutschen Sparer und Steuerzahler; daher hat sie allen Grund, weitere deutsche Beiträge zur Krisenbewältigung abzulehnen.[365]Da sie sich auch für die Aufrechterhaltung der Euro-Zone einsetzt, entspricht ihre Linie auch den Interessen der Industrie und der großen Banken.[366]

Nicht zuletzt steht die deutsche Europapolitik unter der Kontrolle des Bundesverfassungsgerichts. Dieses hat deutlich gemacht,

---

Regierung (womöglich auf supranational-parlamentarischer Basis) eine den deutschen „stabilitätsorientierten" Vorstellungen entsprechende Politik betreiben würde. In Deutschland dachte man: Lieber keine supranationale Wirtschaftspolitik als eine womöglich inflationsförderliche. Der Ausweg war die Idee, den mitgliedstaatlichen Akteuren nicht eine supranationale Regierung vorzusetzen, sondern sie an supranationale Regeln zu binden, die zu einer stabilitätsorientierten Politik verpflichten (mit der EZB als Anker), was dann schief ging (wie es kluge Geister von Anfang an vorhergesehen hatten); siehe dazu Heinrich Schneider, a. a. O. 2012, siehe oben Anm. 6.

364 Das hat sie selbst in ihrer Regierungserklärung am 18.12.2013 deutlich gemacht, siehe unten bei Anm. 375.

365 Vgl. etwa Ulrich Beck, Das deutsche Europa, Berlin 2012.

366 Die Industrie kann auf Grund ihrer Wettbewerbsvorteile ihre Exportgewinne lukrieren, die Banken Exportüberschüsse erzielen. Ein Ausscheiden einzelner Staaten aus der Euro-Zone hätte zur Folge, dass die Banken erhebliche Forderungen abschreiben müssten. Siehe Thilo Bode, Eurorettung: Die Entmachtung des Souveräns, in: Blätter für deutsche und internationale Politik, 10/2012, S. 42-46, hier S. 43.

dass es sich gegen eine weitere Stärkung der Supranationalität der Europäischen Union quer legen würde.[367] Inzwischen ist freilich deutlich geworden, dass die Karlsruher Richter eine solche Entwicklung nicht unbedingt und schlichtweg ausschließen (sie also nicht als evolutionäre Möglichkeit betrachten), sondern allenfalls als Ergebnis einer die bestehende Rechtsordnung liquidierenden, dass eine solche ungemein weitgehende Evolution jedoch eine Volksabstimmung erfordern würde.[368] Dass die Kanzlerin auf Grund der Unpopularität des Gedankens weiterer Machttransfers „nach Brüssel" nicht geneigt ist sich auf ein solches Abenteuer einzulassen, versteht sich.

Nicht nur das Bundesverfassungsgericht hebt den Zeigefinger gegen eine Stärkung der Supranationalität, sondern auch ein Koalitionspartner: die bayerische „Christlich-Soziale Union", mit der die CDU seit der Gründung der Bundesrepublik in einer Fraktionsgemeinschaft verbunden ist. Das ist allerdings ein heikles Thema. Jahrzehnte hindurch bekannte sich die CSU zur föderalen „Politischen Union" – aber inzwischen bremst sie nach Kräften und tritt für einen europapolitischen Rückwärtsgang ein.[369]

---

367 Vgl. oben die Ausführungen über die entsprechenden Urteile, insbesondere jene, die eine Stärkung der Befugnisse des Europäischen Parlaments blockieren, siehe bei den Anm. 204ff. Die Süddeutsche Zeitung stellte einen Artikel unter die Überschrift „Karlsruhe spricht, Europa zittert" (11.09.2012, S. 6).

368 Der jetzige Verfassungsgerichtspräsident Andreas Voßkuhle hat schon im Anschluss an das Urteil zum Lissabon-Vertrag in einer Diskussion gemeint, Deutschland könne sogar Glied eines europäischen Bundesstaats werden; das erfordere indessen eine vom Volk gebilligte „Neuschöpfung" der Verfassung – es könnte sein, dass nur zwei oder drei Artikel des Grundgesetzes anders formuliert werden müssten; siehe Helmut Kerscher, Mehr Macht für das Volk, Süddeutsche Zeitung, 08.07.2009, S. 6.

369 Der in der Geschichte der Partei als ihr bedeutendster Vorsitzende geltende Franz-Josef Strauß (1915-1988; siehe auch oben Anm. 292), viele Jahre lang Bundesminister, ab 1978 bayerischer Regierungschef) war ein leidenschaftlicher Verfechter der supranationalen Einigung. Zur gaullistischen Alternative meinte er: „Ein Europa der Vaterländer wäre eine Gruppe der Vaterländer ohne Europa", und allenfalls „als Zwischenstadium zu einer völligen politischen Einigung" akzeptabel. Siehe Bernd Posselt, Der Urwaldriese aus der Schellingstraße, in: Paneuropa Deutschland 4/2008, S. 16-19, mit dem Verweis auf Strauß' Buch „Herausforderung und Antwort – ein

Alle diese Umstände haben sich ausgewirkt. Das Votum gegen eine Stärkung der Kommission wurde schon erwähnt.[370] Im September 2013 wurde kolportiert, Frau Merkel würde nach der

---

Programm für Europa" (1968), und Zitaten daraus. Die Wende brachte Ministerpräsident Edmund Stoiber; im September 1993 schrieb er an Kanzler Helmut Kohl, er werde sich „mit aller Kraft gegen einen Bundesstaat Europa einsetzen", den „sie offensichtlich anstreben". Zugleich müsse jedoch als Legislative ein Mehrkammernsystem geschaffen und die Kommission als De-facto-Regierung der Gemeinschaft in die politische Verantwortung eingebunden werden; den Bürgern müsse sich das künftige Europa als Rechtsordnung mit klar umgrenzten Befugnissen präsentieren; siehe Süddeutsche Zeitung, 04.09.1993, S. 3 („Für ein Europa der Nationen und gegen den europäischen Bundesstaat"). In einem Interview unter der Überschrift „Es gab einmal eine europäische Bewegung in Deutschland [...] das ist vorbei" (Süddeutsche Zeitung, 02.11.1993) sprach sich Stoiber für einen bloßen Staatenbund und für die Verlangsamung der Integration aus. Dass die beiden zuletzt zitierten Aussagen zueinander in Widerspruch standen, fiel kaum auf. Im Herbst 2012 meinte Stoiber hingegen: die Erfahrungen der Krise hätten gezeigt, „dass 17 Regierungschefs und 17 Parlamente nicht immer vertragstreu handeln"; daher bräuchten „wir darüber eine europäische Institution [...], sonst funktioniert das nicht. Wir brauchen neue, supranationale Strukturen" – so Edmund Stoiber, „Erst belächelt, dann gescholten" Gespräch mit Jan Fleischhauer und Georg Mascolo, in: Der Spiegel, 40/2012 (01.10.2012), S. 28-30, hier S. 30. Stoiber dachte dabei wohl eher an eine Kontrollinstitution, nicht an eine echte Regierung. Mittlerweile hatte aber der derzeitige Ministerpräsident und Parteichef Horst Seehofer scharf gegen eine Übertragung weiterer Kompetenzen an einen „europäischen Monsterstaat" Stellung genommen; siehe Wiener Zeitung, 04.07.2012, S. 6 („CSU-Chef droht Angela Merkel mit Koalitionsbruch"); sowie Der Standard, 04.07.2012, S. 21 („Eurohilfen gefährden deutsche Regierung"). Auf einem Parteitag Ende November 2013 erklärte Seehofer, in Brüssel herrschten „Zentralismus, Bürokratismus, Reglementierung, übermütige Kommissare, die keiner Kontrolle mehr unterliegen"; Peter Gauweiler, der langjährige Europakritiker und mehrmalige Kläger gegen die deutsche Europapolitik in Karlsruhe, wurde stellvertretender Parteivorsitzender; siehe Süddeutsche Zeitung, 23.11.2013, S. 5 („Gauweiler rückt in die CSU-Spitze auf") und ebd., 25.11.2013, S. 6 („Der Rebell wird salonfähig" – als Student gab sich Gauweiler Jahrzehnte zuvor in einem vom Autor dieses Beitrags gehaltenen Seminar in der Münchener Hochschule für Politik als leidenschaftlicher Anhänger von Franz Josef Strauß und seiner europapolitischen Linie). Im Entwurf eines CSU-Wahlprogramms für die Wahlen ins Europäische Parlament war zu lesen: „Statt eines bürokratisierten und zentralisierten europäischen Superstaates setzen wir auf ein Europa der Regionen, das nah bei seinen Bürgern ist" (so lt. Süddeutsche Zeitung, 31.12.2013, S. 5: „Neue Attacken gen Brüssel/Im CSU-Wahlprogramm dominiert eine Anti-Europa-Stimmung").

370 Siehe oben bei Anm. 322.

Bundestagswahl eine Vertragsänderung anstreben, die den Europäischen Rat der Staats- und Regierungschefs stärkt, die Kommission schwächt.[371] Nach der Wahl war in den Medien von der Absicht die Rede, eine gemeinschaftliche Kontrolle über die Haushalte der Mitgliedstaaten (v. a. über die Verschuldung) und über ihre Bemühungen zur Steigerung der Wettbewerbsfähigkeit einzuführen, so dass die Kommission instandgesetzt würde „Daumenschrauben anzulegen"; leider gehe es nicht ohne ihre Stärkung.[372] Aber diese Stärkung sollte sich auf die Kontrollbefugnisse und allenfalls auf die Verhängung von Sanktionen bei Verstößen gegen Vorschriften beziehen, deren Inhalt der Kommission vorgegeben wären; die Stärkung der gubernativen Befugnisse der Kommission lag nicht in Frau Merkels Sinn. Aber ihr Konzept kam im Europäischen Rat nicht gut an.[373]

Es entsprach – jedenfalls zeitweise – ihren Vorstellungen über die Rolle der Kommission, dass sie es ablehnte, den Kommissionspräsidenten dadurch mit einer parlamentarischen Rückendeckung auszustatten (und somit zu stärken), dass der erfolgreichste Spitzenkandidat der Wahl zum Europäischen Parlament in dieses Amt berufen wird. So war sie auch gegen eine Bestellung von

---

371 So René Pfister, Die Entfremdung, Der Spiegel 37/2013, 09.09.2013, S. 23-28, hier S. 28.

372 Siehe Nikolaus Blome/Christiane Hoffmann u. a., Kleines Karo, großer Wurf, in: Der Spiegel 43/2013 (21.10.2013), S. 20-24. Die Auswirkungen wären offensichtlich: Die Kommission würde als Durchsetzungs- und Kontrollinstanz für die von Deutschland gewünschten Reformmaßnahmen fungieren, diese würden als Gemeinschaftspolitik erscheinen, nicht als Folge deutschen Drucks. In der Folge würde das indessen die Popularität der Kommission keineswegs stärken, und damit auch nicht ihre Chance, zur supranationalen Regierung zu werden – der andernfalls Berlin treffende Unmut würde auf Brüssel abgeleitet (ob das so kalkuliert war, mag dahingestellt bleiben).

373 Siehe Die Presse, 20.12.2013, S. 4 („Nein zu Merkels Reformvertrag").

Jean-Claude Juncker zum Spitzenkandidaten der Europäischen Volkspartei.[374]

In der Regierungserklärung nach dem Wiederantritt des Kanzleramts bekannte sie sich im Dezember 2013 „zum europäischen Einigungswerk" als einer der „wichtigsten Aufgaben", und in diesem Kontext zur Bankenunion, sowie zur Stärkung der „Wirtschaftsunion" – was sie dahingehend umschrieb, dass es möglich werden müsse, von den Mitgliedstaaten „notwendige nationale Strukturreformen verbindlich einzufordern, so dass sie nicht mehr „in eine wirtschaftspolitische Schieflage kommen können."[375]

All dies setzt die stärkste Figur im derzeitigen europapolitischen Kräftespiel einem so massiven Spiel und Widerspiel unterschiedlicher Interessen und Nötigungen aus, dass man kaum erwarten konnte, sie würde die traditionelle, auf die supranationale Politische Union ausgehende Linie ihrer Partei zielstrebig und

374 Siehe Christoph Pauly/Christoph Schult, Der Spiegel 46/2013 (11.11.2013, S. 30: „Gelenkte Demokratie"). Schon Mitte Oktober hätten sie und Herman Van Rompuy Einvernehmen darüber feststellt, dass „nicht automatisch" einer der Spitzenkandidaten der EP-Wahl Kommissionspräsident werden solle; dieser sei doch „zur Neutralität verpflichtet", das spreche gegen die Bestellung des Exponenten einer Parteigruppierung (das Argument klingt wie eines aus der Frühzeit der EWG und geht über die Bestimmung von Artikel 17 Absatz 6 des EU-Vertrags hinweg, dass der Europäische Rat, wenn er dem Parlament einen Kandidaten für das Kommissionspräsidentenamt vorschlägt, das Ergebnis der Wahlen zum Europäischen Parlament zu berücksichtigen hat. Vgl. auch: Die Presse, 30.12.2013, S. 4 („Will Merkel EU-Spitzenjob für Juncker verhindern?").
Neuerdings hat Frau Merkel, Zeitungsberichten zufolge, ihren Widerspruch gegen Junckers Spitzenkandidatur jedoch aufgegeben („Juncker: Beste Chancen auf EVP-Kandidatur", in: Die Presse, 08.03.2014, S. 9); vermutlich gab es dafür in der christdemokratischen Führungsriege so viele Befürworter, dass sich die Kanzlerin im Fall der fortgesetzten Ablehnung nichts Gutes getan hätte.

375 Zitiert nach der Debattendokumentation der Zeitung „Das Parlament" über das Bundestagsplenum am 18.12.2013. Zur Umsetzung verwies die Kanzlerin auf das schon erwähnte Vorhaben vertraglicher Vereinbarungen zwischen den Mitgliedstaaten und der Kommission (siehe oben bei Anm. 350).

unbeirrt fortführen.[376] Das läge ihr wohl auch schon deshalb nicht, weil sie – im Denkstil der Naturwissenschaftlerin und als Anhängerin von Karl Poppers *„piecemeal"*-Pragmatik – wenig für Philosophien und Visionen übrig hat; Denkgebäude wie die christliche Soziallehre liegen ihr eher fern, und wenn sie es für angebracht hält, setzt sie sich, wie angedeutet, auch über Positionen ihrer eigenen Partei hinweg.

Eine Änderung ihrer Politik zugunsten der in diesem Beitrag entwickelten Vorstellungen wäre wohl nur dann zu erwarten, wenn sich die Wahrnehmung des realpolitischen Kräftefeldes und das eigene politische Vorteilskalkül so verändern, dass dies eine die Supranationalität stärkende und auf die Errichtung der „Politischen Union" ausgehende Politik dringend nahelegt, auch nach Maßgabe der deutschen Interessen (wie sie diese sieht) und ihrer eigenen Machtsicherung.

Wie es dazu kommen könnte, das ist eine Frage für sich. Dennoch: Ganz unbeweglich ist die deutsche Politik auch jetzt nicht. Die neue Große Koalition von CDU/CSU und SPD hat zu Akzentverschiebungen geführt, allerdings gehen diese nicht weit; der neue Koalitionspartner konnte anscheinend nur einige Formulierungen durchsetzen, aus denen sich Kursänderungen als möglich, kaum jedoch als sicher ableiten lassen.[377]

376 Martin Große Hüttmann schreibt in seinem Beitrag über die deutsche Europapolitik im Jahrbuch der Europäischen Integration 2012 (siehe oben Anm. 28, S. 399-408, hier S. 399): die Medien würden der „Eisernen Kanzlerin" eine „Autonomie des Handelns" unterstellen, die „so nicht existiert"; und beruft sich dabei auch auf die These von Timothy Garton Ash, ein britischer Premier, ein französischer oder ein amerikanischer Präsident hätten größere Entscheidungsspielräume als die deutsche Regierungschefin.

377 Im Koalitionsabkommen wird das europäische Einigungswerk als „die wichtigste Aufgabe Deutschlands" bezeichnet und die Notwendigkeit „starker Gemeinschaftsinstitutionen" ebenso betont wie die zentrale Rolle der „Gemeinschaftsmethode". Andererseits wird auch Frau Merkels bereits erwähnte Konzeption der vertraglichen Reformverpflichtung der Euro-Staaten aufgenommen, und „jede Form der Vergemeinschaftung von Staatsschulden" abgelehnt. Außerdem werden Subsidiarität

Auf den letzten Seiten wurde die Frage, ob mächtige europapolitische Akteure für die in diesem Beitrag entwickelten Reformkonzepte angesprochen und gewonnen werden könnten, und wieweit das gehen kann, sozusagen im Blick auf ein Beispiel – das der deutschen Kanzlerin – behandelt. Solche Analysen wären auch im Blick auf andere Schlüsselfiguren (insbesondere: Mitglieder des Europäischen Rates) möglich. Dabei würde sich ebenfalls zeigen, dass und warum es nicht genügt, eine bestimmte Reformkonzeption für die EU zu entwickeln und zu propagieren, wie schlüssig sie auch immer begründet sein mag, wenn nicht mitbedacht wird, wie diese Konzeption politischen Entscheidungsträgern, auch in der Perspektive ihrer jeweiligen Interessenperzeptionen, nahe gebracht werden kann.

So drängt sich die Frage auf, was unternommen werden kann und muss, auf dass das aus der Soziallehre ableitbare Reformkonzept nicht ein zwar gut gemeintes, vielleicht auch gut durchdachtes, aber für die „Realpolitik" uninteressantes Gedankengebäude bleibt, sondern politisch relevant wird.

---

und Bürgernähe betont, so ebd., S. 156, 159. In der Regierungserklärung vor dem Bundestag am 29.01.2014 bekennt sich die Kanzlerin zur Vertiefung der WUU und daher auch zur Stärkung der „europäischen Institutionen" zu einem „Mehr an Verbindlichkeit", was auch Vertragsänderungen einschließen sollte; zitiert nach der Debattendokumentation (Beilage zum Parlament) vom 03.02.2014.

15. Ein Ausblick: Besorgnis und Ermutigung

Leicht ist die Aufgabe nicht, für die schlüssige Reformperspektive der EU, bislang zögerliche politische Schwergewichte als Mitstreiter zu gewinnen; schon deshalb, weil es, wie gesagt, nicht genügt, Vernunftgründe zu präsentieren und auf Bereitschaft zur Einsicht zu hoffen.

Tatsächlich geht es auch nicht nur um die hier entwickelten Zentralanliegen. Mehrere Aktionsebenen und -richtungen bieten sich zum wirksamen Engagement für die Reform der Union an, und keine von ihnen darf beiseite geschoben werden.

I) Die in den vorangehenden Abschnitten dieses Beitrags entwickelten und begründeten Reformkonzepte müssen, trotz der Zustimmung kompetenter Theoretiker und Praktiker aus vielen verschiedenen Ländern, politischen Lagern und Denkschulen (bzw. Wissenschaftsdisziplinen)[378] mit Skepsis und Widerspruch rechnen.

Das darf nicht einfach hingenommen werden. Die Auseinandersetzung mit Antithesen ist geboten. Mut zum intellektuellen Diskurs ist gefragt. Dieser sollte, soweit irgend möglich, in Kooperation mit Gleichgesinnten geführt werden. Dazu wäre die Bemühung um entsprechende Koalitionen angebracht.

Vor allem aber sollte es darum gehen, die Debatte um die Grundsatzprobleme der Europapolitik und um die Zielperspektiven in Gang zu bringen, so dass der intellektuelle Diskurs nicht auf gerade einmal tagesaktuelle aber vordergründige und von Einzelinteressen bestimmte Detailthemen eingeengt wird.[379]

378 Siehe oben Abschnitt 13.

379 Das wird von vielen klugen Geistern so gesehen; vgl. als Beispiel etwa Winfried Hassemer, Ach Europa, in: Süddeutsche Zeitung 14.01.2014, S. 12.

Im Kontext der Grundsatzdiskussion sollte auch eine bereits mehrmals zur Sprache gebrachte, über die europäische Szene selbst hinausweisende Perspektive nicht ausgeblendet werden: Die Reform der Europäischen Union lässt sich auch als ein Dienst an der Zukunft der Welt und als Initialunternehmen für eine über Europa hinausgehende Reform verstehen.[380]

Die EU selbst hat ihr „auswärtiges Handeln" unter Prinzipien und Zielbestimmungen gestellt, die Elemente eines weltweiten Gemeinwohls darstellen.[381] Das bleibt aber ein bloßer Wunsch, wenn sie ihre eigene Krise nicht überwindet.

II) Ein zweiter, eingehende Erörterung verlangender Themenkomplex kann hier nicht angemessen zur Sprache gebracht werden: die zahlreichen „Politiken" der Union –um nur einige wenige Stichworte zu nennen: von der Binnenmarkt- über die Sozial-, Umwelt-, Energie- bis zur Außen- und Sicherheitspolitik.

Was die christliche Sozialethik zu allen diesen *„policies"* anzumahnen hätte, würde ein umfangreiches Buch füllen.

Auf Grund seiner besonderen sozialethischen Bedeutung und seiner politischen Brisanz soll dennoch wenigstens eines dieser vielen Politikfelder angesprochen werden: die Asyl- und Immigrationspolitik. Das mutet etwas paradox an; denn eine solche Politik der Europäischen Union gibt es allenfalls ansatzweise.

380 Wieder kann man Habermas zitieren: Ein supranational geeintes Europa könnte und sollte auch „als Ausgangsbasis für die Errichtung eines […] Regimes einer künftigen ‚Weltinnenpolitik' fungieren" – so Jürgen Habermas, a. a. O. 1998, siehe oben Anm. 301, S. 813. Vgl. auch Herwig Büchele/Anton Pelinka (Hrsg.), Friedensmacht Europa: Dynamische Kraft für Global Governance?, Innsbruck 2011.

381 Siehe Artikel 21 des EU-Vertrags, von dem einige Elemente bereits in Abschnitt 12 erwähnt wurden. Dort wurde auch schon vermerkt, dass die gemeinsame Außenpolitik bislang in vieler Hinsicht eher eine Art Möchtegern-Unternehmen geblieben ist. Immer wieder treten Auffassungsunterschiede zwischen den Mitgliedstaaten in Erscheinung, die das effektive einvernehmliche Handeln schwächen oder blockieren. Eben deswegen ist auch immer wieder eine tendenziell in Richtung Supranationalität gehende Strukturreform der gemeinsamen Außenpolitik gefordert worden, aber dazu kam es nicht.

Vorstöße zu ihrer Einführung sind mehrmals am Widerspruch von Mitgliedstaaten gescheitert.

Am Tag nach der Vortragsveranstaltung, deren Text die Basis dieses Beitrags bildete, ereignete sich die katastrophale Brandkatastrophe des Bootes, das mit mehr als 500 Flüchtlingen aus Somalia und Eritrea den nur noch 800 Meter entfernten Hafen von Lampedusa ansteuerte. Es kam zu weit mehr als 300 Todesopfern. Glaubwürdigen Angaben zufolge liegt die Zahl der in den letzten Jahrzehnten im Mittelmeer zu Tode gekommenen Flüchtlinge bei mehreren Zehntausenden.[382]

Die Art, wie Union und Mitgliedstaaten mit dem Ereignis und mit dem Flüchtlingsproblem umgingen, auch schon vorher und danach, kann beklommen machen. Nach dem Kentern des Bootes fuhren mehrere Schiffe an den Ertrinkenden vorbei oder drehten ab – Hilfe für Schiffbrüchige war nach italienischem Recht als Beihilfe zur illegalen Einwanderung eine Straftat. Fischer, die aus Barmherzigkeit dennoch Überlebende in ihre Boote nahmen, berichteten einhellig, die Küstenwache hätte es abgelehnt, zu helfen.

Die Öffentlichkeit war erschüttert, hochrangige Politiker eingeschlossen; es müsse alles getan werden, um weitere Vorfälle dieser Art zu verhindern. Es gab auch schon früher ähnlich beschämende Vorgänge: Überfüllte Flüchtlingsboote wurden

382 Hierzu und zum folgenden: Gesa Heinbach, Lampedusa: Europas Schande, in: Blätter für deutsche und internationale Politik, 11/2013, S. 5-8. Alex Rühle, Es ist unser Meer, ganz allein – Nach Lampedusa gab es Hoffnungen auf eine andere Flüchtlingspolitik.- Was hat sich seither getan, in: Süddeutsche Zeitung, 30.12.2013, S. 9. Im Dezember 2013 legte das zuständige Mitglied der Europäischen Kommission, die Schwedin Cecilia Malmström, Vorschläge zur Änderung der bestehenden Vorschriften vor: Schiffskapitäne, die in Seenot geratenen Flüchtlingen helfen, sollen keine strafrechtlichen Konsequenzen drohen. Mitgliedstaaten, die mehr schutzbedürftige Menschen aufnahmen, sollen Finanzhilfen erhalten. Siehe Javier Caceres, Sichere Wege nach Europa, in: Süddeutsche Zeitung, 05.12.2013; Stephanie Pack, EU geht wunde Punkte in Asylpolitik an, in: Salzburger Nachrichten, 05.12.2013.

von den Küstenwachen mehrerer EU-Mitgliedstaaten hin- und hergetrieben, weil man selbst mit ihnen nichts zu tun haben wollte, woraufhin die meisten Flüchtlinge im Boot verdursteten.

Im Anschluss an die Lampedusa-Katastrophe kam es tatsächlich zu einigen neuen Entschlüssen. Das Budget der Grenzüberwachungsagentur „Frontex" wurde um 30 Millionen Euro ausgeweitet (bislang betrieb die Agentur auch das sogenannte „*Pushback*"-Flüchtlinge wurden auf hoher See abgefangen und zurückgeschickt –, was nicht nur der Genfer Flüchtlingskonvention widerspricht, sondern auch einem 2012 von Straßburger Gerichtshof für Menschenrechte gefällten Urteil). Außerdem kam es zur Konstituierung von „Eurosur" („European Border Surveillance System" zur Überwachung „problematischer Menschenströme" (konkret u.a. zur effektiveren Verknüpfung von „Frontex" und staatlichen Behörden). Das Europäische Parlament sprach sich für die Aufnahme eines Hinweises auf die „Rettung von Flüchtlingen aus Seenot" in der Beschluss-Präambel aus. Die Aufnahme der Rettung aus Seenot in den verbindlichen Katalog der Ziele des Eurosur-Systems wurde hingegen von den Regierungen abgelehnt.

Die flüchtlingspolitische Verantwortung liegt bislang bei den Mitgliedstaaten. Eine gemeinschaftliche Politik lehnten manche Regierungen immer wieder strikt ab. Immerhin kam es zu einem Beschluss des Europäischen Rates, den „tiefer liegenden Ursachen der Migrationsströme vermittels einer verbesserten Zusammenarbeit mit den Herkunfts- und Transitländern entgegenzuwirken." Naive Gemüter könnten vermuten, dass es dabei um eine „Entwicklungshilfe" geht, die durch die Verbesserung der Lebenschancen in den Heimatländern die Neigung zur „Armutsmigration" sinken lässt. Tatsächlich geht es aber darum, diese Länder dazu zu bringen, von sich aus massiver administrativ gegen die Migration vorzugehen.

Die Reise von Papst Franziskus nach Lampedusa schon im Juli 2013 war ein Akt der Solidarisierung mit den Flüchtlingen und der Reverenz vor den vielen im Lauf der Jahre umgekommenen Todesopfern.

Tatsächlich geht es jedoch in der Perspektive der Soziallehre nicht nur um jene in den voranstehenden Absätzen in Erinnerung gebrachten, menschenverachtenden Vorschriften und Praktiken, denen Zehntausende zum Opfer fielen. Zwei Aussagen in der Enzyklika *„Pacem in Terris"* ist kaum noch in Erinnerung: „Jedem Menschen muss [...] auch erlaubt sein, sofern gerechte Gründe dazu raten, in andere Staaten auszuwandern und dort seinen Wohnsitz zu nehmen." – „Zu den Rechten der menschlichen Person gehört es auch, sich in diejenige Staatsgemeinschaft zu begeben, in der man hofft, besser für sich und die eigenen Angehörigen sorgen zu können[...]"[383] Das bezieht sich eindeutig nicht nur auf Asylsuchende, die als Verfolgte der Gefahr von Leib und Leben in ihrer Heimat entrinnen wollen, sondern ebenso sehr auf „Wirtschaftsflüchtlinge". Sie haben nach der Lehre von Papst Johannes XXIII. gleichfalls einen Anspruch auf die christliche Nächstenliebe. Gewiss schwächeln viele europäische Länder; wirksame Maßnahmen zur Bewältigung der Not der Fluchtwilligen wären kostspielig. Gleichwohl mahnt die christliche Soziallehre auch dazu eine Gewissenserforschung an. In manchen Ländern

383 Papst Johannes XXIII, Enzyklika *„Pacem in Terris"* (1963), Nr. 25 und Nr. 106. In der zweiten zitierten Aussage bezeichnet es Johannes XXIII. als eine „Pflicht der Staatslenker, ankommende Fremde aufzunehmen, sowie es das wahre Wohl ihrer Gemeinschaft zulässt" – also nicht unbedingt und unbegrenzt, sondern so weit, dass die Gerechtigkeit im Einwanderungsland nicht beeinträchtigt wird. Dies ist freilich keineswegs schon dann der Fall, wenn die Aufnahme der Einwanderer zur Einschränkung des Wohlstands der angestammten Bevölkerung führt. Die in Rom 1971 veranstaltete Bischofssynode bezeichnete es im Dokument „De iustitia in mundo" („Gerechtigkeit in der Welt", Nr. 21) als inakzeptable Ungerechtigkeit, dass Auswanderer, die ihre Heimat verlassen um Arbeit zu suchen, nicht ins Land gelassen oder diskriminiert werden, vielfach in Existenzunsicherheit leben und menschenunwürdige Behandlung erdulden müssen.

hat diese Gewissenserforschung entweder nicht stattgefunden, oder sie hat nicht dazu geführt, dass die Pflicht zur Barmherzigkeit anerkannt worden wäre. Wer sich dafür einsetzen wollte, hätte mit sarkastischen und aufgebrachten Bemerkungen zu rechnen, oder aber mit mitleidigen über weltfremdes „Gutmenschentum", vielleicht auch mit Vorwürfen, das entsprechende Engagement käme nationalistischen Populisten zugute.

So halten sich auch christliche Institutionen und Gruppierungen in dieser Sache oft zurück. Klare Positionen haben allerdings in manchen Ländern (nicht zuletzt auch in Österreich) Sprecher der „Caritas" bezogen.

Zu einem aktuellen Thema wurden unterdessen auch Migrationsbewegungen, die darauf beruhen, dass Unionsbürger ihr Recht auf Freizügigkeit im Unionsgebiet wahrnehmen. Oft nennt man sie „Sozialtouristen" und unterstellt ihnen die Schmarotzer-Absicht, Vorteile aus den sozialen Sicherungssystemen der Länder zu verschaffen, in die sie übersiedeln. Das Ende der Freizügigkeitsbeschränkung für Bulgaren und Rumänen hat der Debatte Auftrieb gegeben.

Dabei ging und geht es um eine Vielzahl von Aspekten, wie z.B. um die folgenden: Welche Bedingungen stellt das Unionsrecht dafür, dass zugewanderte Unionsbürger in den Genuss der sozialen Unterstützungsmaßnahmen kommen, die den Einheimischen zustehen: Sind die Zuwanderer wirklich Sozialschmarotzer, oder nicht überwiegend arbeitswillige qualifizierte Kräfte, die das Sozialbudget „unter dem Strich" nicht belasten, sondern zum Wohlstand des Einwanderungslandes beitragen?[384]

384 Im Januar 2014 hat die Europäische Kommission eine 52 Seiten umfassende Handreichung veröffentlicht, in der auf diese Fragen eingegangen und auch argumentiert wird, dass die geltende Rechtslage Vorschriften einschließt, die den Missbrauch verhindern würden; siehe Michael Laczynski, Leitfaden gegen Sozialpopulismus, in: Die Presse, 14.01.2014, S. 5.

Der Problemkomplex muss ernst genommen werden; in manchen Ländern führt der Zustrom zu schwierigen Situationen, vor allem auf Grund der prekären Lage schon im Zuwanderungsland lebender Notleidender (in Deutschland wurde das vor allem in bestimmten Großstädten wie Berlin, Dortmund, Duisburg sichtbar).

Das ändert nichts daran, dass die Auseinandersetzungen verhängnisvolle Folgen haben, die über den primären Problemkomplex hinausgehen:

Zum einen die zunehmende Aufweichung der Verbindlichkeit des Unionsrechts – bis hin zu Tendenzen mitgliedstaatlicher Regierungen, die Rechtslage einfachhin zu missachten. Das kann geradezu auf eine Desintegrationspolitik hinauslaufen.[385]

Zum anderen führen Befürchtungen, die infolge der Zuwanderung härtere Konkurrenz auf dem Arbeitsmarkt würde die eigenen Wohlstands- und Lebenschancen beeinträchtigen und den Verlust des eigenen Arbeitsplatzes zur Folge haben, zu kritischen, ja geradewegs feindseligen Einstellungen gegenüber den zuwandernden Unions-Mitbürgern. Man betrachtet sie als Sozialschmarotzer. Das ist desto ärger, je mehr solche Einstellungen von Kräften, die sich daraus machtpolitische Vorteile erhoffen, etwa rechtspopulistischen Parteien, bewusst aufgestachelt werden.

Die Folge ist eine massive Schwächung der Solidaritätsbereitschaft zwischen den Völkern, und damit die Zersetzung der gesellschaftlichen Basis, die für die in den Unionsverträgen ausdrücklich proklamierte „immer engere Union der europäischen Völker“ unabdingbar ist.

Die in der Solidarisierungsbereitschaft der Völker seit dem Ausbruch der Krise (2008) zunehmend wirksame Entfremdung

385 Das kann, wie der Fall des Vereinigten Königreichs zeigt, bis zur Forderung nach substanziellen Schwächungen gehen, widrigenfalls man aus der Union austreten wolle.

zwischen den „Geber-" und „Empfängerländern", wird nun durch eine weitere Entsolidarisierungstendenz überlagert.

Die Folge ist eine beängstigende Schwächung der Bereitschaft der Bürger und der Völker, eine die Nationen zusammenschließende Schicksalsgemeinschaft und ein entsprechendes „Wir-Bewusstsein" zu bejahen.

Ohne diese Bereitschaft ist aber die Herausbildung eines supranationalen Gemeinwohlbewusstseins kaum möglich. Das nimmt einer Reformpolitik, die die Union aus ihrer Krise heraus holen sollte und könnte, die Erfolgschance.

III) So ist eine dritte Aufgabe die zugleich wichtigste und schwierigste: Die zielstrebige Einflussnahme auf das öffentliche Bewusstsein, die Sensibilisierung und Fortbildung des europäischen Denkens, gegen die Wiederkehr des Nationalismus und gegen die Verweigerung der Solidarität gegenüber den Unions-Mitbürgern aus anderen Ländern.[386]

Dazu bedarf es vermutlich einer Haltung der „Hoffnung wider Hoffnung". Bewirkt werden muss ja nicht weniger als eine Umkehr[387] von Grundeinstellungen sich verantwortlich fühlender Menschen, nicht nur von eher oberflächlichen Meinungstrends. Ohne einen Bewusstseinswandel, der nicht auf kleine Zirkel beschränkt bleibt, können Versuche der Aktivierung des Handelns,

386 Es gibt zu denken, dass in den österreichischen Zeitungen diese europäischen Mitbürger in aller Regel als „EU-Ausländer" bezeichnet werden; die Redaktionen denken nicht darüber nach, dass der Ausdruck eigentlich die Bürger von Drittländern oder Staatenlose meint, nämlich Menschen, die für die EU Ausländer sind, also nicht Unionsbürger.

387 Vor 50 Jahren – als im Ost-West-Konflikt ein unter Einsatz von Nuklearwaffen geführter Dritter Weltkrieg für die Menschheit in Aussicht stand – hat Carl Friedrich von Weizsäcker eine geistige Umkehr gefordert, die eine „außerordentliche moralische Anstrengung" erfordere. Da dies in manchen Ohren wie die Aussage eines Moralapostels klang, sprach er später lieber von einem „Bewusstseinswandel": Carl Friedrich von Weizsäcker, Bedingungen des Friedens, Göttingen 1963. Ders., Wege in der Gefahr, München 1976.

im Dienst der europäischen Reformpolitik die Dinge kaum in Bewegung bringen.

Dass es dabei vor allem auf Menschen ankommt, die meinungsbildend auf andere einwirken, ist klar.

Die Dringlichkeit der Aufgabe spricht dafür, möglichst viele Mitbürger für das Anliegen zu gewinnen, vor allem Christen – sie sind vielleicht am ehesten imstande, sich für eine als richtig erkannte Sache einzusetzen, auch wenn das unbequem und mit keiner Erfolgsgarantie verbunden ist.

Die christliche Menschenbildung (im besonnenen und bemühten Vollzug des eigenen „geistlichen" und „weltlichen" Lebens, im Miteinander von Gruppen und Gemeinden, im Geführtwerden durch Seelsorger...) schließt, unbestreitbar, die Weckung und Stärkung des Sinns für soziale Gerechtigkeit und die Solidarisierungsbereitschaft ein – im Zeichen der hier behandelten Aufgaben auch über nationale Grenzen hinweg.

Mit einem unverbindlichen, aufs bloße Wünschen begrenzten „Gutmenschentum" und mit der Befangenheit im engen, privaten Lebenskreis darf es dabei nicht das Bewenden haben. Es geht ja um Politik, und zwar um solche in großem Maßstab. So muss der Grundeinstellung sozusagen die „Einsicht in die Notwendigkeit" eingepflanzt werden, nämlich in die des überlegten und mutigen Handelns auch in die Öffentlichkeit hinein.

Das ist gerade in Bezug auf das europäische, namentlich das europapolitische Engagement nicht so leicht, wie man sich das wünschen möchte.

Die Aufgabe überfordert die Kräfte derer, die von Berufs wegen oder im ehrenamtlichen Einsatz im Dienst der christlichen Sozialethik stehen.

So ist es erstrebenswert, möglichst viele mit der christlichen Bewusstseinsbildung befasste Menschen – Seelsorger eingeschlossen – mit dem Thema zu befassen, in der Hoffnung, dass ihnen die Wichtigkeit und Dringlichkeit der Sache einleuchtet.

Das kann natürlich heißen, ihnen etwas einreden zu wollen (statt sie zu überzeugen). Erst recht gilt das für die Kommunikation mit jenen „Weltchristen", um deren Bewusstseins- und Gewissensbildung es den schon aktiv Engagierten zu tun ist, weil sie neue Mitstreiter gewinnen können.

Es wäre abwegig, allen Gesprächspartnern – unabhängig von Bildungsgrad und politischem Interesse – ein- und dieselbe Art von Vorwissen und Beurteilungskompetenz zu unterstellen. Bemühungen um Aufklärung und Ermunterung dürfen nicht die persönliche Urteilskraft der „Adressaten" überfahren und den Eindruck erwecken, es würde sich um eine sozusagen eindeutig gebotene Konsequenz aus der schlichtweg richtigen Sicht der Dinge handeln. Aus den hier entwickelten Einsichten und Anregungen darf keine Ideologie gemacht werden, die man irgendwem aufdrängen dürfte.

Offenkundig handelt es sich um eine politisch umstrittene Sache. Das ist heikel. Das christliche Engagement für eine bestimmte Europapolitik (der klare Widerspruch gegen antithetische Positionen) wird in vielen Kreisen zumindest Naserümpfen auslösen, womöglich heftigen Protest, Kritik an der Kirche eingeschlossen, mit der möglichen Konsequenz einer Abwendung der Verfechter gegnerischer Konzeptionen von der Kirche.

Die Aussicht darauf kann pastorale Besorgnisse auslösen.

Aber wenn christliche Sichtweisen und Überzeugungen den Einsatz für bestimmte Ziele und die Ablehnung der Antithesen eindeutig nahelegen, dann sollte die Treue zum entsprechenden Auftrag nicht opportunistisch Frage gestellt werden.

Da zur Gewissensbildung auch die Hinführung zu Einsichten gehört, genügt es nicht, „gute Gesinnung" zu wecken und zu stärken. Auch das Verständnis für die Sachzusammenhänge muss wachgerufen und entwickelt werden, die der Einstellung und womöglich auch dem Engagement Grund und Richtung geben.

Nur die Bemühung um das je nach Lebenslage und Bildungsstand bestmögliche Verständnis der europapolitischen Problemzusammenhänge gibt dem Aufruf zum Engagement die Basis des verantwortbaren Urteils.

Dass die Motivierung zum Handeln mit der Förderung des Bescheidwissens und der Urteilskraft Hand in Hand gehen muss ist notwendig, weil die Europapolitik Gegenstand zahlreicher Missverständnisse, Fehldeutungen und Unklarheiten ist, die dem wenig Bewanderten falsche Vorstellungen nahelegen.[388]

Einige von diesen werden, so hat es den Anschein, im politischen Meinungskampf bewusst konstruiert und verbreitet, anderen fallen Politiker und Kommentatoren zum Opfer, ohne dass ihnen das bewusst ist.

Beispiele wurden schon erwähnt:

- die Verwechslung von Supranationalität mit der Schaffung eines „Molochs Superstaat" und die unkorrekte Benützung von Ausdrücken wie „föderal" u.ä. [389]

---

388 In den folgenden Absätzen und den dazu gehörigen Anmerkungen soll keine politisch-parteiische Polemik betrieben, sondern die These von der Verbreitung irreführender Redeweisen belegt werden. Das geht nicht, ohne dass man wenigstens im Blick auf einige Beispiele „Ross und Reiter nennt".

389 In diesem Zusammenhang werden manchmal begriffliche Unklarheiten ins Spiel gebracht oder genutzt – so etwa wenn man für ein „föderales Konstrukt" eintritt, aber für „eine europäische Kooperation, die souveräne Entscheidungen" garantiert (nämlich solche der Einzelstaaten), so dass jedes Mitgliedsland ein „Vetorecht gegenüber Unsinnigkeiten der EU hat". Ein Bundesstaat ist nach gängigem Sprachgebrauch ein „föderales" Konstrukt, nicht nur ein Staatenbund (der präzis gesprochen ein „konföderales" darstellt). Auch in einem Bundesstaat gibt es autonome Entscheidungen der Mitgliedstaaten, aber ebenso Entscheidungen, die nicht von deren Veto abhängig sind. Umgekehrt gibt es auch in Staatenbünden Mehrheitsentscheidungen (vgl. hierzu Heinrich Schneider, Optionen der politischen Finalität: Föderation – Konföderation – Verfassung, in: Heinrich Schneider/Mathias Jopp/Uwe Schmalz (Hrsg.), Eine neue deutsche Europapolitik?, Bonn 2001, S. 583-666, hier S. 627-630). Der Ausdruck „Unsinnigkeiten" ist unseriös. Wenn

- die Idee, die Ersetzung der Kommission durch eine föderale Regierung würde zur noch weiter gehenden Überantwortung des Geschehens an die Marktkräfte führen, also zur Stärkung des „Ökonomismus" (das Gegenteil ist richtig!).

Nur wer die Sachzusammenhänge durchschaut weiß, warum und inwiefern die Reform nicht einfachhin „mehr Macht für Brüssel" bedeutet, und was von den verschiedenen im Schwang befindlichen Parolen zu halten ist.

Manche der neuen Nationalisten betonen gern, sie seien keine solchen, sondern freiheitsliebende Patrioten,[390] keine Anti-Europäer, aber für ein anderes Europa.[391] Sie suggerieren damit die

---

zur Abwehr einer Entscheidung das Vetorecht eines Mitgliedsstaats nötig ist, hieße dies, dass die übrigen Mitgliedstaaten allesamt für eine „Unsinnigkeit" einträten. Die hier kritisierten Zitate finden sich in einem Interview von Wolfgang Böhm und Thomas Prior mit Harad Vilimsky, in: Die Presse, 13.01.2014, S. 2-3 („FPÖ-Spitzenkandidat: ‚Man muss ins Auge des Orkans gehen'"). Der FPÖ-Abgeordnete zum Europäischen Parlament Andreas Mölzer erklärte in einem Zeitungsinterview auf die entsprechende Frage. „Ja, wir wollen ein vereinigtes Europa verhindern. Wir haben ein anderes Modell, den Konföderalismus. Man könnte sagen, wir wollen die Konföderierten Staaten von Europa schaffen. Dabei sollten die Staaten nach innen liberal, nach außen geeint und stark sein" (Brigitte Pechar, „Ein vereinigtes Europa verhindern", in: Wiener Zeitung, 22.10.2013, S. 3).

390 Als Beispiel vgl. das Interview von Elisabeth Kleinlercher und Conrad Seidl mit dem FPÖ-Vorsitzenden Heinz-Christian Strache, Der Standard, 01.02.2014, S. 7 („Entsetzliche Vernetzung! Oder?").

391 Siehe z. B. statt vieler abermals Andreas Mölzer MdEP, Denkzettel- und Richtungswahl, in: Die Presse, 07.01.2014., S. 22-23: Ausgehend von der These, die „real existierende EU" sei ein „überbürokratisierter, überreglementierter und mit einem gewaltigen Demokratiedefizit behafteter Apparat, dessen Fehlentwicklungen der Idee der europäischen Integration [...] mehr schaden als alle Euroskeptiker des Kontinents zusammen", bezeichnet er die bevorstehende EP-Wahl als Entscheidung, ob die Europäer weiter den Weg „in den überbürokratisierten Zentralismus gehen wollen, oder ob sie sich ein gemeinsames Europa der Subsidiarität, des Föderalismus, der regionalen und national-kulturellen Vielfalt vorstellen". Der Erfolg seiner Gesinnungsfreunde bedeute „ja nicht das Ende der europäischen Integration, sondern bloß einen Kurswechsel derselben". Schön wär's, immerhin stand die mit der Gründung der ersten supranationalen Gemeinschaft begonnene Integration von Anfang an im Zeichen der Überwindung der mitgliedstaatlichen Souveränität (dafür wurde der Ausdruck „Integration" üblich, im Unterschied zur bloßen „Zusammenarbeit"), und

irreführende Alternative: Entweder müsse man sich ihren Parolen verschreiben, oder die derzeitige, in mancher Hinsicht fragwürdige „Brüsseler Politik" hinnehmen, die zu einem bürokratischen und zentralistischen Moloch führt oder ihn schon etabliert hat.

Ob die Projektion dieser Alternative schlicht auf mangelnder Sachkenntnis und auf einem überholten politischen Weltbild beruht, oder ein propagandistischer Trick ist, muss hier offen bleiben. Dass es sich um ein verfehltes Argument handelt, wird nur durchschauen, wer begreift, warum die Behauptung nicht stimmt, es gäbe nur diese beiden Zielvorstellungen der Europapolitik, und wer auch die sich aus der christlichen Sozialethik ergebende Perspektive begriffen hat.

Das setzt ein außergewöhnliches (dem durchschnittlichen politischen Bildungsstand der Unionsbürgerinnen und Unionsbürger bei weitem überlegenes) Wissens- und Reflexionsniveau voraus. So wird es vor allem darum gehen müssen, die politisch gebildeten Mitbürger zu überzeugen und zu hoffen, dass sie in ihrem Umkreis als kompetent und vertrauenswürdig gelten, so dass gewissermaßen ihre *„auctoritas"* auf andere Menschen einwirkt.

Zeitgenossen, deren politisches Weltbild vom Modell des „westfälischen Systems" geprägt ist, können sich womöglich nur wenige Alternativen für das Ziel der Europapolitik vorstellen: Die Europäische Union wird am Ende entweder eine völkerrechtlich oder eine staatsrechtlich verfasste Größe sein – eine sehr lockere Konföderation, oder ein Bundesstaat. Dass die Integration die Alternative längst hinter sich gelassen hat, kann in dieser Optik nicht wahrgenommen werden, oder erscheint als hybrider, nicht nachhaltig stabilisierbarer Übergangszustand, der entweder den Fortschritt oder den Rückschritt erfahren wird.

---

auch zu den Prinzipien des Bundesstaats sollten Föderalismus (nicht Zentralismus!), Subsidiarität und Demokratie gehören. Aber was eben zitiert wurde, ist kaum mit den in Anm. 379 wiedergegebenen Aussagen vereinbar.

Gerade die christliche Soziallehre kann, wenn man sie ernst nimmt, zur Überwindung dieser überholten Optik beitragen. Eben deshalb sollte sie den Gedankenaustausch mit all jenen suchen, die die Union auf einem föderalen und demokratischen, Supranationalität und den Vorrang des Rechts einschließenden, aber „bürokratischen Zentralismus" vermeidenden „dritten Weg" voranbringen wollen.

Manche der kritischen Kommentare zur derzeitigen Verfassungswirklichkeit der EU kommen ja nicht von ungefähr.

Das gilt zum einen für die demokratiepolitisch bedenkliche „Machtübernahme" durch einige Zentralpersönlichkeiten des Europäischen Rates und andere Schlüsselfiguren (wie den EZB-Präsidenten).[392] Dieses Manko wird freilich von den Befürwortern einer Re-Nationalisierung nicht wahrgenommen, weil es nicht in ihr Vorstellungsschema passt, dass diese bedenkliche Entwicklung auf die Unwilligkeit der Staats- und Regierungschefs zurückgeht, eine supranationale Regierung zu akzeptieren.

Zum andern gilt das auch für die Machtstellung der „Brüsseler Bürokratie". Darunter darf man freilich nicht schlichtweg die Kommission selbst verstehen. Gerade weil ihr die gubernative Gestaltungsmacht verweigert wird, so dass sie nicht produktiv „regieren" kann, ist sie zunehmend in Abhängigkeit von den wirklichen „Bürokraten" geraten, also den in den „Generaldirektionen" organisierten Beamten, die sich die Rolle von Vormündern der Europäer angeeignet haben. Das Problem ist längst bekannt, aber ohne eine echte Reform des politischen Systems kaum lösbar.[393]

Die Folgerung ist klar: Auch und gerade die bedenklichen Schwächen des Regierungssystems der Union sprechen nicht

392 Siehe oben die Hinweise bei Anm. 285.

393 Vgl. z. B. Martin Winter, Besserwisser in Brüssel, in: Süddeutsche Zeitung, 16.10.2006, S. 4. Ders., Primat der Politik in der EU, in: ebd., 19.10.2006, S. 7.

etwa für den Abbau der supranationalen Integration, sondern für ihren Ausbau zu einer föderalen Demokratie.

Populär ist das nicht. Zu Jahresanfang 2014 wünschten sich in Österreich nur 23,6 Prozent der Befragten eine stärkere Union, mehr als 41 Prozent hingegen „mehr Eigenständigkeit der Mitgliedsländer", und fast 10 Prozent eine Auflösung der EU.[394]

Ist also das Engagement für eine von den Wegweisungen der christlichen Soziallehre bestimmte Reform nicht so etwas wie der Kampf von Don Quixote gegen die Windmühlen?

Spricht nicht überdies auch die Einsicht in die Kontingenz aller politischen Vorhaben für eine gewisse Zurückhaltung?

Würde für die hier präsentierte Botschaft „Alternativlosigkeit" in Anspruch genommen, dann würde sie zu einer fragwürdigen Heilslehre hochstilisiert.

Selbst wenn die Politiker sowie die Bürgerinnen und Bürger diese Botschaft akzeptieren sollten – ihre Umsetzung wäre keine Garantie für die Lösung der Probleme. Auch in einer reformierten Union mit einem supranationalen Regierungssystem kann es Entscheidungsblockaden geben, sicher nicht weniger als in einem etablierten Staat.[395]

Aber das rechtfertigt weder Kleinmut noch Opportunismus. Eine Politik, die einen Ausweg aus der Krise eröffnen und deren Wiederkehr verhindern würde, verdient entschlossenen Mut, auch wenn es keine Erfolgsgarantie gibt.

Freilich würde sie von den Europäern viel verlangen: Ein Umdenken, und auch die Bereitschaft, der Solidarität zuliebe und zur Sicherung der Zukunft, Opfer zu bringen.

394 Siehe Österreich, 08.01.2014, S. 18 („EU-Skeptiker dominieren") über die Ergebnisse einer „Oekonsult"-Umfrage.

395 Vgl. etwa: Wilhelm Hennis/Peter Graf Kielmannsegg/Ulrich Matz (Hrsg.), Regierbarkeit, 2 Bände, Stuttgart 1977/1979.

Aber die Bereitschaft zu Verzicht und Opfer wird den Unionsbürgern auch unter den heutigen Umständen zugemutet, ohne dass ein nachhaltiger Erfolg in Aussicht steht.

Erfolgsgarantien kann niemand geben. Die Initiatoren politischer Sanierungs- und Erneuerungsprojekte und ihre Mitstreiter brauchen Mut und Durchhaltevermögen.

Der Autor hat sich, hoffentlich nicht erfolglos, bemüht, Zeugen dafür aufzubieten, dass die Hauptbotschaft des Beitrags keine abseitige und fragwürdige, nur höchstpersönliche Meinung ist.

Nun, ganz zum Schluss, soll das ein letztes Mal unternommen werden. Autor und Sinngehalt des Zitats rechtfertigen die Ausführlichkeit.

Ein namhafter Eideshelfer sollte zum Schluss nochmals das Wort erhalten: „Der Nationalismus hat nicht nur de facto Europa an den Rand der Zerstörung gebracht; er widerspricht dem, was Europa seinem Wesen nach geistig und politisch ist [...]. Daher sind übernationale politische, wirtschaftliche und rechtliche Institutionen nötig [...]. Regionale, nationale und supranationale Institutionen sollten so ineinandergreifen, dass Zentralismus wie Partikularismus gleichermaßen ausgeschlossen werden. Für Europa muss die Anerkennung und Wahrung der Gewissensfreiheit, der Menschenrechte [...] und von daher die freiheitliche menschliche Gesellschaft konstitutiv sein [...]. An diesen Maßstäben wird der Christ Europapolitik messen, von ihnen her wird er seinen politischen Auftrag vollziehen."[396]

Dieses europapolitische Vermächtnis Joseph Ratzingers, des späteren Papstes Benedikt XVI., sollten wir ernst nehmen.

Nicht nur die für die Soziallehre amtlich Zuständigen, sondern alle Christen.

---

396 Joseph Ratzinger, Europa – verpflichtendes Erbe für die Christen, in: Franz König/ Karl Rahner (Hrsg.), Europa: Horizonte der Hoffnung, Graz 1983, S. 61-74, hier S. 72-73.

Sie sollten allen Widrigkeiten zum Trotz versuchen, möglichst viele Mitbürger guten Willens als Bundesgenossen zu gewinnen.